—上外文库—

本书获中央高校基本科研业务费专项资助

上外文库

转型与超越

发达国家应用型本科高校的发展研究

江小华　金　慧　编著

图书在版编目（CIP）数据

转型与超越：发达国家应用型本科高校的发展研究 / 江小华，金慧编著. — 北京：商务印书馆，2024. — （上外文库）. — ISBN 978 – 7 – 100 – 24296 – 7

Ⅰ．G649.1

中国国家版本馆 CIP 数据核字第 20243AM664 号

权利保留，侵权必究。

转 型 与 超 越
发达国家应用型本科高校的发展研究
江小华　金　慧　编著

商 务 印 书 馆 出 版
（北京王府井大街36号 邮政编码 100710）
商 务 印 书 馆 发 行
北京盛通印刷股份有限公司印刷
ISBN 978 – 7 – 100 – 24296 – 7

2024年11月第1版　　开本 670×970　1/16
2024年11月第1次印刷　印张 24¼
定价：128.00元

总　序
献礼上海外国语大学75周年校庆

光阴荏苒，岁月积淀，栉风沐雨，历久弥坚。在中华人民共和国75周年华诞之际，与共和国同成长的上海外国语大学迎来了75周年校庆。值此佳际，上外隆重推出"上外文库"系列丛书，将众多优秀上外学人的思想瑰宝精心编撰、结集成册，力求呈现一批原创性、系统性、标志性的研究成果，深耕学术之壤，凝聚智慧之光。

参天之木，必有其根；怀山之水，必有其源。回望校史，上海外国语大学首任校长姜椿芳先生，以其"为党育人、为国育才"的教育理念，为新中国外语教育事业铸就了一座不朽的丰碑。在上海俄文专科学校（上海外国语大学前身）开学典礼上，他深情嘱托学子："我们的学校不是一般的学校，而是一所革命学校。为什么叫'革命学校'？因为这所学校的学习目的非常明确，那就是满足国家的当前建设需要，让我们国家的人民能过上更加美好的生活。"为此，"语文工作队"响应国家号召，奔赴朝鲜战场；"翻译国家队"领受党中央使命，远赴北京翻译马列著作；"参军毕业生"听从祖国召唤，紧急驰援中印边境……一代又一代上外人秉承报国理念，肩负时代使命，前赴后继，勇往直前。这些红色基因持续照亮着上外人前行的道路，激励着上外人不懈奋斗，再续新篇。

播火传薪，夙兴外学；多科并进，协调发展。历经75载风雨洗礼，上外不仅积淀了深厚的学术底蕴，更见证了新中国外语教育事业的崛起与腾飞。初创之际，上外以俄语教育为主轴，为国家培养了众多急需的外语人才，成为新中国外交事业的坚实后盾。至20世纪50年代中期，上外逐渐羽翼丰满，由单一的俄语教育发展为多语种并存的外语学院。英语、法语、德语等多个专业语种的开设，不仅丰富了学校的学科体系，更为国家输送了大批精通多国语言的外交和经贸人才。乘着改革开放的春风，上外审时度势，率先转型为多科性外国语大学，以外国语言文学为龙头，文、教、经、管、法等多学科协调发展，一举打造成为培养国家急需外语人才的新高地。新世纪伊始，上外再次扬帆起航，以"高水平国际化多科性外国语大学"为目标，锐意进取，开拓创新，在学术研究、国际交流与合作等方面取得了显著成果，逐渐发展成为国别区域全球知识领域特色鲜明的世界一流外国语大学。

格高志远，学贯中外；笃学尚行，创新领航。习近平总书记在党的二十大报告中强调："着力造就拔尖创新人才，聚天下英才而用之。"新时代新征程，高校必须想国家之所想、急国家之所急、应国家之所需，更好把为党育人、为国育才落到实处。上外以实际行动探索出了一系列特色鲜明的外国语大学人才培养方案。"多语种+"卓越国际化人才培养目标，"课程育人、田野育人、智库育人"的三三制、三结合区域国别人才强化培养模式，"三进"思政育人体系，"高校+媒体"协同育人合作新模式等，都是上外在积极探索培养国际化、专业化人才道路上的重要举措，更是给党和国家交上了一份新时代外语人才培养的"上外答卷"。"上外文库"系列丛书为上外的学术道统建设、"双一流"建设提供了新思路，也为上外统一思想、凝心聚力注入了强大动力。

浦江碧水，化育文脉；七五春秋，弦歌不辍。"上外文库"系列丛书的问世，将更加有力记录上外学人辉煌的学术成就，也将激励着全体上外人锐意进取，勇攀学术高峰，为推动构建具有深厚中国底蕴、独特中国视角、鲜明时代特色的哲学社会科学大厦，持续注入更为雄厚的智识与动能！

目 录

绪 论 ·· 1

　　一、研究背景与价值 / 1

　　二、研究综述 / 3

　　三、研究思路与方法 / 6

　　四、内容概要 / 8

第一章　瑞士应用科学大学的发展
　　　　——以伯尔尼应用科学大学为例 ·································· 15

　　一、20世纪90年代瑞士应用科学大学的设立和发展 / 17

　　二、瑞士应用科学大学的外部治理模式和经费来源 / 23

　　三、瑞士应用科学大学的办学模式 / 27

　　四、案例研究：伯尔尼应用科学大学 / 38

　　五、结论与启示 / 49

第二章　德国应用科学大学的发展
　　　　——以亚琛应用科学大学为例 ······································ 53

　　一、德国应用科学大学的设立和办学现状 / 55

　　二、德国亚琛应用科学大学的办学实践 / 70

　　三、借鉴与启示 / 82

第三章　小而精的日本专门职大学
——以国际时尚专门职大学为例……85
一、对日本专门职大学的宏观考察 / 88

二、国际时尚专门职大学的办学模式 / 100

三、结论与启示 / 112

第四章　奥地利应用科学大学的办学历史与应用特色
——以上奥地利州应用科学大学为例……119
一、奥地利应用科学大学的兴起和发展历程 / 121

二、奥地利应用科学大学的特点 / 127

三、上奥地利州应用科学大学的办学模式 / 133

四、结论与启示 / 143

第五章　荷兰应用型本科高校研究
——以阿姆斯特丹应用科学大学为例……145
一、荷兰应用科学大学的发展历程 / 147

二、荷兰应用科学大学整体情况 / 150

三、阿姆斯特丹应用科学大学 / 158

四、结论与启示 / 187

第六章　芬兰应用科学大学研究
——以芬兰坦佩雷应用科学大学为例……193
一、芬兰应用科学大学产生的背景 / 195

二、芬兰应用科学大学的发展历程 / 198

三、芬兰应用科学大学的办学模式与特色 / 201

四、芬兰坦佩雷应用科学大学的案例 / 206

五、总结与启示 / 217

第七章 葡萄牙应用型本科高校的发展路径分析
——以波尔图应用科学大学为例……223

一、葡萄牙应用型本科高校发展概况 / 225

二、葡萄牙应用型本科高校的重要意义及现存挑战 / 231

三、波尔图应用科学大学的案例 / 233

四、结论与启示 / 248

第八章 丹麦应用型本科高校研究
——以达尼亚应用科学大学为例……251

一、丹麦职业教育体系概况 / 253

二、丹麦应用型本科高校宏观报告 / 255

三、丹麦达尼亚应用科学大学 / 260

四、结论与启示 / 273

第九章 挪威应用科学大学的发展
——以西挪威应用科学大学为例……277

一、挪威应用科学大学的宏观情况 / 279

二、挪威应用科学大学的办学模式及特点 / 285

三、西挪威应用科学大学的办学模式 / 296

四、结论与启示 / 315

第十章 比利时应用型本科高校研究
——以弗维斯应用科学大学为例……321

一、比利时高等教育概况 / 323

二、比利时应用型本科高校的发展 / 330

三、比利时弗维斯应用科学大学的案例 / 339

四、启示与借鉴 / 349

结　语 353

一、发达国家创设应用型本科高校的制度动因　/　353

二、发达国家应用型本科高校发展的外部保障机制　/　357

三、发达国家应用型本科高校的内部制度特色　/　361

四、结论与启示　/　366

参考文献 369

绪 论

一、研究背景与价值

（一）研究背景

随着新一轮科技革命的加速演进，以及我国产业升级步伐的加快，创新性应用型人才的作用变得愈发重要。为填补日益增加的高级应用技术人才缺口，我国近年来采取了一系列政策积极推动本科职业教育的发展。2014年6月，国务院发布了《国务院关于加快发展现代职业教育的决定》，提出"引导一批普通本科高等学校向应用技术类型高等学校转型，重点举办本科职业教育"的政策导向。2021年10月，中共中央办公厅和国务院办公厅共同印发了《关于推动现代职业教育高质量发展的意见》，再次强调稳步发展本科职业教育，高标准建设职业本科学校和专业，同时鼓励应用型本科学校开展本科职业教育。在这些政策的支持下，近年来，我国数百所地方本科高校和高职院校开始向应用型本科高校转型。然而，我国应用型本科高校在转型中面临发展动力不足、制度供给"滞后"、发展路径"迷失"等现实挑战。因此，急需相关研究提供理论支持，为应用型本科高校的变革指明方向。

从国际视角来看，自20世纪60年代以来，一些发达国家，如德国、瑞士、奥地利、荷兰、葡萄牙、丹麦和芬兰等，纷纷将职业院校升格为应用科学大学。这些应用科学大学在应用研究和人才培养等方面发挥了至关重要的作用。它们不仅推动了科技进步，还满足了地区经济发展的需求，为产业结构升级提供了有力支持。这些国家的应用科学大学被视为与传统大学并行、专注于应用型人才培养、以实践为导向的新型高等教育机构，学术界也称之为"非大学"高等教育机构。本书对瑞士、德国、日本、奥地利、荷兰、芬兰、葡萄牙、丹麦、挪威和比利时等十个国家的应用型本科高校进行了宏观探索和案例分析，旨在总结发达国家应用型本科高校发展的成功经验，为我国应用型本科高校的转型和发展提供有益借鉴。

（二）研究价值

1. 理论价值

新制度主义理论强调组织不仅需要适应技术环境，还需要适应制度环境。技术环境要求组织提高运行效率，制度环境则要求组织遵循外界的法律规章、社会规范和文化认知等被广泛接受的"社会事实"，即"合法性机制"。作为制度化的组织，应用型本科高校的发展既受到技术环境的影响，又受到制度环境的制约。本书主要通过对十个发达国家应用型本科高校的发展历史和办学模式的深入研究，总结发达国家应用型本科高校类型化发展的制度动因和成功经验，以期丰富本科职业教育的新理念、新思路和新模式。

2. 应用价值

瞄准2035年建设教育强国的目标，我国教育改革与发展在近年来已明确新思路，并实施多项新政策以推进高质量教育体系建设。其中，发展本科职业教育已成为我国教育改革的重点。为了培养社会所需的高水平技术技能人才，职业教育本科院校必须系统地明确自身的办学定位、办学模式、发展方式以及发展路径。通过深入比较和研究国际知名应用科学大学的办学模式、发展路径和条件保障，可以为我国职业教育本科院校的高质量发展提供实践启示。

二、研究综述

在高等教育普及化和产业升级转型的时代背景下，应用型本科高校往往成为国家高等教育的主力军。学者就应用型本科高校的应然使命和办学模式进行分析，认为在办学使命上，应用型本科高校肩负培养高层次技术应用型人才、开展应用科学研究与技术创新、服务就业和区域发展，以及促进终身学习等多重使命。在培养目标方面，应用型本科高校应重点培养具备卓越专业能力、创新精神、方法论技能、社会责任感、领导与组织技巧、可持续发展意识以及全面职业素养的创新型技术型人才。[①]在培养模式上，应用型本科高校需要拓宽专业范围，特别是那些与区域经济发展密切相关的应用型专业。此外，应用型本科高校应该尝试新的学制，改进课程设置，融合产业和教育资源，建立紧密的校企合作，以确保学生的实际技能与市场需求保持一致。这些举措不仅能够提升学生的就业竞争力，也有助于推动区域经济的持续发展。通过不断创新和调整办学模式，应用型本科高校能够更好地应对社会和经济发展的挑战，为国家培养更多适应时代需求的高素质应用型人才。[②]

学者对我国应用型本科高校所面临的挑战也进行了广泛而深入的研究，概括而言主要包括：(1)人才培养质量不高，许多学者认为我国应用型本科高校生源质量参差不齐、教学内容过时、专业与课程设置不合理、校企合作不够紧密，人才培养难以满足智能化时代的发展[③]；(2)师资队伍薄弱，在我国应用型本科高校师资队伍建设中，"双

[①] 卿中全、杨文明：《本科层次职业教育研究报告2021》，深圳职业技术学院2021年版，第98页。

[②] 徐涵：《德国应用科学大学人才培养模式改革——兼论我国本科层次职业教育发展》，《现代教育管理》2021年第8期。

[③] 王蕾、葛军：《地方应用型高校一流本科专业建设探究》，《江苏高教》2021年第5期。

师型"教师数量普遍匮乏,教师人才引进和管理制度学术化倾向明显,有企业行业实践经验的优秀技术人才难以进入高校任教,现有的理论研究型教师又缺乏应用研发水平和实践指导能力[①];(3)社会认可度不高,法律上虽然规定了职业教育与普通教育具有同等重要地位,但由于传统观念、文凭社会、传媒助推等因素的影响,职业教育在社会上被塑造成消极符号,应用型本科高校在招生和毕业生就业等方面面临着不利的竞争地位[②];(4)学术漂移问题严重,一些本科职业教育机构过度追求学术化,致使教学和课程偏离职业教育的初衷,地方性院校"转型"排斥反应严重,从而导致人才培养质量下滑、应用研究不足和服务社会能力趋弱等负面效应,引发应用型本科高校内部治理新困境[③];(5)缺乏有效的质量监管机制和评价体系,目前,我国的本科职业教育监管机制不够健全,监管力度相对不足,导致一些教育机构和专业存在质量问题,给学生和社会带来了风险。[④]

从国际视角来看,发达国家职业教育体系包含各个学历层次,建有契合科技进步、产业转型升级、经济结构调整需要的不同形式的应用型本科高校。应用人才培养机构在欧洲历史悠久,现代意义的应用科学大学产生于1969—1971年。例如,以制造业闻名的德国在20世纪60年代末为适应经济发展的需求开始发展本科层次职业教育——应用科学大学,支撑德国制造享誉世界。[⑤] 德国应用科学大学

---

① 金向红:《地方应用型高校产教融合型师资队伍培养机制研究》,《江苏大学学报(社会科学版)》2021年第1期。

② 陆宇正:《职业本科教育"认同危机"的积极理解及突破之道——社会认同理论的视角》,《中国高教研究》2023年第6期。

③ 刘中晓、孙元涛:《论应用型大学"学术漂移"及其治理》,《高教探索》2023年第3期。

④ 周文辉、燕平:《应用型高校教学质量监控与保障体系的构建与完善》,《职教论坛》2017年第19期。

⑤ 黄巨臣、李乐帆:《本科层次职业教育如何进行人才培养——德国应用科学大学的经验与启示》,《河北师范大学学报(教育科学版)》2023年第5期。

以数字化转型、学术化演进、国际化发展和市场化运作为改革目标，以应对目前遇到的挑战和机遇。①芬兰自20世纪90年代中期开始高等教育体系大发展的突破，建立应用科学大学是当时最重要的改革举措。发展至今，芬兰应用科学大学改革的中心目标始终是围绕如何提高应用科学大学对社会需求的应变能力（特别是就业需求）以适应地方发展需要而展开的。②瑞士的应用科学大学重点发展实践教育、应用科学研究以及艺术创作类学科，其教学目标在于为社会组织培养实践应用型人才。③荷兰的应用科学大学以多元的中等教育为基础，其首要使命是提高学生的能力，并与产业界密切合作。④学者基于对发达国家应用型本科高校的研究，对我国应用型本科高校的建设提出了以下建议：第一，加快制定应用型本科高校建设相关的政策，明确应用型本科高校建设标准等；第二，构建合作平台，推进校企合作，丰富实践教学；第三，开展第三方机构评估与认证，提高应用型本科高校的治理成效；第四，加强师资建设，打造"双师"队伍，并明确双师双能型教师认定办法。

上述研究虽然有助于我们理解国内应用型本科高校所面临的挑战以及国外应用型本科高校的特点，但仍存在一些不足之处，主要表现在以下几个方面。（1）从研究对象来看，目前的研究主要聚焦于德国的应用科学大学，而较少考察其他发达国家，如瑞士、奥地利、芬

---

① 杨晨、黄清煜：《德国应用科学大学改革路径研究与启示》，《应用型高等教育研究》2023年第2期。
② 杨晓斐：《芬兰应用科学大学区域协同创新模式及思考》，《高教探索》2016年第12期；韩蕾、李延平：《创新高技能人才培养模式：芬兰应用科学大学发展研究》，《职业技术教育》2019年第15期。
③ 韩静、张力跃：《"欧洲共同高等教育空间"下的瑞士路径——瑞士应用科学大学的发展与特色》，《中国职业技术教育》2016年第15期。
④ 杨钋、井美莹：《荷兰应用科技大学的发展经验及对我国的启示》，《高等教育评论》2015年第1期；王朋：《从教育到研究：荷兰应用科学大学的职能拓展》，《外国教育研究》2018年第1期。

兰、荷兰、日本、挪威、比利时、丹麦、葡萄牙等国的应用型本科高校。这些国家在应用型本科高校的创新发展方面同样积累了丰富的经验，值得我们深入学习和借鉴。（2）就研究内容而言，现有文献主要关注应用型本科高校个案的整体运作和管理，但较少深入研究这些高校的微观创新实践、中层组织创新推动机制和宏观创新保障体系，在这些方面的系统性研究不足。（3）从研究方法上来说，现有研究大多以单一的国别案例为单位进行分析，缺乏对多个案例的系统性比较和专题性研究。有鉴于此，本书旨在通过对十个发达国家应用型本科高校发展路径及其案例办学模式的深入分析，总结这些国家应用型本科高校实现类型化发展的制度动力、历史脉络、共性模式和差异化创新实践等，从而为我国本科职业教育的快速发展提供有益借鉴，进而推动我国应用型本科高校在培养高素质人才、服务社会经济发展等方面发挥更大的作用。

三、研究思路与方法

（一）研究对象

本书精心选取了十个职业教育发达国家的应用型本科高校作为系统比较研究的对象，这些国家包括德国、奥地利、瑞士、芬兰、荷兰、日本、比利时、葡萄牙、丹麦和挪威。这些国家为了培养满足产业升级需求的人才、有效应对高等教育大众化的挑战并为广大学子提供更加多元化的高等教育选择，设立了独立于传统学术高等教育的应用型本科高校。为了深入研究这些国家的应用型本科高校，本书从每个国家选择了一所具有代表性的应用型本科高校进行案例研究。这些高校包括：瑞士伯尔尼应用科学大学、德国亚琛应用科学大学、日本国际时尚专门职大学、上奥地利州应用科学大学、荷兰阿姆斯特丹应用科学大学、芬兰坦佩雷应用科学大学、葡萄牙波尔图应用科学大学、丹麦达尼亚应用科学大学、西挪威应用科学大学，以及比利时弗维斯应用科学大学。

本书对这些国家应用型本科高校的转型发展路径、政策保障机制以及各个维度的办学模式进行了深入剖析和总结。在此基础上，针对我国应用型本科高校目前所面临的问题和困境，提出了具有针对性的策略建议。这些建议旨在为我国职业本科院校的发展提供有益的参考，帮助它们形成适合自身发展的办学路径和政策模式，从而推动我国应用型本科高校的整体进步与发展。

（二）总体框架

本书从转型历史、发展路径和办学模式三个维度，对十所发达国家的应用科学大学进行深入系统的分析。在转型历史方面，本书将系统分析案例学校得以发展的制度动因和关键保障因素，如立法支持、政策引导、经费投入、产业结构变迁以及社会舆论导向等。在发展路径上，分析案例高校发展过程中的困境与克服路径，特别是在提升生源质量、增强社会认可度、优化课程设计、加强师资队伍建设、提高实训效果等方面的有效路径。在办学模式层面，系统分析十所案例学校的教育目标、招生方式与入学资格、专业与课程设置、教学理念与方法、师资建设与管理、产教融合与行业实训、学制与学位制度、质量保障、科研管理、办学效益与社会认可，在此基础上总结各校的共同模式与办学特色。

（三）主要目标

本书的核心目标在于通过深入比较分析国外发达国家职业教育本科的办学模式、发展路径和条件保障，深入把握发达国家应用科学大学发展的关键要素和成功路径，以期为我国普通本科向应用型本科高校转型，以及职业院校升级为本科院校提供借鉴。具体而言，本书的研究目标主要包括以下三个方面：（1）全面把握发达国家应用型本科高校的办学现状，深入了解其教育理念、教学模式、管理机制等方面的最新动态和实践成果；（2）深入识别应用型本科高校发展的驱动力与制动因素，探究其发展过程中遇到的主要障碍，并分析其克服这些障碍所采用的有效路径和策略；（3）结合我国实际，提出具有针对性和可操作性的办学模式与发展路径建议，旨在促进我国本科职业教育的健康、快速和可持续发展。

（四）研究方法

本书采用的研究方法如下：

1. 文本分析法：系统搜集和分析案例高校的各类制度文本、历史资料以及发展数据等资料，通过对这些文本的主题分析，旨在全面了解各高校在一些共性维度上的办学情况，为后续研究提供翔实的基础资料；

2. 案例研究法：在文本分析的基础上，对十所高校进行深入的案例研究，详细剖析每所高校的发展路径、办学模式及条件保障，旨在揭示其背后的制度动因，探讨其面临的困境及克服策略，并深入挖掘各高校的办学特色；

3. 比较研究法：对案例高校进行专题性的比较研究，除了全面对比各高校在不同维度上的共性与差异，还重点关注并总结各维度上取得成功的关键因素，如社会认可度、产教融合成效等。

四、内容概要

本书包括十章，每章聚焦一个国家及其案例高校。

第一章详细介绍了瑞士应用科学大学的发展历程和办学模式，以及伯尔尼应用科学大学的案例。经过三十余年的不懈探索和实践，瑞士应用科学大学逐渐形成了一套"定位明确、特色鲜明"的大学体系。在宏观层面，瑞士政府通过多种途径引导应用型本科高校明确发展定位，例如制订高等教育规划、进行绩效评估、提供经费支持、建立质量保障和认证机构，以及设立高等教育协调组织等，以确保它们在规划内有序发展。在微观层面，应用科学大学内部结构的设计旨在实现其办学目标，通过规范化的流程提升可持续发展的能力。这些流程包括优先录取有实践经验的学生、设立符合市场需求的专业、提供实践性课程、招聘和培养具有行业经验的教师，以及鼓励师生从事应用型科研等。

第二章聚焦于德国应用科学大学，特别以亚琛应用科学大学为案例进行深入研究。本章首先详细介绍了德国应用科学大学的内涵，回顾了其形成和发展历程，同时展示了德国应用科学大学的发展现状。其次，通过详细探讨德国应用科学大学的课程体系、双元制度以及双师制度，深入介绍应用科学大学的教育管理和教学方法。通过与其他类型的大学进行对比，以及对不同高校的经费来源和支出方式进行比较，使读者了解德国应用科学大学的资金流向和管理情况。此外，本章还探讨了德国应用科学大学的科研活动，以及为获得博士学位授予权而采取的措施和取得的成就。同时，本章还对亚琛应用科学大学进行了深入的案例研究，涵盖办学理念、人才培养、师资建设、教学方法等各个方面，展示了一所典型的德国应用科学大学的办学模式。最后，本章还结合数字化发展的趋势，呈现了亚琛应用科学大学在追赶数字化进程方面所采取的举措和取得的成就。

第三章聚焦于日本专门职大学的发展情况，特别关注国际时尚专门职大学的案例。尽管日本的专门职大学历史相对较短，但是国际时尚专门职大学作为早期建立的机构，致力于将"大学"与"职业"有机结合起来。该校以人文教育和职业教育为核心，强调培养学生的创造力和人文素养。同时，该校积极推行"广开门户"的招生政策，注重培养学生的国际通用能力和专业知识技能，重视生产实践和实际工作场景的训练。在师资队伍方面，国际时尚专门职大学将全职教师与兼职教师相结合，保持了教学的实践性和职业性。在学术研究方面，该校积极进行各类原创性研究，同时专业课程体系经过精细化和体系化的设计。在学生就业保障方面，该校实施相应举措，以保障学生的职业发展。通过对国际时尚专门职大学的深入剖析，本章提出一系列建议，包括明确职业本科定位、强化专业技能培养、设立多元化招生渠道、加强师资队伍建设、优化职业课程设置等，以适应数字化市场需求、深化教育与产业的融合、加强学生就业保障等。

第四章聚焦于奥地利应用科学大学系统。与其他坚持高等教育双元制度的国家不同，奥地利应用科学大学系统在建立初期受到了外部因素的深刻影响。地缘政治的演变，特别是加入欧盟的必要性以及东欧市场的开放，迫使奥地利政府不得不对教育政策进行根本性的调整。为了构建一个多元、灵活且有序的应用科学大学系统，奥地利政府采取了一系列措施，包括立法、结构调整和资金投入，这些措施赋予了奥地利应用科学大学高度的自主权。同时，这些大学也被赋予了自由、双元性质、强调应用型人才培养以及深度融合地区经济的特点。在这样的体系下，上奥地利州应用科学大学充分把握了本地人才需求和市场环境，将应用型人才培养和应用型科研置于优先位置。这一举措推动了知识从实验室和课堂向企业的转移，促进了知识的创新，创造了附加值，并支持了可持续性发展。该校不仅成为孵化多家国际知名企业的摇篮，还促进了上奥地利州的经济增长。

第五章聚焦于荷兰应用科学大学的发展状况，并以阿姆斯特丹应用科学大学为案例进行了详细探讨。阿姆斯特丹应用科学大学是荷兰最大的应用科学大学之一，成立于1993年。该校提供学士学位以及多个专业的硕士学位项目，同时也为国际交流生提供教育机会，旨在满足学生多样化的需求，使他们能够全面发展自己的才能，从而在专业领域取得高水平的实践成就。该校的发展战略计划明确以"可持续性""多样性和包容性""数字化"为三个关键发展维度，鼓励学生通过创新解决方案来应对城市面临的各种挑战。该校充分利用所在城市的国际化优势，致力于培养具备跨文化能力和国际工作或学习经验的毕业生。阿姆斯特丹应用科学大学采用项目式教学法，强调以实践为导向的教学和研究，为学生提供个性化的学习路径。此外，该校还积极推行与企业、其他高校以及政府和社会机构的广泛合作，这一校企合作、校际合作以及与其他政府和社会机构的合作贯穿了阿姆斯特丹应用科学大学的整个发展历程。

第六章详细介绍了芬兰应用科学大学的产生背景、发展历程、办学模式与特色，以及芬兰坦佩雷应用科学大学的案例，包括该校的办学背景、定位目标、专业设置、招生方式与入学资格、教学理念与方法、师资建设与管理、应用型科研等。芬兰应用科学大学是芬兰高等教育的重要组成部分，成立至今已取得预期成功，不仅满足了社会发展对应用型技术人才的需求，在推动区域经济发展方面也做出了巨大贡献。在制度保障方面，芬兰应用科学大学注重顶层设计，通过法律法规提供制度保障；在专业设置方面，芬兰应用科学大学以市场需求为导向，科学设置专业课程；在人才定位方面，芬兰应用科学大学以实践为导向，着力培养技术技能人才；在招生方面，芬兰应用科学大学的生源来源多元化，准入资格设计科学合理；在师资建设方面，芬兰应用科学大学加强专兼结合的"三师型"建设。此外，芬兰应用科学大学不仅注重办学区域布局，促进机会公平分布，还积极采用开放式和多样化学习形式，推动终身学习发展。

第七章详细审视了葡萄牙应用型本科高校的演进历程，着重剖析了其地方化、国际化以及多元性等特质。以葡萄牙最大的公立应用型本科高校——波尔图应用科学大学为案例，从多个维度深入研究了葡萄牙应用型本科高校的发展模式和路径。在办学目标和理念方面，这些高校结合地域特征强调市场需求,并将这一理念融入其教育使命中,培养学生具备实际职场所需的技能和知识,以满足本地和全球市场的需求。在招生方式和入学资格方面,葡萄牙应用型本科高校采用多元化的招生途径,向不同教育背景的学生开放入学机会,这种灵活性扩大了高等教育的覆盖范围,使更多不同背景的学生能够接受高等教育。在教学理念与方法方面,这些高校强调实际操作,鼓励学生积极参与研究项目和实习,这有助于学生将理论知识应用于实际情境,培养其在实际职场所需的技能。此外,注重平衡师资力量,确保教师的质量和实践经验,保持教学内容与市场需求的一致性,是葡萄牙应用型本科高校的重要策略之一。在教学科研与质量保障方面,这些高校重视提升教师的科研能力,提高高校在国内外的影响力,并借助健全的质量保障体系确保教育质量。此外,这些高校还积极开展校企合作,为学生提供实习和就业机会,进一步增强学生的就业竞争力。这些发展路径和模式为我国职业教育和应用型本科高校提供了有价值的借鉴。

第八章详细介绍了丹麦应用科学大学的历史和现状,主要关注丹麦达尼亚应用科学大学的案例,深入分析了该校以实践为导向、灵活响应市场需求、可持续发展、全方位培养应用技术型人才的先进办学理念与特色。丹麦达尼亚应用科学大学以实践为导向的教学理念充分体现在其教学方法上,鼓励学生积极参与实践项目和社区服务。此外,该校招生政策的灵活性和多样性也为不同学生提供了入学机会,确保了高等教育的普及性。学制与学位体系的设置旨在满足市场需求,为学生提供多元化的学习路径。专业与课程设置紧密关联实际行业,培养学生所需的技能和知识。在师资队伍建设和管理方面,丹麦应用科学大学注重教职员工的实践经验,以保持与行业的联系,同时实施绩效考核和职业发展计划,以保持高水平的教职员工队伍。在科研方面,丹麦应用科学大学鼓励跨学科研究以及与产业界的科研合作。该校的质量保障体系则确保了教育质量和科研成果的可持续发展。

第九章聚焦于挪威应用科学大学，特别以西挪威应用科学大学为案例进行深入研究与分析。首先，本章概述了挪威应用科学大学的发展历程及多次改革经历，挪威将州立大学学院逐渐合并升格为应用科学大学，与研究型大学并存，形成了高等教育体系的二元结构模式，对挪威经济的发展和职业教育体系的壮大做出了重要贡献。其次，本章聚焦于西挪威应用科学大学，探讨了该校的办学定位与目标、招生方式、学制与学分系统、课程设置、师资建设与管理、校企合作等多个方面。通过详细的分析，重点介绍该校积极发展产学合作，推动与其他大学、企业和政府机构合作，致力于开拓新的知识和专业等办学特色。最后，本章还参考并借鉴西挪威应用科学大学的办学路径与办学模式，为我国应用型本科高校的办学模式及发展路径提供经验和借鉴。

第十章详细探讨了比利时高等教育的演变历程，着重关注了应用科学大学在比利时的兴起、建设以及相关法律法规的确立。此外，本章以比利时荷语区的弗维斯应用科学大学为案例，深入分析该校的发展情况，包括学校概况、办学目标和定位、教学方法和创新、教职员工的培训和管理、专业课程的设置与应用研究、校企合作与就业情况，以及数字化转型对学校的影响。这一案例研究为我国应用科学大学的办学发展提供了有益借鉴，尤其是关于如何在教学和研究方面实现创新，与企业建立紧密联系以促进学生就业，以及如何适应数字化时代的教育变革等方面。以弗维斯应用科学大学为代表的比利时应用型本科高校所积累的成功经验，对中国开设应用型本科高校具有重要启示意义，特别体现在明确应用型本科高校的定位、提供法规政策保障、满足实际职场需求、加强产业合作以及提高教育质量等方面。

本书的完成和出版得到了中国职业教育学会——新时代中国职业

教育研究院的重大课题资助，并获得中央高校基本科研业务费专项资助的支持，是上述基金项目的主要成果。我们还要特别感谢上海外国语大学国际教育学院比较教育学研究生团队为本书资料收集所付出的辛勤努力，对他们的贡献表示深深的感谢。尽管作者在撰写本书时尽了最大努力，但由于能力有限，书中难免可能存在一些纰漏和错误。因此，我们诚挚地请求读者不吝指正，对书中存在的问题提出宝贵意见和建议。

第一章

瑞士应用科学大学的发展

——以伯尔尼应用科学大学为例

为适应产业升级的需求,以高端制造业闻名的瑞士在20世纪90年代中期开始合并升格部分职业院校,建立应用科学大学(Universities of Applied Sciences,简称UAS)体系。这些应用科学大学是与研究型大学并行的、定位于应用型人才培养和应用性研究开发的、以实践为导向的全新类型的高等教育机构。瑞士应用科学大学设立后,在较短时间内便顺利度过了转型期和发展期,成为瑞士高等教育体系的重要组成部分,受到学生和企业的青睐,被认为是瑞士近年来最成功的教育改革之一。[1]经过多年的发展,瑞士已经形成了"精英化与大众化结合""学术型与应用型并置"的分层指导、分类管理的高等教育体系。

一、20世纪90年代瑞士应用科学大学的设立和发展

(一)瑞士应用科学大学设立的背景

1. 产业转型对人才培养提出更高要求

瑞士应用科学大学是顺应瑞士经济、社会发展需求的产物。20

---

[1] B. Lepori, J. Huisman, and M. Seeber, "Convergence and Differentiation Processes in Swiss Higher Education: An Empirical Analysis," *Studies in Higher Education*, Vol. 39, No. 2 (December, 2014), pp. 197-218.

世纪 80—90 年代，随着第三次工业革命和经济全球化的不断深入，瑞士国内的劳动力市场发生显著变化。一方面，不断提高的生产技术和日益复杂的市场对从业人员的技术水平提出了更高要求；另一方面，囿于现有工人技术水平低下，10% 的就业人员失去工作，大量产业工人面临失业风险。产业优化升级给劳动力市场的人才供给多样性和人才供给质量水平提出了更高的要求，即要以市场为导向随时调整人才培养模式。瑞士的传统产业，如钟表、机械加工等，技术升级加快，新兴的化工、医药电子等产业对人才需求的层次也不断提高，强调人才的复合型、创新型等特性。[1] 然而，瑞士传统的高等职业院校以培养学生的基本技术和操作能力为主，而研究型大学则侧重于基础研究和综合性人才培养，两类学校都无法满足瑞士对高技能专业人才和应用性研发的需求。[2] 作为传统学术型大学的补充，瑞士高等教育呼唤一种新的大学类型以满足产业转型对人才培养的迫切需求。[3]

2. 高等教育扩招需求与日俱增

从世界范围来看，1960 年以后，规模扩张成为发达国家高等教育发展的主旋律。在此过程中，不同国家采用不同方式扩大高等教育规模，以满足经济发展和人民文化水平提高的需求。[4] 规模的扩张引发了高等教育观念、职能、类型和模式等方面的一系列质变。为顺应高等教育政策方针，即加强职业教育，使之成为传统大学之外可获得

---

[1] 中国教育科学研究院课题组：《欧洲应用技术大学（UAS）国别研究报告》，2013 年，第 42 页。

[2] Juan-Francisco Perellon, "The Creation of a Vocational Sector in Swiss Higher Education: Balancing Trends of System Differentiation and Integration," *European Journal of Education*, Vol. 38, No. 4 (December, 2003), pp. 357−370.

[3] 卿中全、杨文明：《本科层次职业教育研究报告 2021》，第 98 页。

[4] 罗丹：《世界各国高等教育大众化的四种模式》，《新校园（当代教育研究）》2007 年第 10 期。

文凭的高等教育选择，瑞士萌发了创立应用科学大学的构想。秉持"地位同等，但类型不同"的观念，应用科学大学承担比教学职能更为广泛的任务：应用型研究与发展、为第三方提供服务、继续教育、质量保证和发展教学法。[1] 在高等教育规模扩张的推动下，瑞士形成由两所联邦理工学院（Fed Inst Tech，简称 FIT）构成的"精英化"顶层体系，即具有博士授予权的顶尖研究型大学系统，以及由州立大学（Canton University）、应用科学大学和师范大学并置的"大众化"层级大学结构体系。[2]

3. 对标欧盟人才培养框架的现实需要

随着瑞士出生人口的减少，学术教育与职业教育之间的竞争逐渐加剧，职业教育面临着来自高等教育的压力。[3] 越来越多的学生在高中阶段选择进入普通高中而非职业高中，这引起人们对瑞士职业教育与培训质量的担忧。对标欧盟的倡议，学生需要在高等教育机构完成至少三年的全日制学习才有资格进入高质量职业领域，也就意味着传统两至三年的瑞士高等职业学校无法达到欧盟对高质量技术人才的标准。为了吸引更多的生源，瑞士急需改善职业教育的形象，提升职业教育的高等化，为此，瑞士将两至三年制的职业教育学位项目升格为高等教育本科学位项目。

（二）瑞士应用科学大学的发展历程

在产业转型、社会需求和人才培养的多重因素影响下，瑞士应用

---

[1] Juan-Francisco Perellon, "The Creation of a Vocational Sector in Swiss Higher Education: Balancing Trends of System Differentiation and Integration," European Journal of Education, Vol. 38, No. 4 (December, 2003), pp. 357-370.
[2] 武学超：《瑞士大学组织战略模式转型及思考》，《比较教育研究》2015 年第 8 期。
[3] 徐峰、石伟平：《瑞士现代学徒制的运行机制、发展趋势及经验启示》，《职教论坛》2019 年第 3 期。

科学大学的发展经历了复杂又漫长的过程。概括而言，可划分为酝酿阶段、扩展阶段和完善阶段。①

1. 酝酿阶段：1990—1998年

为了使国家长期保持高水平的创新力和竞争力，1990年瑞士工程学院院长会议（Directors of Engineering Schools，简称DIS）率先向联邦委员会倡议设立应用科学大学，并提出初步的建设方案。该方案引发了瑞士高等教育系统的结构性变革，瑞士由此对高等职业教育进行了系统改革，以更好地培养本科及以上的高层次应用型人才。1993年，瑞士各州教育部长会议发布了一份报告，指出必须通过升级现有的高等职业院校以推进新的应用科学大学的创建。该报告也指出应用科学大学的使命将不同于高等职业院校和研究型大学，并且提出要设立职业高中会考作为应用科学大学的入学条件。1994年，瑞士联邦政府发布了一份白皮书，阐述了应用科学大学在瑞士高等教育系统中的地位，明确提出应用科学大学所开设的课程应有职业导向并且需要达到综合性大学的质量标准，同时要求学位能够与欧洲标准接轨。此外，白皮书还要求新的应用科学大学承担应用型研究的义务以及在教学中将技术理论和实践应用相结合。

1995年10月，瑞士联邦政府颁布《应用科学大学联邦法》（The Federal Act on the Universities of Applied Sciences），明确提出旨在按照"平等但不同"（equal, but different）原则创建一批定位不同于综合性大学的应用科学大学。"平等"体现在它与州立大学同属于"国际教育标准分类"的5A类大学；"不同"体现在州立大学和联邦理工学院以培养理论基础的研究型人才为主，应用科学大学以培养理论与实践相结合的应用型人才为主。1996年10月，瑞士《应用科学大学联邦

---

① 王永綦、刘跃梦：《瑞士应用技术大学的优势及其对我国教育的启示》，《西部素质教育》2018年第15期。

法》生效,同年 11 月,瑞士应用科学大学联邦委员会成立。1998 年,瑞士联邦委员会批准成立第一所公立应用科学大学。1998 年完成的院校合并计划,使得瑞士人口中拥有高等教育毕业文凭者的比例由先前的 22% 提高到了 25%,7 所学院共有学生 18 000 人,应用科学大学初具规模。

2. 扩展阶段：1999—2009 年

应用科学大学建设初具规模后,瑞士政府迅速开展了应用科学大学的扩张之路。由此,提出将 28 所高等技术学校(École de technologie supérieure,简称 ETS)、21 所经济和管理高等行政学校(Ecole supérieure de commerce économie et administration,简称 ESCEA)和 9 所应用艺术高等学校(Ecole supérieure de art appliqués,简称 ESAA)整合并进行专业改革,建立 7 所州立应用科学大学。2003 年之前,合并的高等教育机构仅仅获得了瑞士联邦政府的临时办学许可,直到通过两轮同行专家的评估之后,才被正式允许在特定领域颁发学位。2003 年,瑞士最高权力机构联邦委员会正式批准 7 所可授学士学位的应用科学大学,并于 2005 年和 2008 年批准设立了 2 所私立的应用科学大学(见表 1-1)。应用科学大学的规模拓展不仅丰富了大学的开办类型,更促进了一大批应用科学大学的繁荣。

与许多欧洲大陆国家类似,瑞士高校传统上采用两级学位制,即第一学位(former first university qualification, Diploma/licentiate)和博士学位(理工科的称 Doktorat,文科称 Lijentiat)。20 世纪 90 年代末,为了提升欧洲学位体系的国际兼容性,欧洲大陆国家开启了博洛尼亚进程(Bologna Process),建立欧洲高等教育区(European Higher Education Area,简称 EHEA),并建立学士、硕士和博士三级高等教育学位体系。1999 年,瑞士成为第一批签署《博洛尼亚宣言》的国家之一,致力于同欧洲高等教育框架保持一致,基本上设立了三级学位体系。瑞士学位体系的调整为本国大学毕业生在其他欧洲国家申请学

表1-1 瑞士9所应用科学大学的基本情况

学校中文名	学校英文名	教学语言	建立年份	学生数量	教职工数	学士学位	硕士学位
伯尔尼应用科学大学	Bern University of Applied Sciences	德语	1997	7 780	2 613	31	27
瑞士中部应用科学大学/卢塞恩应用科学大学	Lucerne University of Applied Sciences and Arts	德语	1997	8 333	1 933	41	20
瑞士南部应用科学大学	University of Applied Sciences of Southern Switzerland	意大利语	1997	4 699	1 140	22	16
卡莱道应用科学大学	Kalaidos University of Applied Sciences	德/英	1997	4 429	873	6	11
瑞士西部应用科学大学	University of Applied Sciences of Western Switzerland	法语	1998	21 935	5 000+	43	29
瑞士东部应用科学大学	University of Applied Sciences of Eastern Switzerland	德语	1999	3 699	1 500	15	7
瑞士西北应用科学大学	University of Applied Sciences of Northwestern Switzerland	德语	2006	13 404	3 199	30	20
苏黎世应用科学大学	Zurich Universities of Applied Sciences	德语	2007	14 382	3 516	30	18
瑞士理诺士－格鲁耶应用科学大学	University of Applied Sciences Les Roches-Gruyère	法语	2008	2 068	275	1	3

习硕士阶段的课程或寻找就业机会提供了良好的条件。瑞士应用科学大学在设立之初主要授予学士学位，自 2007 年开始，瑞士应用科学大学申请获批设立硕士学位的资格，但也只在少数领域开设。在本科教育阶段，应用科学大学主要对学生进行普通高等教育，培养各种职业生涯中所需技能；在硕士教育阶段，侧重于传授培养科研能力的广博专业知识，帮助学生获得高级职业能力文凭。瑞士应用科学大学硕士学位项目的设立打通了职业教育学历提升的通道，不仅提升了职业教育自身的层次，也极大地提升了应用科学大学的社会影响力。

3. 完善阶段：2010 年至今

经过二十年的发展，瑞士形成了较为完备的应用科学大学体系。在具备了一定规模的高等院校格局、入学人数稳定的校园和完整的学位授予体制之下，瑞士于 2010 年签署了《双边协定》，正式加入欧盟教育项目，开发更多教育共享资源。作为一个非常重视教育与劳动力市场和社会现实需求紧密结合的国家，从 2010 年至今，瑞士与欧洲多个国家展开了有关职业教育发展和应用科学大学创办的交流与合作。在过去二十年里，瑞士大学生的人数大幅增加。2000/2001 至 2018/2019 学年，瑞士综合性大学的学生人数增长了近 60%，而应用科学大学的学生人数在同期则增加了三倍多。在 2018/2019 学年，应用科学大学学生在大学生总数中所占的比例为近三分之一。

二、瑞士应用科学大学的外部治理模式和经费来源

（一）瑞士应用科学大学的外部治理模式

瑞士是一个联邦制国家，有 26 个州，各州都有自己的法律、议会、政府，且每个州均设立了自己的州级教育管理机构，具有教育自治权。在联邦层面，不同类型的高等教育机构受不同的立法框架规制，如 10 所州立大学受《州立大学法》（the Cantonal Universities

Acts）规制，2 所联邦理工大学受《联邦理工学院法》(the Act on Federal Institutes of Technology）规制，9 所应用科学大学则受《应用科学大学联邦法》规制，各州之间则共同受《大学资助联邦法》协调。

21 世纪初，为了加强高等教育系统之间的协作并保障高等教育的质量，瑞士联邦代表和各州代表签署《合作公约》（Convention of Co-operation），确定了瑞士高等教育新治理结构的指导方针。与此同时，瑞士还将《大学资助联邦法》修订为《瑞士高等教育部门资助和协调联邦法》（Federal Act on Funding and Coordination of the Swiss Higher Education Sector）。在此基础上，瑞士建立了一个基于网络式治理模式的合作决策机制以保证国家高等教育系统的协调发展。所谓网络式治理模式是指基于联邦政府、州政府、协调组织等多元主体的集体决策和集体行动，政府部门由"统治"转向"掌舵"，而非政府部门由被动参与到主动参与，治理内容涵盖质量的控制和认证、高等教育机构的拨款、重要任务的分配等。

在网络式治理中，联邦政府的主要职责包括确保不同类型的高等教育机构享有"平等但不同"地位、形成高等教育机构之间的渗透性和流动性、建立统一的学制和学习层次、确保整个瑞士高等教育的协同发展、避免各类型高等教育机构的恶性竞争、尊重高等教育机构的自主权以及同州政府合作履行各自的职责等。[①]与此同时，瑞士加强了三个大学协会组织的作用以协调联邦与州之间的合作。其一，瑞士高校联席会（Conférence universitaire suisse，简称 CUS）。《合作公约》赋予了联席会在特定领域的决定权，如规定学制、学位认定、教学和科研的评估等，该组织日渐成为负责高等教育政策的最高决策

---

① The Federal Assembly of the Swiss Confederation, "Federal Act on Funding and Coordination of the Swiss Higher Education Sector," https://www.fedlex.admin.ch/eli/cc/2014/691/en，查询时间为 2023 年 9 月 10 日。

机构。[1]其二，瑞士高校校长联席会（swissuniversities）由瑞士州立大学、联邦理工学院、应用科学大学和师范大学的校长组成。该联席会的使命是加强瑞士各类高校之间的合作，也代表高等教育机构对瑞士高校联席会议的活动提出意见和建议。[2]其三，在州际层面，瑞士州教育部长会议（The Swiss Conference of Cantonal Ministers of Education，简称EDK）主要负责协调各州政府的事务，从而就重要事项达成国家层面的统一政策，如教育指标、交换项目、资格认定等、高等教育领域的经费投入、入学资格等。[3]

此外，瑞士还设立了第三方认证机构，即瑞士认证委员会（Swiss Accreditation Council），由一个专家委员会组成，主要负责基于统一程序不同标准认证所有的瑞士高等教育机构。该认证机构授权各高等教育机构可以冠以相关大学名称，如"大学""应用科学大学"或"师范大学"。2007年，瑞士还颁布了关于应用科学大学认证机构和学位项目认可的条例，此条例确定瑞士认证与质量保障局（Swiss Agency of Accreditation and Quality Assurance，简称AAQ）为负责办学机构和学位项目认证的机构，通过外部审查的方式来保证办学水平。[4]应用科学大学需满足关于认证资格的各项规定，具体涵盖发展战略、管理和组织结构、财力和物力资源、质量管理、性别平等、教学、研究、继续教育培训和服务、教学和科研人员、行政和技术人员、学生团体、学校设施、学校对外合作、可持续发展等内容。

---

[1] SHK, "Jahresbericht 2021 der Schweizerischen Hochschulkonferenz," www.shk.ch，查询时间为2023年8月1日。

[2] Swissuniversities, "Die Dachorganisation der Schweizer Hochschulen," www.swissuniversities.ch，查询时间为2023年5月25日。

[3] EDK, "Die EDK," www.edk.ch，查询时间为2023年5月25日。

[4] Swiss Accreditation Council, "Council," http://akkreditierungsrat.ch/en/，查询时间为2023年5月25日。

（二）瑞士应用科学大学的经费来源

瑞士不同类型高校的经费来源有所不同，主要包括政府预算拨款（联邦政府/州政府）、国家自然科学基金竞争性科研经费和企业经费及创收。2所联邦理工大学年度经费中的70%以上来自联邦政府拨款，国家自然科学基金竞争性科研经费占15%左右，企业经费及创收占10%以下。10所州立大学的年度经费来源更加多元，包括联邦政府预算拨款、州政府预算拨款、国家自然科学基金竞争性科研经费（和相应配套经费）、企业经费及创收等四大类。其中，20%来自联邦政府预算拨款，52%来自州政府的预算拨款，同时各有14%来自竞争性科研经费和企业经费及创收。瑞士7所公立应用科学大学的年度经费中，28%来自联邦政府预算拨款、51%来自州政府预算拨款、21%来自企业研发和服务收入（见表1-2）。

表1-2 部分瑞士应用科学大学的经费来源

单位：百万瑞士法郎

学校	总经费	经费来源(%) 联邦政府	经费来源(%) 州政府	经费来源(%) 第三方收入	经费领域(%) 教育经费	经费领域(%) 应用性研发	经费领域(%) 继续教育	经费领域(%) 经济服务
苏黎世应用科学大学	54	26	50	24	56	31	10	3
伯尔尼应用科学大学	31	19	37	44	61	30	8	1
瑞士西北应用科学大学	50	24	59	17	63.2	24.4	10.3	2.1
瑞士中部应用科学大学	77	26	28	46	62	22	10	6

三、瑞士应用科学大学的办学模式

(一)瑞士应用科学大学的办学使命

根据 1995 年颁布的《应用科学大学联邦法》，瑞士应用科学大学的核心使命包括：开设学位项目和为在职人士提供继续教育、开展应用研究、为第三方机构提供服务。本书通过对瑞士 9 所应用科学大学使命陈述的分析发现，瑞士应用科学大学注重形成"应用性技术研发—应用专业教育—技术扩散"的链条，通过应用性技术研发培养企业所需创新型应用人才，并帮助中小企业和社会获得最新的技术以解决实际问题。[①]

在人才培养方面，瑞士应用科学大学致力于通过课程体系和创新应用研究项目培养学生多元能力，注重培养学生解决实际问题的能力。例如，苏黎世应用科学大学强调基于"以知识为基础、以能力为导向"（knowledge-based and competence-oriented）的原则培养具有反思性、专业性、研究性和实践能力的毕业生；伯尔尼应用科学大学注重培养学生的应用研发能力和创造性思维[②]；瑞士西北应用科学大学以创新和实践为导向，通过提供最新的高质量课程和培训，培养学生实践应用能力，从而能够胜任社会经济中的任务[③]；瑞士东部应用科学大学、中部应用科学大学均强调学习内容要与实践紧密相关，培养学生具备面向未来的能力等[④]。此外，应用科学大学强调为职业人士

---

① 邓泽民、王立职：《现代五大职教模式》，中国铁道出版社 2015 年版，第 217 页。
② Berner Fachhochschule, "Code of Conduct," https://www.bfh.ch/en/about-bfh/profile-values/code-of-conduct/，查询时间为 2023 年 6 月 1 日。
③ Fachhochschule Nordwestschweiz, "Porträt," https://www.fhnw.ch/de/die-fhnw/portraet，查询时间为 2023 年 6 月 1 日。
④ Ostschweizer Fachhochschule, "Die OST," https://www.ost.ch/de/die-ost；Hochschule Luzern, "Über uns Vielseitiges Angebot," https://www.hslu.ch/de-ch/hochschule-luzern/ueber-uns/，查询时间为 2023 年 6 月 1 日。

的终身教育服务。例如，瑞士南部应用科学大学强调为工业部门和服务行业制订个性化、持续性的课程[①]；瑞士西部应用科学大学强调以立足于六个培训领域的学士和硕士课程为基础，提供不同的终身培训方式[②]。

在科研方面，不同于研究型大学侧重于基础理论研究，瑞士应用科学大学的科研使命是开展应用研究和新技术开发，将理论成果转化为最先进的应用技术。例如，苏黎世应用科学大学的办学目标是基于"变革性科学"（transformative science）的原则开展以解决方案为导向的研发，以推动社会的可持续发展，包括经济、文化、社会、生态、法律、技术等方面。伯尔尼应用科学大学的研发活动同样以实际应用为导向，以满足经济、技术、文化和社会环境的需求。瑞士东部应用科学大学的科研使命则是充分利用应用性研发和服务，帮助解决经济和社会问题；西北应用科学大学强调面向应用的研发以及面向解决方案的服务。在社会服务方面，瑞士应用科学大学非常注重同企业的密切合作，通过加强同企业的合作伙伴关系，不仅为企业培养所需人才，还注重将最新的技术扩展到企业，为企业的创新服务。

（二）瑞士应用科学大学的招生方式

瑞士实行的是职业教育与普通教育双轨制的教育体系。学生在完成义务教育阶段（即初中毕业）后，可根据个人兴趣自愿选择普通高中（Matura school）、专业高中（Specialized schools）或学徒制三类培养模式中的一种进行高中阶段的学习，其中专业高中和学徒制属于中等职业教育（见图1-1）。普通高中为学生提供广泛的普通教育，学

[①] Scuola universitaria professionale della Svizzera italiana, "Visione," https://www.supsi.ch/home/supsi/filosofia-istituzionale/visione.html，查询时间为2023年6月1日。

[②] HES-SO, "Studieren," https://www.hes-so.ch/de/fachhochschule-westschweiz/studieren，查询时间为2023年6月1日。

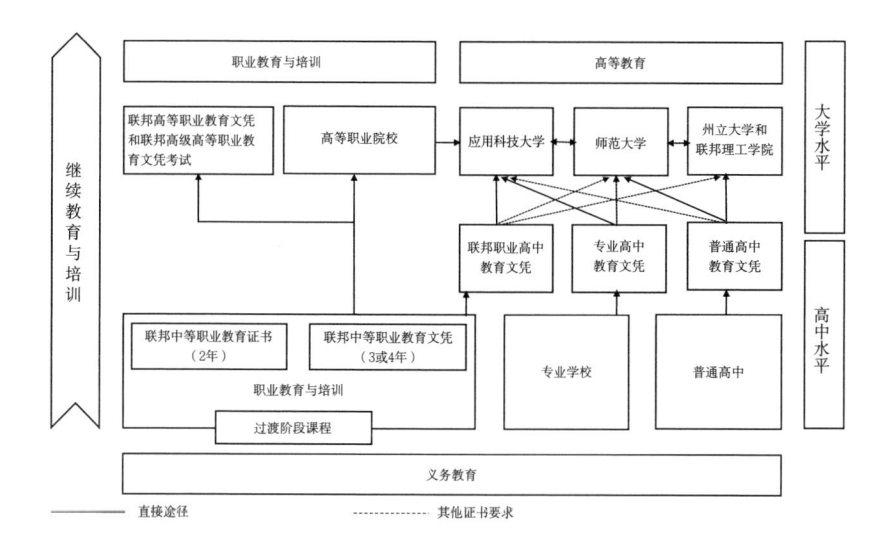

图 1-1 瑞士的教育体系

生参加普通高中会考,获得普通高中文凭(Academic Baccalaureate),可直接申请 2 所联邦理工大学、10 所州立大学和 17 所师范大学就读,若要就读应用科学大学,则还需至少一年相关领域的实习证明。[①] 专业高中在提供通识教育(含语言、数学、人文科学、艺术、体育课程)的基础上,同时注重塑造学生在某一个(或两个)领域的专业能力。学生通常从高二开始修读专业课,并需完成毕业实习、撰写实习报告等环节。专业高中毕业生通过专业高中会考后获得专业高中证书(Specialized Baccalaureate),能够直接申请进入应用科学大学。

学徒制一般包括两年制和三或四年制两种模式的职业教育和培训,主要由企业、职业高中和行业培训中心共同负责培养。学生每周在企业实习 3—4 天,在职业高中学习理论课和文化课 1—2 天,每学

[①] 鲁道夫·H. 施特拉姆、尤格·施耐德、埃里克·斯瓦尔斯:《有教无类与因材施教——瑞士双轨制职业教育体系》,蒋于凡、赵英博译,北京航空航天大学出版社 2022 年版,第 76—80 页。

期在行会所属培训中心学习"跨企业课程"1—2 周。[①] 两年制学徒岗位结束时获得联邦中等职业教育证书（Federal VET Certificate），并凭借该证书直接就业。学徒制学生也可以选择三或四年的学徒制岗位学习，获得联邦中等职业教育文凭（Federal VET Diploma），并参加职业高中会考（Federal Vocational Baccalaureate Examination，简称FVB），获得联邦职业高中教育文凭（Federal Vocational Baccalaureate），从而能够申请进入应用科学大学深造。专业高中和职业高中的学生若想要进入综合性大学就读，还需通过"大学入学考试"。

瑞士职业高中会考制度于 1994 年引入教育系统，是瑞士学徒制职业教育培训进入应用科学大学的升学途径。根据《联邦职业高中会考条例》和《职业高中会考框架教学计划》的规定，职业高中会考的内容包括职业高中会考课程、毕业考试和实践性跨学科项目三部分。瑞士国家教育、研究和创新秘书处（Staatssekretariat für Bildung, Forschung und Innovation，简称 SBFI）发布的《职业高中会考框架教学计划》，不仅为学徒制职业教育培训提供指导，还规定了学习者在职业会考课程结束时必须达到的能力要求，明确了各州职业会考的统一标准。[②]

根据瑞士联邦统计局数据，2000—2020 年，瑞士应用科学大学在校生占全国所有在线大学生的比例从 16.7% 增长至 32.1%，授予学位数从 10% 增长至 32.8%，这表明越来越多的学生选择进入应用科学大学求学。在获得应用科学大学学士学位之后，学生可直接申请继续攻读应用科学大学的硕士项目。综合性大学的毕业生要就读应用科

---

① 赵志群、周瑛仪：《瑞士经验：现代职业教育体系建设》，《华中师范大学学报（人文社会科学版）》2015 年第 3 期。

② Der Schweizerische Bundesrat, "Verordnungüber die eidgenössische Berufsmaturität," https://fedlex.data.admin.ch/filestore/fedlex.data.admin.ch/eli/cc/2009/423/20160823/de/pdf-a/fedlex-data-admin-ch-eli-cc-2009-423-20160823-de-pdf-a.pdf，查询时间为 2023 年 6 月 15 日。

学大学的硕士项目则需要获得相关学科的学士学位和 1 500 小时的社会工作实践经验。相关数据表明，应用科学大学本科毕业生在就业市场上非常具有竞争力，无论是就业率、学生入职一年后的工作满意度，还是专业与职业适配度的比例都较高。[1] 通过应用科学大学，瑞士实现了中等职业教育与高等职业教育的纵向贯通以及普通教育与职业教育的横向融通，构建了具备系统化、完整性特征的技术技能人才培养体系。

（三）瑞士应用科学大学的专业设置

高度集群式的产业优势是瑞士经济的重要板块和亮点，钟表、医药、食品和旅游等产业的发展往往需要充足的人力资源储备。瑞士应用科学大学的组建大大满足了产业发展不断增长的需求，为各领域产业培养了一批批高层次的技术人才队伍，助力其产业竞争力的提升。应用科学大学的专业设置区别于传统的根据知识属性划分学科的原则，在对区域及自身发展需要进行分析的基础上，应用科学大学按照劳动市场的职业分类原则，设置了技术和信息、建筑工程和规划、化学和生命科学、农业和森林、经济和服务、设计、卫生、社会工作、音乐影视艺术和其他艺术、应用心理学以及应用语言学等 11 大类。瑞士的专业设置可根据当地产业特色与发展需要进行调整，采取自下而上的专业申报制度，其专业设置与地方经济与产业结构接轨，不断培养集群产业发展所需要的各类型多层次的职业人才队伍，为产业竞争力的提升提供强劲动力。[2] 从应用科学大学设立的学院、规模、专业的集中性就能看出当地的产业结构、劳动市场情况，因此就更加体现了瑞士

---

[1] 施特拉姆、施耐德、斯瓦尔斯：《有教无类与因材施教》，第 82—83 页。
[2] 中国教育科学研究院课题组：《欧洲应用技术大学（UAS）国别研究报告》，2013 年。

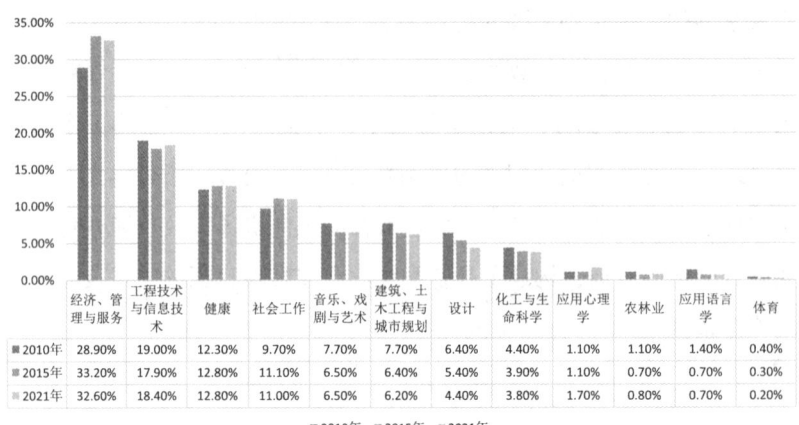

图 1-2　瑞士应用科学大学 2010、2015、2021 年所授予学士学位的学科分布

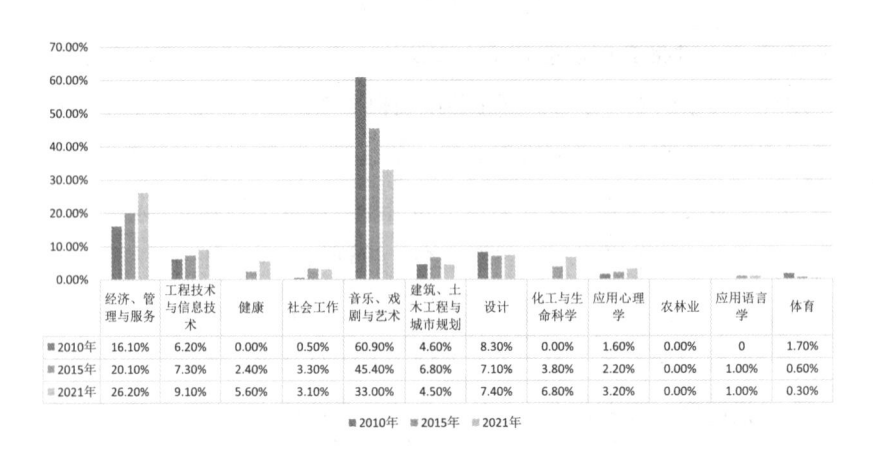

	经济、管理与服务	工程技术与信息技术	健康	社会工作	音乐、戏剧与艺术	建筑、土木工程与城市规划	设计	化工与生命科学	应用心理学	农林业	应用语言学	体育
2010年	28.90%	19.00%	12.30%	9.70%	7.70%	7.70%	6.40%	4.40%	1.10%	1.10%	1.40%	0.40%
2015年	33.20%	17.90%	12.80%	11.10%	6.50%	6.40%	5.40%	3.90%	1.10%	0.70%	0.70%	0.30%
2021年	32.60%	18.40%	12.80%	11.00%	6.50%	6.20%	4.40%	3.80%	1.70%	0.80%	0.70%	0.20%

图 1-3　瑞士应用科学大学 2010、2015、2021 所授予硕士学位的学科分布

	经济、管理与服务	工程技术与信息技术	健康	社会工作	音乐、戏剧与艺术	建筑、土木工程与城市规划	设计	化工与生命科学	应用心理学	农林业	应用语言学	体育
2010年	16.10%	6.20%	0.00%	0.50%	60.90%	4.60%	8.30%	0.00%	1.60%	0.00%	0	1.70%
2015年	20.10%	7.30%	2.40%	3.30%	45.40%	6.80%	7.10%	3.80%	2.20%	0.00%	1.00%	0.60%
2021年	26.20%	9.10%	5.60%	3.10%	33.00%	4.50%	7.40%	6.80%	3.20%	0.00%	1.00%	0.30%

专业设置的区域性。[①]2021 年，瑞士应用科学大学授予学士学位最多的专业为经济、管理与服务以及工程技术与信息技术，分别占总授予

---

① 陈雪：《国外应用科技大学办学特色及其启示》，《清远职业技术学院学报》2020 年第 5 期。

学士学位的 32.6% 和 18.4%；授予硕士学位最多的学科为音乐、戏剧与艺术以及经济、管理与服务，分别占当年所授予学位的 33% 和 26.2%。

此外，绝大多数应用科学大学都开设经济、管理与服务，工程技术与信息技术，社会工作，建筑、土木工程与城市规划等专业。少数应用科学大学开设了一些特色化的专业，例如伯尔尼应用科学大学开设了体育专业、瑞士西北应用科学大学开设了教育学、瑞士西部应用科学大学开设了医学专业、卡莱道应用科学大学开设了法学专业等（见表 1-3）。

（四）瑞士应用科学大学的师资要求

哈曼认为，"教师是推动非大学机构学术漂移的主要力量，而学术漂移的结果本身又进一步为机构中教师的构成、态度、取向以及他们的工作角色和兴趣带来明显的影响"[1]。为了抑制教师学术漂移的倾向，瑞士应用科学大学对师资的要求在两方面明显不同于综合性大学：对行业经验的要求以及对应用性科研的强调。从入职资格来看，应用科学大学的教师在大学毕业或博士毕业后必须要有一段在工业企业界的工作经历才能进入应用科学大学从事教学、科研及咨询工作（见表 1-4）。[2] 伯克尔曼等学者对瑞士公立应用科学大学和综合性大学教师的学历和行业经验进行了比较，发现应用科学大学师资中最高学历为学士、硕士、博士，大学教授资格（Habilitation）和其他的教师比例分别为 6.4%、42.5%、43.5%、4.6% 和 3%，而综合性大学的对应比例分别为 0%、1.4%、68.4%、27.2% 和 2.4%，表明应用科学大学相对不强调高学历；就行业经验而言，三分之一的应用科学大

---

[1] G. Harman, "Academic Staff and Academic Drift in Australian Colleges of Advanced Education," *Higher Education*, Vol. 6 (August, 1977), pp. 313-335.
[2] 施特拉姆、施耐德、斯瓦尔斯：《有教无类与因材施教》，第 79—80 页。

表1-3 瑞士应用科学大学本科专业设置

学校	经济、管理	工程技术与信息技术	健康	社会工作	音乐、戏剧与艺术	建筑、土木工程与城市规划	设计	化工与生命科学	应用心理	应用语言	教育、体育	法学	医学
苏黎世应用科学大学	√	√	√	√	√	√		√	√	√			
伯尔尼应用科学大学	√	√	√	√	√	√	√	√					
瑞士西北应用科学大学	√	√	√	√	√	√	√	√	√				
瑞士东部应用科学大学	√	√	√			√							
瑞士中部应用科学大学/卢塞恩应用科学大学	√	√		√	√	√	√				√		

续表

学校	经济、管理	工程技术与信息技术	健康	社会工作	音乐、戏剧与艺术	建筑、土木工程与城市规划	设计	化工与生命科学	应用心理	应用语言	教育、体育	法学	医学
瑞士南部应用科学大学	√	√	√	√	√	√	√						
卡莱道应用科学大学	√		√		√				√			√	
瑞士西部应用科学大学	√	√		√	√	√	√						√
瑞士理诺士-格鲁耶应用科学大学	√												

表1-4　部分瑞士应用科学大学教师的入职要求

学　校	讲师入职基本要求
伯尔尼应用科学大学	学位要求：相关领域的学士学位； 专业要求：在专业领域有一定的认可度，拥有高质量的作品； 经验要求：在专业领域有实践和理论经验，最好有自己的工作室，有教学经验为佳； 语言要求：熟练使用德语，法语或英语为第二语言
瑞士中部应用科学大学/卢塞恩应用科学大学	学位要求：相关领域的硕士学位（应用科学大学和普通大学学位皆可）； 专业要求：指导学生项目和学士与硕士的论文，教授学士和硕士课程，并带来自己的知识和见解； 经验要求：有项目组课题申请经验和研究经验； 语言要求：无
瑞士南部应用科学大学	学位要求：相关领域的硕士学位； 专业要求：在专业领域有坚实的理论、数据收集与分析背景，编程技能优秀，促进项目相关的成果产出（报告、论文出版、国际会议发言等）； 经验要求：项目管理能力优秀，可以同合作学术机构的同事和当地合作伙伴进行沟通联络； 语言要求：英语和意大利语流利
卡莱道应用科学大学	学位要求：相关领域的硕士学位； 专业要求：开设应用科学大学级别的相关领域硕士课程，指导学士和硕士论文； 经验要求：目前在相关领域工作； 语言要求：无
瑞士东部应用科学大学	学位要求：相关领域的博士学位； 专业要求：独立从事和领导相关领域的研究和开发项目，撰写项目相关的成果并出版（如期刊文章、会议论文等），在本科和硕士课程教学，指导学生科研项目和论文； 经验要求：至少有7年与专业相关的工作经验，其中至少有3年的工作经验是在大学以外获得的； 语言要求：无

续表

学　校	讲师入职基本要求
苏黎世应用科学大学	学位要求：相关领域的博士学位； 专业要求：教授学士、硕士和继续教育课程，完成相关领域的研究和发表任务，申请相关科研任务，参与开发和推出新的培训和继续教育产品； 经验要求：在教学、研究、继续教育等领域支持商业刑法专家小组的发展； 语言要求：无

学教师目前在企业兼职，而综合性大学的这一比例仅为六分之一，应用科学大学教师的实践经验平均长达13年，而综合性大学教师平均仅为2年，这表明职业实践经验对应用科学大学的教师尤为重要。[1] 就教师的科研投入时间而言，根据莱波里等学者在2014年的调查，2000年，瑞士综合性大学教师科研投入时间占比达到43.8%，而应用科学大学教师科研投入时间仅为15%；到2008年，综合性大学教师科研投入时间增加至48%，而应用科学大学则增加至19.4%，表明教学是应用科学大学教师最重要的工作，这与综合性大学教师存在明显差异。[2] 这些研究表明，相比于综合性大学的教师，应用科学大学的教师明显更加注重应用导向。

瑞士应用科学大学非常重视师资能力的培训，注重为所有教师提供各种参加实践能力培训的机会。以苏黎世应用科学大学为例，该校为教师提供100多门免费的内部培训课程，允许教师每年有168小时

---

[1] C. Böckelmann, C. Probst, and C. Wassmer, et al., "Lecturers' Qualifications and Activities as Indicators of Convergence and Differentiation in the Swiss Higher Education System," *European Journal of Higher Education*, Vol. 12, No. 3 (May, 2021), pp. 229-254.

[2] B. Lepori, J. Huisman, and M. Seeber, "Convergence and Differentiation Processes in Swiss Higher Education: An Empirical Analysis," *Studies in Higher Education*, Vol. 39, No. 2 (December, 2014), pp. 197-218.

的带薪学习时间，鼓励教师到合作高校在职攻读博士学位或短期访问等。[①] 瑞士西部应用科学大学为教师提供超过 250 门的终身学习继续教育课程，为教师提供培训并颁发教学证书，以及支持、建议和技能发展服务。[②]

此外，瑞士应用科学大学非常鼓励教师从事应用性研发活动。教师在入职应用科学大学之后普遍会通过与企业的合作研发以及咨询工作，与企业界保持密切接触，由此可以保证教学科研活动的实践性以及知识与技能的持续更新。以苏黎世应用科学大学为例，能源是该校的特色研究领域，通过整合全校不同学科的师资力量，与社会组织进行密切合作开展跨学科研究，为应对能源转型的巨大挑战提供解决方案，从而实现社会的可持续发展目标。再如，伯尔尼应用科学大学鼓励其教师服务地区的食品加工业，支持食品加工商开发可持续食品，帮助食品行业组织制订他们的可持续发展战略。[③] 瑞士南部应用科学大学积极与私营公司合作，尤其是在技术领域。[④] 在瑞士应用科学大学看来，教师只有积极开展应用研究，才能推动科教融汇，以培养创新型应用型人才。

四、案例研究：伯尔尼应用科学大学

瑞士伯尔尼应用科学大学成立于 1997 年 10 月，位于瑞士首都、

[①] ZHAW, "Mobilität und Vernetzung von Forschenden," https://www.zhaw.ch/de/forschung/mobilitaet-und-vernetzung-forschender/，查询时间为 2023 年 6 月 25 日。
[②] HES-SO, "Carrières," https://www.hes-so.ch/la-hes-so/carrieres，查询时间为 2023 年 6 月 25 日。
[③] Berner Fachhochschule, "Forschung + Dienstleistungen," https://www.bfh.cn/de/forschung/，查询时间为 2023 年 8 月 1 日。
[④] Scuola universitaria professionale della Svizzera italiana, "Visione," https://www.supsi.ch/home/supsi/filosofia-istituzionale/visione.html，查询时间为 2023 年 8 月 1 日。

联合国教科文组织认定的"世界文化遗产"所在地、西欧名城伯尔尼。伯尔尼应用科学大学提供职业教育所需的学位课程和灵活的学习模式,形成现代化、以实践为导向和以研究为基础的职业教育体系,开展德语、法语和英语多语教学,为学习者开辟了充满吸引力的职业世界。为进一步了解瑞士应用科学大学的建设路径和独特之处,本部分将以瑞士伯尔尼应用科学大学为例,从办学使命、招生要求、教学理念、师资培训和科研等维度对其进行深入剖析。

(一)办学使命与学校治理

伯尔尼应用科学大学自建立以来始终坚持"以实践为导向,以研究为基础"的理念,致力于通过教学实践和科研创新实现对社会的责任。从办学使命来看,该校秉持促进社会发展、实现科创融合、鼓励国际合作等原则不断汇集优质资源,围绕"可持续发展""数字化转型"和"社会关怀"等主题开展行动,并应对复杂挑战。在人才培养方面,伯尔尼应用科学大学注重培养学生的应用研发和创造性设计能力。该校塑造了一种懂得欣赏、乐于分享的学习氛围,教学活动以满足个性化需求为基础,鼓励教师培养学生批判反思能力,通过跨学科教育、国内外项目合作,促进学习者实现技能的提升。

在战略方面,伯尔尼应用科学大学的研发活动以实际应用为导向,旨在满足经济、技术、文化和社会环境的需求。该校大力倡导可持续发展目标,尤其关注食品健康、循环经济和可持续生活环境的发展,为实现资源节约型社会做贡献。该校关注新兴技术与人类的紧密关系,以及技术对人类生活环境的影响。将人置于数字化转型的核心位置,支持数字化设计和转型过程,致力于实现对人类具有重要价值的数字化变革。该校还支持促进所有年龄段人的健康和福祉,鼓励校企合作,密切联系学生和与护理服务行业的从业人员,通过推动技术和组织创新以实现人类健康和福祉。[1]

伯尔尼应用科学大学的管理呈现"多主体协同治理"的特征，涉及多个部门和委员会。校长办公室（President's Office）由校长和副校长组成，校长作为办公室负责人，负责把控学校的战略方向、优化学校办学结构，带领实现学校的办学定位，并树立鲜明的学校形象；副校长则提供教学和研究方面的战略性支持。大学董事会（Governing bodies）作为该校的战略和运营管理机构，对该校的办学定位和该校形象负责，并管理该校的预算和绩效。委员会（Committees）协调关键跨学科领域的发展，包括教学委员会、研究委员会、继续教育委员会以及学校的各战略委员会。办公室（Offices）负责具体的人才培养议题，如双语和多语种培养，同时也支持委员会的各项工作。大学议会（University Assembly）是该校教研人员与学生共同参与的交流机构，赋予教师和学生参与大学事务的权利，支持共同制订学校发展的新方法。大学协会（Associations）包括校友会和学生会，校友会由九个校友组织及其校友成员组成，学生会则代表了学校全体学生的共同利益。服务部门（Services）包括信息技术中心、人力资源部门等。法律基础部门（Legal foundations）则规定了学校各类活动的基本法律制度。[2]

（二）招生要求与课程体系

伯尔尼应用科学大学有8个学院，分别是建筑、木材与土木工程学院，卫生学院，农业学院，艺术学院，社会工作学院，工程与信息技术学院，商学院，以及作为附属学院的马格林根联邦体育学院（Swiss Federal Institute of Sport Magglingen，简称SFISM）。2022年

---

[1] BFH, "Strategie 2023-2026," https://www.bfh.ch/de/ueber-die-bfh/strategie-2023-2026/，查询时间为2023年8月1日。

[2] Bern University of Applied Science, "Management + Organisation," https://www.bfh.ch/en/about-bfh/management-organisation/，查询时间为2023年8月1日。

表1-5　2022年伯尔尼应用科学大学部分学院人数

学　院	人　数
建筑、木材与土木工程学院	554
卫生学院	1 676
农业学院	822
艺术学院	1 250
社会工作学院	881
工程与信息技术学院	1 303
商学院	1 361

学校在校学生人数为7 847人，部分学院人数如表1-5所示。

伯尔尼应用科学大学的招生非常重视学生的工作经验。申请学士学位的外国学生通常需要提供以下资质证明：职业高中毕业证书、高中毕业证书（并具备一年实际工作经验）或与之等同的职业教育背景（以及实际工作经验），以及相应的语言水平证书。如果学生没有满足学校要求的实际工作经验，则需要申请伯尔尼高等专业学院的预备课程和学徒实践。除此之外，学校对学生的语言水平也做出了基本要求。以修读农业学士学位项目的学生为例，如果学生母语不是德语或法语，且未在瑞士获得学位，他们若选择德语或法语课程，则需要提交德语或法语语言等级证书，以证明其有修读课程的基本语言能力。[1]

该校的学位项目包括学士学位项目、硕士学位项目，其中学士学位项目31个，硕士学位项目27个。[2] 全日制学士学位的一般学习时

---

[1] Bern University of Applied Science, "Bachelor of Science Agriculture," https://www.bfh.ch/en/studies/bachelor/agriculture/，查询时间为2023年8月1日。

[2] Bern University of Applied Science, "The BFH in Figures," https://www.bfh.ch/en/about-bfh/facts-and-figures/fact-figures/，查询时间为2023年8月1日。

长为三年，学生可以选择在八至十二个学期内完成课程；硕士学位的学制为一年半到两年，最多可延长到六至八个学期。学校课程分必修模块和选修模块，选修模块充分满足学生的个性化学习需求，可以自由选择并形成适合自己的学习计划。

伯尔尼应用科学大学的课程设置以应用型课程为主，注重与当地经济发展紧密结合，在学习方式上提供多样化的学习模式。以该校企业管理专业为例，该专业学士学位课程不仅关注地区企业的发展，还关注国家和世界范围内企业的发展。课程重点向伯尔尼州的公司和行政管理部门倾斜，旨在培养服务当地经济发展的高水平人才；与此同时，该校拓展学生的国际视野，致力于培养具有国际竞争力的顶尖人才。企业管理专业的教学形式多样，包括讲座、实践任务、小组合作、网上学习等，除了学期内的课堂授课外，学生在假期则进行自主探究，以此满足个性化学习需求。班级规模大小不等，课堂集体学习只占三分之一的学习时间，其余三分之二的时间学生或是接受教师指导，或是独立地进行探究学习。[①]

作为一所以实践为导向的大学，伯尔尼应用科学大学重视为学生提供学习工具，旨在帮助学生塑造可持续发展的未来。伯尔尼应用科学大学的教学呈现"多语种""公平性""数字学习"等特征。该校以德语教学为主，法语和英语教学为辅，为来自世界各地、语言背景各异的学生提供公平的学习环境。其中，双语和多语种专家服务支持学校的双语和多语种人才培养，并为工作人员和学生提供双语和多语种问题方面的建议和支持。

（三）师资构成与科研创新

学校师生比是衡量大学教学投入的重要标准之一，在一定程度上

[①] Bern University of Applied Science, "Business Administration," https://www.bfh.ch/en/studies/bachelor/bussiness-administration/，查询时间为2023年8月1日。

反映了学校的教学质量。瑞士应用科学大学在师资上的一大典型优势是拥有较高的师生比。较高的师生比能够保证教师充分关注学生需求，进而提高学生的满意度和课堂的教学质量，2014—2016 年瑞士应用科学大学师生比为 1∶3。据伯尔尼应用科学大学 2022 年数据统计显示，该校教职员工共计 2 804 人，全职员工 1 806 人，其中教学人员 920 人，全职教师 599 人，助教和研究助理 1 038 人，全职助教 626 人，其他人员 818 人，学徒 28 人，师生比为 1∶2.8。[1]

对师资的高要求和教职人员的多元化结构是瑞士应用科学大学的另一优势。瑞士联邦法律对应用科学大学的教师提出了四项明确规定：(1) 教师需要获得大学或应用科学大学的学历；(2) 教师不一定要拥有博士学位，但博士阶段的研究经历十分重要，教师应表现出对研究的强烈兴趣；(3) 教师必须具备从教资格和丰富的从教经验，教学经验不足的教师需要接受教师培训；(4) 教师需要具备该领域丰富的工作经验。[2] 伯尔尼应用科学大学的教学和科研人员由在某一领域具备丰富工作经验的人员构成。除了全职教师以外，学校还从企业、政府、金融机构等聘请兼职教员。这些兼职教员不仅能够教授其所在领域的最新知识，确保学生获取的实践知识和技能紧跟时代发展，还能促进社会经济活动与大学应用研究之间的及时反馈和良性互动。[3]

在数字化转型过程中，伯尔尼应用科学大学帮助教职员工不断更新教学，优化课程，引入新方法，融入数字元素，并全面拓展教师和

---

[1] Bern University of Applied Science, "Facts + Figures," https://www.bfh.ch/en/about-bfh/facts-and-figures/facts-figures/，查询时间为 2023 年 8 月 1 日。

[2] Bern University of Applied Science, "Lecturer at Swiss Universities of Applied Sciences," https://www.bfh.ch/fileadmin/docs/publikationen/broschueren/FH_Dozentin_en.pdf，查询时间为 2023 年 8 月 1 日。

[3] Federal Statistical Office, "University of Applied Sciences," https://www.sbfi.admin.ch/sbfi/en/home/topics/higher-education/universities-of-applied-sciences.html，查询时间为 2023 年 8 月 1 日。

学生在数字教与学领域的技能。为教师提供指导是其优势之一。作为教学支持的一部分，学校提供模块规划，制订学位课程，提供以实践为导向、以研究为基础的教学，提供引导式自学，整合数字媒体（混合学习），基于循证的学业成果考核，设计大型小组教学活动，灵活运用学生评价，解决学习动机问题，开发和运行 Moodle 课程，在数字媒体中使用音频以及制作教育电影等。

伯尔尼应用科学大学注重以实践为导向的应用型研究和发展，致力于形成在社会科学、技术、商业、艺术等领域富有价值的研究成果。这些研究成果能够服务于政府、大中小企业和公共机构等。在研究内容方面，伯尔尼应用科学大学的研究强调以市场为导向，研究和发展及其对外服务活动都与市场需求紧密联系。该校的研究活动旨在提高师生的创新能力并促进技术成果的转化，同时也与硕士研究生课程紧密联系。在教师层面，该校鼓励教师服务地区食品、医疗等领域的发展，帮助行业制订合适的可持续发展战略。不仅如此，伯尔尼应用科学大学还促进校办企业和创业公司的创办与发展，目的在于充分开发研究成果，并将其应用于国内外市场。伯尔尼应用科学大学对专利和许可证进行专业化管理，每年对有实力的第三方开放 5—10 个专利，企业可以付费购买并使用这些专利和许可证。2015 年，950 余个合作伙伴参与了伯尔尼应用科学大学的研究项目。[1]

（四）产教融合与行业实训

瑞士伯尔尼应用科学大学重视校企合作，在多年的教学实践过程中形成了完善的产教融合机制。在管理方面，企业高层参与该校的战略规划和建设；在师资方面，保证全职教师数量的同时，聘请企业人

---

[1] Bern University of Applied Science, "Research Profile," https://www.bfh.ch/en/research/research_profile.html，查询时间为 2023 年 8 月 1 日。

员任兼职教师，并对教师提出严格要求；在专业和课程设置方面，根据劳动力市场的职业分类划分专业，专业规模根据市场需求设置；在研究活动方面，注重以市场和实践为导向的研究，同时注重和企业合作研究，并促进技术的转化；在资金来源方面，企业参与该校的投资建设；在质量管理方面，使企业人员充分参与学校的各项评估项目。[1]

伯尔尼应用科学大学建筑、木材与土木工程学院作为瑞士唯一一家将建筑、木材和土木工程结合在一起并提供整体解决方案的教育和研究机构，与国际知名木材创新中心建立了数十年的自然资源利用的合作关系，为可持续发展开辟了新的可能性。建筑、木材与土木工程学院通过项目、实践培养未来的建筑师、土木或木材工程师以及木材行业的专业人士。其中，继续教育计划提供众多高级研究硕士和高级研究证书、课程、国内会议和区域活动，传授有关环境保护的最新知识，并提供专业交流平台。在研发活动方面，面向商业和社会实践合作伙伴的需求，为其产品和服务提供新的定制解决方案。瑞士2 255公里的国家公路网建有4 270座桥梁，约为每公里公路两座桥梁。伯尔尼应用科学大学在2010—2014年对公路桥梁的调查数据显示，桥梁的成分主要由钢筋和混凝土构成，木材仅占承重结构的3%左右。建筑、木材与土木工程学院的师生团队充分研究木材在重型桥梁承重方面的作用，与企业合作伙伴公司开展一项长达两年的合作，在2022年1月至2023年12月开展"木质重型桥梁可行性研究"项目，就使用木材建造重型桥梁的可行性进行研究，这项研究不仅实现了紧密的校企合作，还为气候中和做出了重要贡献。[2]

---

[1] 谢子娣：《瑞士应用科学大学校企合作的成功经验——以伯尔尼应用科学科学大学为例》，《世界教育信息》2019年第1期。
[2] Bern University of Applied Science, "Feasibility Study on Heavy Duty Timber Bridges," htpps://www.bfh.ch/en/research/research-projects/2022-679-845-866/，查询时间为2023年8月1日。

在卫生学院，自 2014 年以来，该校健康专业和该校老龄化研究所与伯尔尼住宅公司建立了学术和实践合作伙伴关系，使得知识和技能以最佳和资源效率最优的方式共享。近年来，研究所专注于护理发展和质量保证，主要研究领域包括以下三方面：（1）数字化和技术，技术发展为长期住院护理带来了机遇和挑战，作为合作内容的一部分，研究所正在研究如何将技术发展与实际需求结合起来；（2）老年人的营养问题，该合作项目旨在为长期护理人群开发优化的营养产品，尽早发现营养不良问题，并在适当的情况下实施营养措施；（3）有关时间利用的实践开发，护理工作人员的结构化工作时间与护理人群的生活之间存在着内在的冲突，该合作项目正在努力重塑工作流程，改善员工态度，并支持护理人群，以减轻员工的工作时间压力，使护理人群的生活更加充实。

（五）数字化转型与创新发展

数字化转型已然成为教育领域的变革趋势，伯尔尼应用科学大学多年来在教学和研究中强调数字化转型，其研究重点从数字技术逐渐转为数字环境中的人及其需求。该校不断强化以人为本的理念，关注技术与人的紧密关系，以及技术如何赋能人类的工作和生活。当前学校有关数字化转型的研究主要涵盖五个主题，分别是：开放式数字知识、以人为中心的增强型智能、数字工程与价值创造、数字医疗以及数字化学习模式。

具体而言，在开放式数字知识领域，伯尔尼应用科学大学深知创新和共享数字知识是数字化转型的基本组成部分，创建并活跃知识社区有助于知识的共享。在数字知识共享的同时，要考虑道德标准，注意免费知识、数据隐私和版权保护。在增强型智能领域，该校强调以人为中心的原则，通过跨学科和多功能的方式进行部署，在人工智能开发过程中保障用户友好的持久性功能，促进社会参与、创造性表达的机会和效率。在数字工程与价值创造领域，该校关注数字化如何影响生产过程和价值链等关键问题，有关跨学科网络和协作，以及数字工艺和平台经济等也是不可忽视的主题，该校目前已帮助开发和实施数字业务流程。在数字医疗领域，伯尔尼应用科学大学关注如何在医疗保健中更好地利用数字化技术，通过新的应用程序改进工作流程，包括电子病例和基于数据的医疗保健服务。坚持用以人为本的原则开发合适的问题解决方案，包括早期识别行为变化、影响评估、技术流程整合、自我管理中的数字授权以及数字健康能力培养。在数字化学习领域，伯尔尼应用科学大学正在进一步推动教育数字化转型，重点关注数字化世界中的未来教学和学习，通过搭建从研究到应用的桥梁，促进研究结果运用到教育实践。

近年来，伯尔尼应用科学大学在技术创新和数字化转型方面不断实现突破，产生了新的研究成果。2022年4月，在伯尔尼应用科学大学数据应用与安全研究所（Institute for Data Applications and Security，简称IDAS），开发了一种基于自动文本分析的学习倦怠检测智能工具。在试验阶段，智能检测工具表现良好，能够准确监测93%的文本，且相比于传统的检测工具更高效。下一步，医学专业人员将通过将其应用于真实的职业倦怠案例与代表性人群样本来检验其实用效果。[①] 此外，2022年9月，该校自动机器人（Auto-Mate Robotics）创业项目为学生提供了将创新商业理念付诸实践的机会。该项目为解决传统自动化解决方法的巨大资金消耗问题，旨在开发易于编程、适应性强的协作机器人系统，以降低生产成本。该项目面向该校的本科生和研究生，支持他们在毕业论文中提出的创新理念，并

---

① Bern University of Applied Science, "Show Me Your Posts, and I'll Tell You If You're Burned out," https://www.bfh.ch/en/news/news/2022/research-project-automatic-analysis-text-data/，查询时间为2023年8月1日。

为学生提供资金支持和培训辅导，帮助学生顺利实施创新计划。[1]

（六）质量评估与学校管理

瑞士应用科学大学十分注重学校的办学质量，并实施严格的质量管理和认证，在质量认证和评估过程中秉持"多元主体、多方参与"的原则。伯尔尼应用科学大学是瑞士第一所获得机构级认证的州立应用科学大学，该认证依托瑞士认证与质量保障局的认证程序。依据瑞士法律，伯尔尼应用科学大学的马格林根联邦体育学院将获得独立认证。

伯尔尼应用科学大学的质量评估包括内部评估、同行评估、正式检查。正式检查包含作为外部评估的质量管理元评估，在质量管理和评估过程中，邀请企业人员共同参与评估。其中，内部评估是自1999年首次评估以来应用科科技大学评估审查的基础。作为内部评估的一部分，伯尔尼应用科学大学定期评估所有学院的课程和服务质量。在评估过程中，不同利益相关者如学生、教师、院长，以及学术、社会领域的合作伙伴都有权参加。教学、科研、知识和技术的转化以及行政管理系统的质量发展是伯尔尼应用科学大学关注的重点。学校的质量管理与国际公认的欧洲质量管理基金会（European Foundation for Quality Management，简称EFQM）框架相一致，EFQM框架由九个标准组成，对大学的组织状态进行评估，旨在准确识别学校的办学水平，帮助其了解差距并形成解决方案，EFQM框架促进质量管理过程的系统化。质量管理为学校提供了进行深入和全面自我评估的指导方针，同时作为学校质量发展的共同路径。《高等教育促

---

[1] Bern University of Applied Science, "'First Ventures' Grant from the Gebert Rüf Foundation for Bern University of Applied Science Start-up," https://www.bfh.ch/en/aktuell/news/2022/start-up-power-up/，查询时间为2023年8月1日。

进和协调法案》(Hochschulförderungs- und -koordinationsgesetz,简称HFKG)取代了以往的项目认证制度,对所有类型的高等教育机构实行强制性认证。①

为了保障学校安全、和谐的学习和生活环境,伯尔尼应用科学大学还发布了《行为准则》,准则规定了在校人员在行为方面的要求,涵盖合作、责任、沟通、多样性和包容性、可持续性、科学完整性、信息处理和隐私保护等领域。它还规定了在伯尔尼应用科学大学不允许的行为,包括歧视、性骚扰、欺凌、威胁、暴力和腐败。此外,准则附有关于资助和咨询服务以及制裁和措施的一般信息。②

五、结论与启示

随着我国经济结构的转型以及高等教育从大众化向普及化迈进,我国高校的发展面临来自社会各个领域的多样化需求。高等教育既需要研究型大学培养精英型人才,也需要大量应用型本科高校培养应用型人才。自20世纪90年代成立以来,瑞士应用科学大学经过二十余年的探索与实践,逐渐形成了"定位明确、特色鲜明"的体系。作为瑞士在高等教育领域最成功的改革之一,应用科学大学在职普融通、产教融合、科教融汇方面积累了宝贵的经验。从宏观层面的管理制度、科研经费来源、学院和专业设置、质量监管,到微观层面的课程安排、教学模式、帅资力量等都与企业和社会经济活动密切联系,不仅使学校教育紧随时代潮流,培养了大批理念先进、实践和创新能力强的顶尖人才,同时为企业乃至整个社会创造了巨大的财富。

---

① Bern University of Applied Science, "Quality Management," https://www.bfh.ch/en/about-bfh/profile-values/quality-management/,查询时间为2023年8月1日。
② Bern University of Applied Science, "Code of Conduct," https://www.bfh.ch/en/about-bfh/profile-values/code-of-conduct/,查询时间为2023年8月1日。

组织分析的新制度主义认为,组织如果想要在其所处社会环境中生存并发展,除了需要资源与技术,还需要得到社会认可,也即获得合法性,政治机构、专业协会等权威机构可以授予组织以合法性。[①]瑞士政府通过授予自主权、分类评估、建立协调组织、经费拨款等方式强力扶持应用科学大学的发展。首先,瑞士《高等教育法》授予所有高校办学自主权,同时规定应用科学大学与综合性大学是"平等但不同"的两类组织,并明确区分了两者的不同办学使命。[②]为了确保应用科学大学切实履行其使命,瑞士一方面设立了认证与质量保障局,对应用科学大学的办学资格和学位项目进行定期评估和认证;另一方面,瑞士还建立了多个高等教育协调组织,引导和监督各类高校各司其职。与此同时,瑞士各州政府也通过制订区域高等教育规划、绩效考核和经费拨款等方式引导区域高校在规划内合理定位和发展。

瑞士应用科学大学内部的制度设计和活动安排以实现其组织目标为依据,从而提升了其可持续生存和发展的要求。例如,在招生方面,瑞士应用科学大学主要招收职业高中和专业高中毕业生,要求其参加职业高中会考或专业高中会考,不仅注重考察学生的专业课程学习情况,还需考察其实践能力。对于普通高中毕业生,瑞士应用科学大学设置了较高的入学门槛,如需要至少一年的相关行业的从业经历,综合性大学毕业生要进入应用科学大学攻读硕士学位,也需要较长时间的实践经验,从而保证生源具备一定的应用技术能力;在专业设置上,瑞士应用科学大学采取自下而上的专业申报制度,再由地方政府根据地区行业发展需要,审核批准相应专业的设立,很好地与当

---

① W. 理查德·斯科特:《制度与组织——思想观念与物质利益》,姚伟、王黎芳译,中国人民大学出版社 2010 年版,第 68—69 页。

② Juan-Francisco Perellon, "The Creation of a Vocational Sector in Swiss Higher Education: Balancing Trends of System Differentiation and Integration," *European Journal of Education*, Vol. 38, No. 4 (December, 2003), pp. 357-370.

地经济发展和产业结构相衔接。

借鉴瑞士经验,本书认为我国政府应从顶层设计上确定高等学校分类体系,对研究型大学、应用型本科高校和高职院校实行分类设置、认证、评估、拨款。例如,在对应用型本科高校进行评估时,不应以学术为标准而应基于学校的技术积累创新和服务产业实际贡献为价值标准;在学位认证方面,针对应用型本科高校的学位评估应符合职业标准;在经费拨款方面,政府可要求那些经评估确认办学定位不合理的应用型本科高校限期重新制订新的办学使命实施计划,同时制订相关激励机制促进产教融合和校企合作。与此同时,地方政府应给予应用型本科高校充分的办学自主权,在此基础上通过高等教育规划、绩效拨款和设立协调部门的形式来引导、评价、监督所属各高校明确各自的办学使命定位,确保各高校在激烈的高等教育市场竞争中能够按照规划实现正确的定位和扩展,从而实现高等教育多样化的目标。此外,政府还应致力于扭转社会公众对职业教育的歧视性观念,加大对优秀应用型本科高校的社会宣传,从而为应用型本科高校的良好发展营造有利的社会环境。

应用型本科高校也应该通过相应的制度安排和活动设计更好地履行自身使命。例如,在招生方面,应用型本科高校应优先招收有技术技能基础的学生,对于普通高中学生的录取则要求其具有一定企业行业的实习经验;在专业设置方面,我国应用型本科高校不应以学科体系为基础建设专业结构,而应根据学生就业状况以及根据市场相关岗位需求,不断调整相关专业和课程设置,以适应不断变化的人才市场需求;在教学方面,我国应用型本科高校应注重基于真实应用的教学方法,而非以知识系统为基础;在师资方面,我国应用型本科高校不应以学术资格建立教师制度,而应遴选有丰富实践经历的技术技能人才,教师的绩效和晋升标准也不能以科研课题和学术论文的数量为主，而应该更加侧重企业实习经历，提高应用型成果转化的权重[1]；在科研方面，应用型本科高校应着力提升服务区域发展的科研创新能力，并通过开展应用性研究来反哺专业教学，同时也应不断完善科研管理制度，引导教师持续提升应用性科研水平；在社会服务方面，应用型本科高校还应面向地方和瞄准市场，紧紧围绕区域经济社会发展需求，开展有针对性的社会服务工作，尤其为当地企业提供创新性智力支持。[2]

（本章作者彭丽华，
上海外国语大学上海全球治理与区域国别研究院）

---

[1] 蔡文伯、赵志强：《"学术漂移"对应用型本科院校的影响机理与路径选择》，《江苏高教》2021年第5期。

[2] 朱芝洲、俞位增：《"学术漂移"：难以遏制的趋势？》，《高教探索》2019年第11期。

第二章

德国应用科学大学的发展

——以亚琛应用科学大学为例

德国是应用科学大学最早的探索国家之一，其教育体系与工业发展密切相关。作为现代职业教育和应用型教育的先驱，德国自"二战"后便开始了应用科学大学的探索之路。这一发展历程并非一帆风顺，经历了"高等专科学校"和"综合高等学校"等不同阶段，最终在时代变迁和社会需求中逐渐形成了今天的应用科学大学体系。如今，德国的应用科学大学已不再局限于职业教育，而是集研究与实践于一体，为国内外培养着一流的专业人才，成为全球高等教育中的重要力量。

一、德国应用科学大学的设立和办学现状

在德国，高等教育机构不仅包括综合性大学（Universität），还包括应用科学大学（Fachhochschule）、艺术大学（Kunsthochschule）、行政科学大学（Verwaltungsfachhochschule），以及教师培训学院和神学院（pädagogische und theologische Hochschule）等。应用科学大学的历史可以追溯到 20 世纪 60 年代建立起来的"Fachhochschule"（简称 FH）。在德语中，"Fach"是"专业，专业领域"的意思，而"Hochschule"则是"高校"的意思，因此，"Fachhochschule"的字面意义是"高等专

科学校"。应用科学大学在德国教育体系中占据重要地位,其教学注重实践和应用,旨在培养学生掌握实际工作所需的专业技能和知识。这些学校通常与行业和企业保持密切联系,开设与实际职业需求紧密相关的专业课程,为学生提供实习和实践机会。

(一)建立背景和发展历程

德国应用科学大学的产生源于"二战"后德国教育的恢复与改革。1945 年以来,对于重建什么样的高等教育,德国社会进行了广泛的讨论,并在 20 世纪 60—70 年代将教育改革推向了高潮。在这个时期,皮希特(G. Picht)于 1964 年 2 月在《基督徒与世界》周报上发表了一系列文章。他以 1963 年德国各州教育部长会议发布的《1961—1970 教师需求状况》报告为出发点,认为当时的教育规模远不能满足未来社会和经济对人才的需求,并预言:"在我们社会的各个领域,特别是经济领域,将会面临大学毕业生和中等人才短缺的问题。"他进一步指出:"教育危机就是经济危机。在技术时代,任何产业若没有良好的后备力量都难有成就,经济发展将会骤然停止。"[1] 与此同时,20 世纪 60 年代兴起的学生运动也促进了德国高等学校的改革。学生普遍对教育经费的不足感到不满,来自专科学校,如工程师学校的师生也对其所获得的学位的社会地位感到不满,迫切要求提高其地位。这一时期的社会动荡和教育界的积极探讨促成了应用科学大学的兴起。

1968 年 10 月,联邦德国各州州长通过了《联邦共和国各州统一高等学校协定》,一致同意将原有的工程师学校以及经济、社会教育、社会工作、设计、农业等领域的高等专业学校合并,建立了高等专科

---

[1] 唐柳:《未被期待的德国应用科学大学何以成功——基于历史的考察》,《复旦教育论坛》2022 年第 6 期。

学校^①，即后来人们所称的应用科学大学。1976年，为了进一步明确高等专科学校的地位，以提高其吸引力，联邦德国通过了《高等教育总纲法》(Hochschulrahmengesetz)，明确规定高等专科学校与综合性大学具有同等地位，都是本科层次的高等教育，应得到特别重视。[②]

然而，高等专科学校在建立初期并没有受到广泛认可。当时，德国正在尝试建立综合性高等学校（Gesamthochschule），这是对传统大学进行的一项改革尝试，旨在使这些大学更加注重实际应用，以解决教育中理论和实践之间脱节的问题。建立综合性高等学校曾被视为德国高等教育的重要改革目标。然而，综合性高等学校因未能适应德国的社会变革，尤其是未能满足经济社会对人才的需求，未能获得德国学生和就业市场的认可，因而在实践中面临了许多困难。相比之下，随着改革的不断推进，高等专科学校的专业设置逐渐呈现出综合性、集中性和国际化等特点，其数量也迅速增加。到了1985年，综合性高等学校仅剩下卡塞尔综合高等学校一所，而高等专科学校的数量已经发展到100余所，成为德国高等教育体系的一个重要支柱。这个演变过程表明高等专科学校在满足社会需求和培养实际技能方面发挥了关键作用，最终获得了广泛的认可。[③]

1990年，随着德国统一，高等专科学校面临新的机遇和挑战，高等专科学校的招生需求和服务范围都得到了扩展。1992年，德国教育部长向联邦政府提交了高校发展现状报告，提出了将高等专科学校的学生人数尽可能快地提高到高校学生总数的40%的目标。随着

[①] 赵国琴、相博文：《德国应用科学大学的办学经验对我国建设职业本科院校的启示》，《高等职业教育探索》2022年第5期。
[②] 赵国琴、相博文：《德国应用科学大学的办学经验对我国建设职业本科院校的启示》，《高等职业教育探索》2022年第5期。
[③] 唐柳：《未被期待的德国应用科学大学何以成功——基于历史的考察》，《复旦教育论坛》2022年第6期。

表 2-1　德国各类高校数量（2016—2022）[①]

高校类型＼学年	2016/2017	2017/2018	2018/2019	2019/2020	2020/2021	2021/2022
应用科学大学	217	218	215	213	210	210
综合性大学	106	106	106	107	108	108
艺术学院	53	53	52	52	52	52
行政科学大学	30	30	30	30	30	30
神学院	16	16	16	16	16	16
师范大学	6	6	6	6	6	6
总计	428	429	425	424	422	422

1999 年博洛尼亚进程的推进，德国也引入了学士和硕士的学位制度。应用科学大学和传统综合性大学之间的差距进一步缩小，这从它们的名称更改中也可以看出：它们现在大多不再自称为 Fachhochschule，而是自称为 Hochschule für angewandte Wissenschaften（HAW），也就是英语中 University of Applied Science。这一变化有助于消除高等专科学校在翻译过程中可能引起的歧义，更好地传达了这些学校的教育和研究方向，增强了它们在国际上的可识别性。进入 21 世纪，德国高等专科学校因适应经济全球化进程的加速和工业产业结构的优化升级需求而逐渐崭露头角，开始与综合性大学并列为德国高等教育的重要组成部分。

在早期发展阶段，德国的应用科学大学主要专注于人才培养，较少涉及科研活动。然而，自 20 世纪 90 年代中期以后，越来越多的应

[①] Statista, "Anzahl der Hochschulen in Deutschland in den Wintersemestern 2017/2018 bis 2022/2023 nach Hochschulart," https://de.statista.com/statistik/daten/studie/247238/umfrage/hochschulen-in-deutschland-nach-hochschulart/，查询时间为 2023 年 3 月 1 日。

用科学大学开始将应用型科学研究和技术创新纳入其职能范畴。这一变化使得这些学校不仅注重学生的实际技能培养，还开始积极参与科研和技术创新领域。在1998年之前，德国的综合性大学主要采用二级学位制度，包括五年制的第一级学位理工硕士（Diplom）或文科硕士（Magister），以及第二级学位博士。应用科学大学所授予的学位需要在学位名称中注明"FH"的，通常被认为低于综合性大学的第一级学位。然而，自1998年起，德国的综合性大学和应用科学大学都引入了"学士—硕士—博士"的三级学位体系，取消了对应用科学大学学位的特殊标记，从而消除了学位上的歧视。进入21世纪，德国应用科学大学经历了迅速的发展。根据统计数据，在2021/2022学年，德国共有高校422所，其中综合性大学108所，应用科学大学210所，占高校总数量的49.8%。这表明应用科学大学在德国高等教育体系中的地位和影响不断增强。[1]

根据德国联邦统计局的数据，在2021/2022年冬季学期，德国高等教育机构的学生总数约为295万人。这一庞大的学生群体包括约173万名就读于综合性大学的学生、约101万名在应用科学大学攻读学业的学生，以及另有约12.6万名就读于其他类型的高等教育机构的学生，例如艺术学院或神学院。在首年入学的学生中，最受欢迎的学科领域包括法律、经济和社会科学，其次是工程和自然科学。[2] 这些领域吸引了大量学生，反映出了学生对实践性和就业前景较好的学科的追求。德国的应用科学大学在高等教育体系中具有重要地位，它

---

[1] Statista, "Anzahl der Hochschulen in Deutschland in den Wintersemestern 2017/2018 bis 2022/2023 nach Hochschulart," https://de.statista.com/statistik/daten/studie/247238/umfrage/hochschulen-in-deutschland-nach-hochschulart/，查询时间为2023年3月1日。

[2] Statista, "Statistiken zu Studierenden," https://de.statista.com/themen/56/studenten/，查询时间为2023年3月5日。

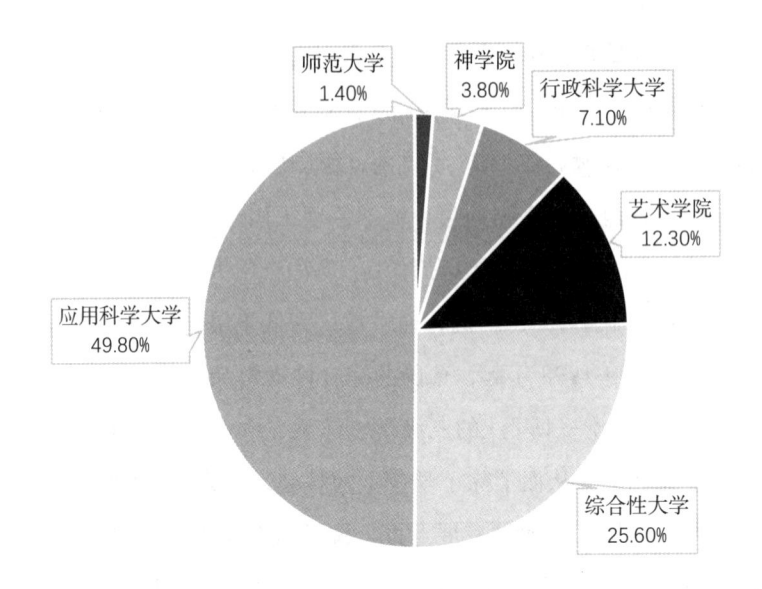

图 2-1 2021/2022 冬季学期德国不同类型高校占比[①]

师范大学 1.40%
神学院 3.80%
行政科学大学 7.10%
艺术学院 12.30%
综合性大学 25.60%
应用科学大学 49.80%

们强调理论和实践相结合。这些大学通常与当地企业和公司进行合作，开展与实际产业需求相关的研究项目。这种实际导向的教育模式受到越来越多德国学生的欢迎，因此应用科学大学的学生人数也在不断增加。

(二)办学模式

1. 学制和课程特点

德国的应用科学大学全日制本科培养过程通常可分为基础学习阶段和专业学习阶段，有些大学还将专业学习阶段进一步分为专业阶段和深化阶段。这个培养过程旨在为学生提供坚实的学术基础和专业知识。基础学习阶段的主要目标是为专业学习奠定坚实的基础。在这一

---

① Statista, "Verteilung der Hochschulen in Deutschland im Wintersemester 2022/2023 nach Hochschulart," https://de.statista.com/statistik/daten/studie/1140268/umfrage/hochschulverteilung-nach-hochschulart/，查询时间为 2023 年 3 月 5 日。

阶段，学生通常会学习一些基本知识，例如自然科学、工程科学和计算机科学的基础知识等。专业学习阶段则是基础学习阶段的延伸和深化。在这个阶段，学生会更加专注地学习与其专业领域相关的知识和技能，例如工程科学的基础及其应用知识。① 此外，学生通常还需要完成一到两个实习学期，这些实习对于培养应用型人才至关重要。德国应用科学大学的最后一个学期通常用于完成本科毕业论文。这个学期被视为德国传统高等教育中的一个经典培养阶段，学生在完成毕业论文后就可以获得工程领域的学士学位。值得一提的是，申请进入德国应用科学大学的学生通常需要在入学前完成为期12周的预备性实习，这有助于学生更好地了解自己所选择的专业领域。总的来说，除了实践学期和毕业论文，学生的全部学习时间都在学校内进行。②

受博洛尼亚进程影响，德国应用科学大学广泛采用"模块化"课程设置。模块化课程设置是一种教育体系的重要组成部分，旨在将一系列与同一主题相关的课程组织成一个相对独立的教学单元，以更好地满足学生的学习需求并提高教学效率。通常，一个模块可以包括不同教学形式的课程，如讲授、讨论、练习和实验等。每个模块的大纲都明确规定了学习内容、教学方法以及考核方式等具体要求。学生只有在完成一个模块中所有学习内容的考核后才能获得该模块的学分。这种模块化设置使得课程结构更加清晰，有助于学生更好地理解课程的组织结构和学习目标。根据培养学生所需的能力，一个模块可以包括一门或多门课程，这些课程可能涵盖不同的教学组织形式和授课方式。每个课程模块都旨在综合理论知识和实际应用，以促进学生综合

---

① 牛金成：《德国应用科学大学人才培养模式研究》，《高等职业教育探索》2022年第1期。
② 牛金成：《德国应用科学大学人才培养模式研究》，《高等职业教育探索》2022年第1期。

能力的发展。这种有机结合让学生在学习过程中既能够掌握必要的理论知识，又能够将这些知识应用于实践，从而更好地培养他们的实践能力。模块化设置的一个重要优势是可以避免教学内容的重复，同时也能明确模块内部和模块之间的结构。这种教学方法注重培养学生的能力，体现了能力本位的教学观念，有助于将知识转化为实践能力，推动学生从传统的知识接受者转变为具备实际技能和实践能力的综合人才。这一教育模式为学生提供了更多的自主学习和实践机会，有助于他们更好地适应现实世界的需求。①

2. 双元制与双师制

双元制原本主要在德国的中等职业教育中广泛应用，这一模式旨在培养专业技术工人。然而，20世纪90年代中后期，一些应用科学大学也开始引入双元制的人才培养模式，并提供双元学习课程。与传统的学习方式相比，双元学习的基本特征是将理论与实践相结合，应用科学大学与企业共同培养学生。在双元学习模式中，学生被视为企业的员工，他们一周中的一部分时间用于在学校学习理论课程，另一部分时间则在企业进行实践。这种模式为学生提供了理论知识与实际技能的融合机会，使他们能够更好地应对职业要求。

企业在双元学习中扮演着关键角色。首先，企业在招生环节具有自主权，可以选择招收适合其需求的学生。其次，企业是实践教学的责任主体，根据《职业培训规章》的要求，他们制订实践教学计划，为学生提供在企业环境中的实践机会，并指导学生的职业发展。为了确保学生能获得高质量的指导，企业通常配备专职的培训师傅，他们在培训期间负责指导学生的技能和职业素养的提升。此外，企业还承担了一部分教育经费，包括学生的培训津贴、培训师傅的工资和福利，以及实践教学所需的设备和原材料费用等。这种共同投入确保了

---

① 牛金成：《德国应用科学大学人才培养模式研究》，《高等职业教育探索》2022年第1期。

学生能够在实际工作环境中接受高质量的培训。[①] 总的来说，在双元制下，学校和企业之间建立了深度合作关系，学生能够充分结合课堂学习与实际工作经验，学校获得了来自企业的支持和资源，了解了行业的最新动态，而企业则提前锁定了高质量的技术人才，确保了未来的员工具备了所需的实际技能和知识。

为了更好地融合理论教育和实际经验，德国的应用科学大学采用了一种被称为"双师制"的教师制度。这一模式不仅依托于具备丰富实践经验的专业全职教师，还积极聘用来自企业生产第一线的专家和技术人员，为学生提供多角度、全方位的教育。"双师制"在教育过程中的作用不可小觑。它不仅确保学生能接受到正规理论知识教育，还让他们在学习的早期就能够获得来自生产第一线的实践经验。这种直接面向当前生产需求的培养方式有助于学生更好地理解课程内容的实际应用，培养他们的实际技能。除了为学生提供实践经验，这种双重熏陶还为新理论的产生提供良好的环境。[②] 课堂理论与企业专家的交流和互动激发了新思维，有助于给实践中的问题提出创新性的解决方案。值得一提的是，即使是学校的专职教师，也必须具备五年以上的实际工作经验。这一要求进一步凸显了德国应用科学大学对实践的高度重视。通过这种方式，学校能够确保教师不仅拥有理论知识，还能够将其与实际经验相结合，为学生提供高质量的教育。这也有助于建立学术界与产业界之间的紧密联系，促进实际问题的研究与解决。

尽管法律上应用科学大学与综合性大学享有平等地位，但是在许多方面，应用科学大学并没有获得与综合性大学相同的认可度。在教授的晋升方面，综合性大学的教授晋升难度通常是应用科学大学

---

① 徐涵：《德国应用科学大学人才培养模式改革——兼论我国本科层次职业教育发展》，《现代教育管理》2021年第8期。
② 王静艳、张亮：《德国高等专科学校人才培养模式初探》，《江西科技师范学院学报》2007年第2期。

的教授晋升难度的近10倍。[1] 许多综合性大学教授为了与应用科学大学的教授相区分，将其教授头衔中加入了"大学"，即"Universitäts professor"。这样的命名方式旨在凸显他们所从事的更多是基础研究与学术探索。然而，需要指出的是，这种命名并不代表应用科学大学的教授在教育和实践中的贡献不足，而更多地反映了德国学术界的传统与体制之间的差异。此外，即便在已经晋升为教授的情况下，应用科学大学的教授在工资等级方面相对较低。最高级别的教授在应用科学大学仍然相对稀缺。[2] 这也表明，尽管应用科学大学在实践中发挥着重要作用，但是其在学术地位和薪资水平上仍面临一定的挑战。这些问题需要继续深入研究和解决，以实现不同类型的高等教育机构之间的更大平等与协作。

（三）经费管理

在德国，公立高等教育机构有义务确保其财政收支的透明度，这对教育和研究政策的决策具有重要意义。每年联邦统计局都会发布高等教育机构的财务统计数据，这些数据被广泛用于指导政策和资源分配。2020年，德国高等教育机构的主要收入来源包括：（1）行政收入，包括来自经济活动和资产的收入以及学生学费，总计约247亿欧元，学费是其中的一部分，反映了学生在高等教育中的投资；（2）政府拨款，包括来自联邦政府、各州和欧盟的额外资金，总计约89亿欧元。这些资金通常用于特定研究项目和计划。在不同类型的高等教育机构中，综合性大学占据了最大的收入份额，总计约320亿欧元。这反映了综合性大学在多个学科领域中的广泛研究和教育活动。此

---

[1] 彭湃：《德国应用科学大学的50年：起源、发展与隐忧》，《清华大学教育研究》2020年第3期。

[2] 彭湃：《德国应用科学大学的50年：起源、发展与隐忧》，《清华大学教育研究》2020年第3期。

外，2020 年的数据还显示，人体医学/健康科学是收入最高的学科领域，总额约 181 亿欧元。这反映了对医学和健康科学领域的投资和需求的重要性。

图 2-2 和表 2-2 展示了 2020 年德国各类高校的收入情况。尽管在疫情期间，德国高校的总体收入呈现增长趋势，但是综合性大学与应用科学大学之间的差距依然十分显著。具体来说，综合性大学的总收入远高于应用科学大学，主要原因在于其附属的医疗机构和医学健康机构等，这些机构为大学带来了大量经济活动方面的收入。综合性大学的联邦资助也远高于应用科学大学。公立的应用科学大学主要依赖第三方资金作为其主要收入来源，其次是商业活动和商业资产的收益。私立应用科学大学的主要收入来自学费等学生缴纳的费用。尽管应用科学大学在迅速发展并不断改进，但它们在资金方面仍然面临巨大的挑战。这可能制约其科研发展，因为科研通常需要大量资金支

单位：千欧元

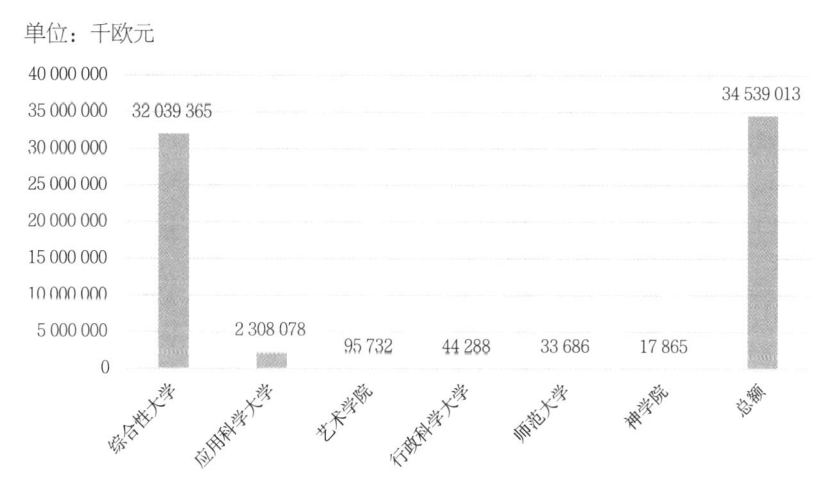

高校类型	收入（千欧元）
综合性大学	32 039 365
应用科学大学	2 308 078
艺术学院	95 732
行政科学大学	44 288
师范大学	33 686
神学院	17 865
总额	34 539 013

图 2-2　2020 年德国各类高校收入统计[1]

---

[1] Statista, "Einnahmen der Hochschulen in Deutschland nach Hochschularten im Jahr 2021," https://de.statista.com/statistik/daten/studie/259927/umfrage/einnahmen-der-hochschulen-in-deutschland-nach-hochschularten/，查询时间为 2023 年 3 月 5 日。

表 2-2　2020 年德国各类高校收入来源统计

单位：千欧元

高级 \ 来源	来自学生	来自商业活动或商业资产	来自第三方	其他转移支付或分配	联邦基本资助	收入总和
综合性大学（除大学的医疗和医学健康机构）	362 434.13	752 108.42	5 815 236.84	375 173.78	108 122.54	7 413 075.71
大学的医疗和医学健康机构	25 269.00	22 186 860.00	2 171 099.61	227 967.51	15 093.23	24 626 288.86
综合性大学收入总和	387 703.13	22 938 967.93	7 986 336.45	603 141.29	123 215.77	32 039 364.60
师范大学	5 653.66	1 658.60	26 009.19	364.19	—	33 685.64
神学院	2 703.14	2 498.53	6 999.63	5 663.45	—	17 864.76
艺术学院	13 955.90	20 930.71	38 630.33	22 214.74	—	95 731.68
公立应用科学大学	101 829.83	134 231.10	769 512.97	45 460.33	—	1 051 034.24
私立应用科学大学	1 018 561.22	50 252.91	35 470.43	37 537.67	—	1 141 822.23
教会应用科学大学	10 541.64	3 286.42	18 789.87	82 604.01	—	115 221.94
应用科学大学收入总和	1 130 932.69	187 770.43	823 773.27	165 602.01	—	2 308 078.41
行政科学大学	11 503.15	17 159.67	9 311.14	6 313.67	—	44 287.64
高校收入总和	1 552 451.67	231 689 856.00	8 891 060.01	803 299.35	123 215.77	34 539 012.70

持。解决资金短缺问题可能需要多方面的努力，包括寻求更多的第三方资金、加强商业合作以增加商业收益、提高学费筹资的效率等。

与综合性大学相比，应用科学大学在科研资金的争取上确实面临一些特有的挑战，主要包括以下几个方面。首先，应用科学大学通常在争取国家级科研资金方面较为困难。德国科学基金会等一些主要的科研资助机构更倾向于资助基础研究项目，而应用科学大学的研究往往更侧重于解决实际应用问题。这种差异使得应用科学大学在争取这些国家级资金时面临一定的竞争劣势。[1]其次，应用科学大学的教授通常更愿意参与大型企业的科研项目。然而，一些大型企业更倾向于与综合性大学建立长期合作伙伴关系，尤其是在涉及长期和复杂项目时。这使得应用科学大学更多地参与中小企业的小型项目，这些项目通常更注重解决实际问题。[2]此外，应用科学大学的科研预算相对较低，这意味着在争取科研项目时可能会受到资源限制。相比之下，一些综合性大学拥有更多的科研预算，可以更自由地展开研究活动。

尽管应用科学大学面临这些挑战，但是它们也有自己的优势。应用科学大学通常更注重解决实际问题，与产业界的合作更为密切，这有助于将研究成果迅速应用到实际生产。此外，应用科学大学的研究往往更具有实际导向性，有助于满足社会和产业的需求。尽管在科研资金方面面临挑战，但是应用科学大学在应用研究和解决实际等问题方面发挥着独特的作用。

（四）科研情况

应用科学大学的办学定位最初着重于提供职业和应用导向的教

---

[1] 王世岳、陈洪捷：《趋同与特色：德国应用科学大学"应用型研究"的机遇与挑战》，《清华大学教育研究》2021年第1期。

[2] 王世岳、陈洪捷：《趋同与特色：德国应用科学大学"应用型研究"的机遇与挑战》，《清华大学教育研究》2021年第1期。

育，强调为经济发展培养人才。然而，随着时间的推移，特别是在知识经济的浪潮中，其角色逐渐改变。自 1985 年修订的《高等教育总纲法》规定科研也应成为其工作重心之后，德国联邦政府和各州政府通过政策倡导，应用科学大学逐渐拓展了其科研职能，努力成为知识和经济之间的桥梁。① 在这个过程中，应用科学大学逐渐加大了专项科研资助的力度，并获得了来自第三方，特别是企业方面的科研资金。政府设立了专门的基金，如"应用导向研究与发展"基金和"与经济界联合的应用研究"基金，以支持应用科学大学的研究工作。这些经费的总额在不断增加，从 20 世纪 90 年代的年均 250 万马克增长到 2005 年之前的年均 1 000 万欧元，到 2016 年已增长到 4 800 万欧元。如今，德国联邦政府的资金在应用科学大学的第三方资金中占了很大比例，远高于传统综合性大学。② 此外，应用科学大学相对更容易从企业获得资金支持，这使其在科研资金方面具有一定的优势。

尽管应用科学大学在科研领域取得了一些成就，但是要达到与传统综合性大学相媲美的水平仍需不懈努力。综合性大学在一些政府支持的项目中，如"卓越计划"，拥有更多机会获得资金和资源，而应用科学大学要满足这些项目的条件相对更为困难。③ 然而，通过不断提升科研能力、积极参与国内外科研项目以及深化与企业的合作，应用科学大学逐渐缩小与传统综合性大学之间的差距。

（五）博士生培养

在德国，一直以来只有传统的综合性大学等研究型高校才拥有博

---

① 朱芝洲、俞位增、李静：《分化与趋同：德国应用科学大学的走向及启示——基于高等教育系统"三角协调模型"的分析》，《浙江工商职业技术学院学报》2022 年第 4 期。
② 彭湃：《德国应用科学大学的 50 年：起源、发展与隐忧》，《清华大学教育研究》2020 年第 3 期。
③ 唐柳：《未被期待的德国应用科学大学何以成功——基于历史的考察》，《复旦教育论坛》2022 年第 6 期。

士学位授予权,随着应用科学大学办学实力不断增强,社会各界对应用科学大学是否具备授予博士学位的权力展开了激烈的辩论。从20世纪90年代开始,德国部分应用科学大学的硕士毕业生已经可以成功申请到与综合性大学联合培养博士生的机会。然而,在这种模式下,来自应用科学大学的教授并不能成为博士委员会的成员,授予博士学位的主导权仍在综合性大学手中,而来自综合性大学的教授对应用科学大学的学生也常持保留态度。[1] 然而,2007年,德国大学校长联席会议做出了一项重要决议,将博士学位授予权与大学类型相分离,允许各州政府自行决定。这一变革意味着应用科学大学获得了授予博士学位的权力,结束了长期以来的限制。[2] 现在,德国应用科学大学主要采用以下三种模式来授予博士学位。

第一种是与综合性大学的联合培养,在这一培养模式下,博士学位授予权在应用科学大学手中。来自应用科学大学的教授在培养过程中扮演着更为重要的角色,学生也在应用科学大学度过更多的时间。第二种是建立具有博士学位授予权的独立博士学院或博士中心,这些机构有权授予博士学位。例如,北威州于2020年成立了博士学院,其中包括来自当地应用科学大学的教授,学生可以在这里完成他们的博士学位课程。第三种是应用科学大学间构建跨校博士中心联合培养,这种模式在一些地区也得到了应用。例如,黑森州设立了三个不同领域的博士中心,分别为应用信息技术博士中心(Promotionszentrum angewandte Informatik)、交通物流博士中心(Promotionszentrum Mobilität und Logistik)和社会工作博士中心

---

[1] 陈志伟、余烁、张文征:《德国具有博士学位授予权的应用科学大学博士生培养模式探析》,《学位与研究生教育》2022年第6期。
[2] 朱芝洲、俞位增、李静:《分化与趋同:德国应用科学大学的走向及启示——基于高等教育系统"三角协调模型"的分析》,《浙江工商职业技术学院学报》2022年第4期。

（Promotionszentrum soziale Arbeit）。[1] 每个中心的教授来自不同的应用科学大学，学生可以在这些中心接受联合培养。

博士学位授予权的获得使得德国应用科学大学更加接近传统综合性大学的地位。应用科学大学的博士生培训更加注重将理论知识转化为实际应用，为行业和社会提供创新解决方案。这种发展趋势使得应用科学大学与传统综合性大学在"学士—硕士—博士"三级培养体系上具有了一定的相似性，同时又保持了各自的特色，实现了相互借鉴和共同发展。

二、德国亚琛应用科学大学的办学实践

德国亚琛应用科学大学（FH Aachen University of Applied Sciences）的历史可以追溯到 19 世纪末 20 世纪初，亚琛涌现出了几所工程和技术学校，为该校的形成奠定了基础。这些学校包括：1882 年成立的亚琛地区织造学校、1900 年成立的亚琛国立土木工程学院、1902 年成立的亚琛国立机械工程学校、1904 年成立的亚琛工艺学校，以及 1957 年成立的于利希州立机械工程学校。德国亚琛应用科学大学的两位创始人施特雷尔（Helmut Strehl）和赖茨（Hildegard Reitz）致力于将这些学校与一小群教授和学生联合起来，这一过程始于 1969 年的一个工作组，后来演化成了规划委员会。施特雷尔和赖茨当时已经在他们的脑海中构想了建立一所应用科学大学的愿景，并与一个小团队一起筹划了新的亚琛应用科学大学的基本轮廓以及组织结构。最终，这五所学校合并为一所大学，分为亚琛和于利希两个校区，亚琛校区设有八个系，于利希校区设有四个系。1971 年 9 月 1 日，亚琛

---

[1] 陈志伟、余烁、张文征：《德国具有博士学位授予权的应用科学大学博士生培养模式探析》，《学位与研究生教育》2022 年第 6 期。

应用科学大学的第一个冬季学期正式开始，最初只有 3 151 名学生。然而，仅五年后，学生人数就增加到了 4 700 名，如今，该校已经发展成为拥有约 15 000 名学生的大学。[1] 这个过程展示了亚琛应用科学大学的迅速成长和发展，以及其在应用科学和工程领域的卓越地位。

（一）概况

亚琛应用科学大学拥有两个校区，分别位于亚琛和于利希，是德国最大和最重要的应用科学大学之一。在这里，约有 240 名教授和 900 名员工致力于教学、研究和管理工作。[2] 目前，亚琛应用科学大学拥有超过 15 000 名学生和每年近 2 000 名毕业生。该校下设 10 个学院，提供约 100 个学位项目，并设有 12 个内部研究所和 5 个附属研究所，同时拥有 4 个能力平台。亚琛应用科学大学的教育课程旨在为学生充分准备现代和未来的职业生涯。除了经典学科，如数学、计算机科学、自然科学和技术领域，该校还提供经济学和设计等领域的学习课程。这些课程包括约 100 个全日制学士和硕士学位项目，以及越来越多面向市场需求的双元制学习课程。

亚琛应用科学大学的教学方法强调现代化，基于最新的教育成果，并采用前沿的教学方法，包括在线教育。学生得到密切的个性化支持，学习知识能够与教师深入交流。该校的竞争力主要体现在能源、流动性和生命科学领域，以及数字化和工业生产领域。该校将最新的研究成果直接应用于教学，并通过与地区企业紧密合作，共同开发产品、创新方法，并为地区经济创造价值。亚琛应用科学大学培养

---

[1] FH Aachen, "Geburts-stunde der FH Aachen," https://50jahre.fh-aachen.de/de/50-stories/story/gruendungsgeschichte.html#:~:text=September%201971%20startet%20das%20erste,Hochschule%20fast%2015%20000%20Studierende，查询时间为 2023 年 3 月 6 日。

[2] FH Aachen, "Für Journalist: innen," https://www.fh-aachen.de/topnavi/presse/kurzprofil-der-hochschule，查询时间为 2023 年 3 月 6 日。

的年轻学生在地区企业中发挥重要作用，为地区经济的发展贡献了相关技术和方法。在教学和研究方面，亚琛应用科学大学积极发展地区、国家和国际网络，特别是考虑到其亚琛和于利希校区位于同比利时和荷兰接壤地区。该校还计划开设国际学位课程，以英语作为教学语言，以吸引更多国际学生。在国际学位项目方面，亚琛应用科学大学与许多重要的国际伙伴大学合作，吸引了来自世界各地的学生。这一国际化的举措将进一步提升该校在全球范围内的知名度和吸引力。①

（二）办学理念

德国亚琛应用科学大学的教学理念可以概括为"科学与工程的融合，实践与理论的交汇"。该校的使命是培养具备创新精神、实践能力和国际视野的高素质工程技术人才。为实现这一使命，亚琛应用科学大学坚持以下教育原则。

实践与理论相结合。亚琛应用科学大学强调将理论知识与实践经验相结合，确保学生不仅具备学术深度，还能够将所学应用于实际问题的解决。这种综合教育模式有助于学生更好地理解和应用所学的理论知识。

国际化教育。亚琛应用科学大学积极鼓励学生参与国际学术交流和实习项目，培养他们的跨文化交流能力和全球化视野。国际化教育有助于学生更好地适应国际劳动力市场的需求。

团队合作与领导力。亚琛应用科学大学注重培养学生的团队合作能力和领导力素质，确保他们能够在未来的职业中成为有创新力和团队协作精神的领袖。

积极学习。亚琛应用科学大学鼓励学生积极主动地参与学习过程，并为他们提供多元化的支持和咨询服务，以帮助他们实现学术和职

---

① FH Aachen, "Für Journalist: innen," https://www.fh-aachen.de/topnavi/presse/kurzprofil-der-hochschule，查询时间为2023年3月6日。

业目标。学生被视为积极的学习者，可以参与教学过程的设计和改进。

持续改进。亚琛应用科学大学致力于不断改进教育质量。教师和学生一同参与课程的开发和设计，并通过适当的措施提升教育工作人员的积极性和继续教育。该校定期评估教学和服务，并共同制订发展策略，以不断提高教育水平。

尊重和合作。亚琛应用科学大学强调尊重、合作和公平，这是所有成员之间建设性合作的基础。师生之间、部门之间以及整个大学社区都鼓励开放的沟通和协作。

亚琛应用科学大学的教育理念和原则旨在培养具备卓越技术和职业素质的毕业生，他们将为社会、产业和科学界的发展做出重要贡献。这一使命不仅激励学生追求卓越，还推动该校在教育领域不断前进。此外，该校还重视多样性和可持续性，将它们纳入该校的核心价值观，以创造一个充满活力、包容和可持续的学习和工作环境。[1]

（三）师资建设

亚琛应用科学大学作为德国高等教育体系的一部分，教师招聘需要满足北威州的相关法律要求。根据《北威州高校法》（Gesetz über die Hochschulen des Landes Nordrhein-Westfalen）的规定，教师入职应用科学大学需要完成大学学业，通常需要具备博士学位，以表明在相关领域拥有深厚的学术背景。此外，对于应用科学大学的教授职位，通常需要具备五年以上的相关专业实践经验。这其中，至少需要有三年的实践经验是在高校体系之外获得的。[2] 以亚琛应用科学大学

---

[1] FH Aachen, "Leitbild Studium und Lehre," https://www.fh-aachen.de/studium/systemakkreditierung/leitbild-studium-und-lehre，查询时间为2023年3月6日。

[2] Ministerium der Justiz Nordrhein-Westfalen, "§ 36 HG Gesetz über die Hochschulen des Landes Nordrhein-Westfalen (Hochschulgesetz - HG)," https://www.lexsoft.de/cgi-bin/lexsoft/justizportal_nrw.cgi?xid=2566366,37，查询时间为2023年3月7日。

的应用型信息技术专业的招聘要求为例，申请人除了需要获得相关博士学位之外，还需要有以下方面的实践经验：全栈开发；面向对象的软件开发；较高的教学和表达能力，最好有高等教育的教学经验；在与学生和员工打交道方面有较高的社交能力；非常好的德语和英语语言能力；团队工作能力；组织能力和沟通能力；最好有管理经验和国际经验。[1]

亚琛应用科学大学对于国际化非常重视，这在招聘要求中得以体现。英语已经成为基本条件，这反映了该校鼓励跨文化交流和国际合作的承诺。同时，具备国际经验的人才也会被优先考虑，这有助于进一步推动该校的国际化发展。此外，担任教职需要的不仅是专业知识，还需要一系列软实力。较强的沟通和合作能力等软技能也是重要的考量标准。这体现了该校对于培养具备综合素质的教职人员的需求，他们既能在教学和研究中表现出色，也能在团队协作和领导方面做出积极贡献。该教职的主要工作内容和要求涵盖了多个方面，包括课程开发、教学以及内部管理。强调网络工程和互联网技术是该校对该职位的特定要求，这反映了该校对跟踪和应对科技领域不断发展的承诺。同时，参与亚琛和于利希等多个教学地点的内部管理，例如学习课程的组织和发展，以及积极获取第三方资金，都表明教职人员需要具备跨领域的管理和协作能力。

亚琛应用科学大学的地理位置和紧密的合作关系使其对于技术人才具有吸引力。该校临近于利希研究中心，这为教职人员提供了与该研究中心合作的机会，有助于深入科研和实践。该校还与众多企业和研究机构保持密切合作，为教职人员提供了广泛的科研和实践机会。此外，在该校任职不仅是一份工作，还是公务员就业的方式。这为教

---

[1] FH Aachen, "Job Posting," https://stellen.fh-aachen.de/jobposting/caf88be45619f6a54f532a014e26c8cb17a0a6e6?ref=homepage, 查询时间为 2023 年 3 月 8 日。

职人员提供了稳定的职业前景和福利，使他们能够专注于教育和研究，为学校的发展和学生的未来做出重要贡献。①

（四）专业设置和教学方式

德国亚琛应用科学大学提供广泛多样的专业领域，共有10个学院，包括建筑工程、建造工程、生化技术、电子信息技术、航空技术、机械制造、医疗技术、能源技术、经济学以及视觉设计。该校本科生需修读六个学期，每个学期课程安排不同。以建筑学专业为例，第一、二学期被称为核心学习阶段A（Kernstudium A），包括四个必修模块化课程和一个项目学习；第三、四学期为核心学习阶段B（Kernstudium B），其中第三学期包括四个必修模块化课程和一个学习项目，第四学期包括三个必修、一个选修模块化课程和一个项目学习；第五、六学期被称为纵深学习阶段，其中第五学期包括两个必修模块化课程、一个选修模块化课程和一个项目学习，第六学期包括两个必修模块化课程、一个选修模块化课程和一个项目学习（毕业论文设计）。每个学期有30学分。在项目式学习中，学生组成一个个小组，共同完成一个选定的项目，以提升解决实际问题的能力和团队合作能力。在模块课程设计中，亚琛应用科学大学进行了科学的设计，并注重提升学生各方面能力。在建筑学专业本科的第三、四、五学期，必修模块中有一个模块叫作"能力培养"（Kompetenzen），包括项目周/游历（如带领学生游览参观一些著名城市的著名建筑）和数字技能。到第五和第六学期，必修模块中出现了"管理"（Management）模块，教授管理学、建筑法等内容。将这些模块纳入必修，既体现出亚琛应用科学大学对学生全方面发展的期望和要求，也体现出该校在

---

① FH Aachen, "Job Posting," https://stellen.fh-aachen.de/jobposting/caf88be45619f6a54f532a014e26c8cb17a0a6e6?ref=homepage，查询时间为2023年3月7日。

与时俱进、更好地对接就业市场、培养面向现代和未来的人才等方面所做的积极努力。

1. 项目化学习

亚琛应用科学大学非常注重实践导向、创新和跨学科的教育课程。该校秉承理论与实践相辅相成的教育理念，确保学生在整个学位课程中都能够将所学的理论知识应用于实际项目中。学生在每个学期都参与项目模块，这些项目通常是在导师的指导下由多名学生合作完成的。亚琛应用科学大学通过科研和教学委员会为学生项目提供资金支持，以鼓励创新和实践。举例来说，2022年的机械狗项目（RoboDog）展示了学校对于推动学生参与创新项目的承诺。

该项目着眼于移动机器人技术，特别关注机械腿技术的最新发展。这些机械腿可应用于各种地形，包括森林、被雪覆盖的地区以及倒塌的建筑物等复杂环境。为了将这一技术以实用的方式传授给学生，该项目的目标是开发和构建一个机械狗样式的平台，作为课程和学生项目的基础。

为了满足课程需求，该项目设计和测试四只机械狗，以便在不同的学生团队之间进行比赛，并为未来的群集智能项目提供支持。这些机械狗将通过传感器和执行器进行扩展，并与机器人操作系统（ROS）兼容。这个平台将用于开发和测试各种人工智能方法，如路径规划、独立导航、物体识别和避障等，这些方法将在群集智能领域中具有广泛的应用前景。

该项目不仅为学生提供了实践机会，还促使他们掌握了与最新技术趋势相关的关键技能。亚琛应用科学大学通过这种实践导向的方法，致力于培养具备创新思维和解决实际问题能力的学生，使他们能够在未来的职业生涯中取得成功。[1]

---

[1] FH Aachen, "RobDog," https://www.fh-aachen.de/studium/studentische-projekte/robodog，查询时间为2024年3月9日。

亚琛应用科学大学在课程设计方面科学合理，兼顾了科学理论知识和个人综合技能的培养，并积极对接企业需求。与此同时，该校还通过资助学生项目，开设游览活动等丰富多彩的形式寓教于乐，使学生既在不同的活动中收获了知识、经验、开阔了眼界，又感受到了乐趣，提升了学习动力和积极性。这些都体现了亚琛应用科学大学先进的教学思想方法和以人为本的教育理念。

2. 双元制教学

亚琛应用科学大学目前提供了15个双元制专业，涵盖商业、工程学以及计算机科学等专业。这些专业旨在将学术知识与实际职业培训相结合，为学生提供全面的教育和实践经验。下面以机电一体化工程师的本科双元制学位课程为例，详细介绍该课程的结构和特点。

机电一体化工程师双元制专业共计九个学期，强调实践导向，旨在使学生具备在机电一体化领域从事工程工作所需的资格。该课程不仅提供了机械工程和电气工程的基础知识，还强调将基本的机电元件、传感器、执行器和信息技术与控制工程相结合的能力。学生将学习开发机电一体化系统，以实现更快、更经济和更复杂的解决方案。在前五个学期，学生将获得数学、科学和工程学的基本能力，并经历每个模块的考试。在第四学期后，学生还需参加职业培训的考试。从第四到第八学期，学生将深入学习机电一体化的专业知识以及基本的商业知识。此外，还有一个名为"能力培养"的模块，旨在培养超越工程领域的方法论能力。因为工程师通常以项目为导向的方式工作，因此学生还将在两个项目模块中学习现代项目管理方法的基本要素，提高沟通技巧并培养创造力。这些项目模块要求学生在团队中合作，独立工作，组织项目并对项目的各个方面负责。

在第七和第八学期的选修课程中，学生可以选择自己的专业领域进行深入研究，例如控制工程、设计工程、复杂系统的数值模拟、生产工程和质量保证、微电子和微机械部件等。学生还可以选择在国外大学完成这个学习阶段，以提高语言和跨文化能力。第九学期包括实践项目和学士论文，以及最终的答辩。在学期的前半部分，学生将在一家工业企业进行实践项目，完成项目后，学生将撰写独立的学士论文，由教授指导。这篇论文通常侧重于设计、实验或经验性研究，学士论文完成后将进行最终答辩。[①]

亚琛应用科学大学的双元制学位项目注重实践，紧密契合行业需求，拥有低辍学率的优势。这种学习模式旨在为学生提供更加全面的教育，同时获得学士学位和受认可的培训资格。在双元制学习课程中，学生承担了高度实际的学习任务，这些任务以培训公司的要求和实际工作流程为基础。相对于传统学习课程，双元制学习的辍学率较低，这是因为学生在实际工作环境中的学习更具吸引力和动力。学生通常需要三到四年的时间完成这一学习计划，最终获得学士学位和行业认可的培训资格。与传统学习课程不同，双元制学习通常会支付薪酬。

在双元制学习期间，学生从头开始学习培训公司的流程、结构和工作方法，并在公司内积极参与工作。这种亲身实践为毕业生提供了最佳的就业前景，他们在毕业前已经获得了丰富的实际工作经验。此外，学生的研究项目和学士论文通常可以在公司内实际实施，这为他们提供了与公司合作的机会，同时也为公司解决了实际问题，促进了创新和技术进步。对公司来说，参与双元制学习项目能够吸引到有一定经验的新毕业生，而无需进行昂贵的招聘广告。尽管学生需要承担大量工作，并享有规定的休假时间，但是他们通常表现出高度的积极性和工作动力。这对公司来说是一种宝贵的资源，他们可以培养和留住具有潜力的员工。最重要的是，双元制项目促进了大学与企业之间的密切合作，学生、教师和企业都能从中获益。专业知识通过学士论

[①] FH Aachen, "Studium," https://www.fh-aachen.de/studium/mechatronik-beng/duales-studium/，查询时间为 2023 年 3 月 10 日。

文和学生研究项目得以扩散到企业，从而促进了企业的创新和技术进步。这种互惠互利的合作模式推动了教育领域与实际产业之间的紧密联系，为双方创造了更多机会和价值。

（五）科研状况

亚琛应用科学大学是德国科研强度最高的应用科学大学之一。其各学院和研究所的科学家的专长主要体现在能源和可持续建筑、移动技术、生命科学、数字化和工业生产等研究领域。该校目前有12个内部研究所，包括应用型自动化及机电一体化研究所（Institut für angewandte Automation und Mechatronik，简称IaAM）、建筑材料和建筑结构研究所（Institut für Baustoffe und Baukonstruktion，简称IBB）、应用聚合物化学研究所（Institut für Angewandte Polymerchemie，简称IAP）、亚琛数字化研究所（Institut für Digitalisierung，简称IDA）等，以及5个附属研究所，如工业空气动力学研究所（Institut für Industrieaerodynamik GmbH，简称I.F.I.）、热加工技术研究所（Institut für Thermoprozesstechnik，简称ITP）、亚琛跨学科视觉成像研究所（Interdisciplinary Imaging & Vision Institute Aachen，简称i3ac）等。

以亚琛应用科学大学的生命科学研究为例，其将生物学、化学、物理学、生物医学和工程科学复杂相互作用统一起来，涵盖化学和生物技术系以及医学技术和技术数学系。亚琛应用科学大学的应用聚合物化学研究所在聚合物化学和塑料技术领域开展研究。其研究活动主要集中在可持续聚合物和水凝胶化学、纳米级添加剂、橡胶技术、塑料加工和回收等方面。生物工程研究所（IfB）结合了工程和自然科学，专注于生物医学、生物物理学、系统生物学、工艺和系统工程领域的研究和开发工作。在纳米和生物技术研究所（INB），研究人员处理生物学和微电子学的跨学科研究领域，主要是在化学和生物传感器技术、DNA传感器技术和纳米结构、光学微系统和纳米系统技术、半导体技术和纳米电子学、细胞培养技术、应用免疫学、工业微生物学、酶技术和生物催化等方面。来自以上三个研究所的研究人员联合起来，在生物和聚合物化学、医学工程和生物物理学、生物技术和生物工程等重点领域开展跨学科研究。①

亚琛应用科学大学注重应用但不局限于应用，大力发展应用型的科学研究。这使得该校提升了自身的科研能力，在满足学生需求的同时也给予教师更好的科研环境，从而能够吸引更多的科研人才，获得更多的科研经费，在该校的实际运作层面也能够实现良性循环。

（六）博士生培养

为了进一步提升科研能力，同时与综合性大学竞争，越来越多的应用科学大学开始寻求博士学位授予的权力，或是与综合性大学联合培养博士。反过来讲，这也是应用科学大学科研能力愈发得到认可的表现。在亚琛应用科学大学，硕士毕业后攻读博士学位有两种选择：或与有权授予博士学位的学院/大学合作读博士，或在北威州博士学院系统化的博士课程中攻读博士学位。传统的博士生培养是联合培养模式：学生需要在一位综合性大学教授与一位来自亚琛应用科学大学的教授的联合指导下完成博士论文。现今，学生有机会避免另觅一所综合性大学，而是在北威州博士学院的框架下攻读博士学位。

北威州博士学院成立于2020年12月，由北威州的21所应用科学大学支持。它由8个部门组成，这些部门的结构是按学科划分的。在2022年11月17日在埃森举行的仪式上，经济部长伊娜·布兰德斯（Ina Brandes）代表21所公立或国家资助的应用科学大学给予北威州博士学院博士学位授予权。这使得学生不必与其他大学合作就可以

---

① FH Aachen, "Life Sciences," https://www.fh-aachen.de/hochschule/zentralverwaltung/dezernat-v-innovationstransfer/forschungsschwerpunkte/life-sciences，查询时间为2023年3月5日。

攻读博士学位。从 2023 年起，北威州博士学院作为高教机构的上级机构，将进行独立的博士评选程序并授予博士学位。亚琛应用科学大学目前在北威州博士学院中拥有 28 名教授成员。授予博士学位的权力平等地适用于所有学科，而且没有期限。于此，学生在结构化的课程中，在经验丰富的教授的监督下完成他们的博士学位。[①]

（七）数字化进程

当今世界科技发展日新月异，应用科学大学必须紧跟时代步伐才能够保持自己的竞争力和科研吸引力。当前世界范围内的数字化进程不仅影响着大学的科研设置，也影响着其教学的运作模式。亚琛应用科学大学并没有迷失在数字化进程中，而是与时俱进，积极进行数字化教学和科研的发展建设。如前所述，亚琛应用科学大学已经把数字化技术纳入一些专业必修模块"能力培养"，让学生掌握基本的数字化知识。亚琛数字化研究所也是亚琛应用科学大学的 12 个内部研究所之一，其团队由来自电子工程和信息技术系、经济学系和医学工程和数学系的教授组成。在研究所成立之前，他们已经在这些领域进行了数字化转型课题的研究和工作。[②] 在 2022 年暑期，亚琛应用科学大学举办了工业 4.0 暑期学校，让人们深入了解工业 4.0 的目标和战略，展示活动的现状。除了对工业 4.0 的理论介绍外，还介绍了实施工业 4.0 的主要技术和流程，并在研讨会上进行详细讨论。工业 4.0 与数字化息息相关，暑校从介绍数字化过程本身开始，带领学生了解公司的数字化，并通过实践的例子进行扩展，使用系统性的模型来展示技

[①] FH Aachen, "Promovieren an der FH," https://www.fh-aachen.de/hochschule/zentralverwaltung/dezernat-v-innovationstransfer/promovieren-an-der-fh, 查询时间为 2023 年 3 月 5 日。

[②] Institut für Digitalisierung in Aachen, "Wir sind ein Institut der FH Aachen," https://ida.fh-aachen.de/uber-uns/, 查询时间为 2023 年 3 月 2 日。

术的可能性。[1]

除此以外，亚琛应用科学大学也注重在教学模式上利用数字化。在 2020 年的新冠疫情期间，该校不得不采用线上教学模式，这一度给该校带来了挑战。受此影响，亚琛应用科学大学开展了推进数字化教育与学习的"DoLL"项目（Digitalisierungsoffensive Lehren & Lernen），其目标是在教学数字化方面向前迈出一大步。DoLL 项目支持讲师设计、规划、实施和执行数字化教学并进行创新。在大大小小的方面对教师进行支持，如在网络教学平台"ILIAS"中选择和使用工具，在评估测试和学习进度分析方面在（互动）视频、截屏、模拟和虚拟现实，以及在应用听众反应系统等。

三、借鉴与启示

高等教育虽然能够拓宽学生的视野，但其培养的学生常常实践经验不足。职业教育以实践和就业为导向，却也存在难以培养学生综合能力缺失之隐患。对此，德国应用科学大学的成功为解决这一矛盾提供了良方。德国应用科学大学在高等教育体系中占有特殊地位，与传统综合性大学地位相当。它们以卓越的教学、科研和社会服务为特点，为学生提供了卓越的发展机会。毕业后，学生可以选择继续攻读硕士和博士学位，与其他大学的学生一样。同时，这些大学也在应用型角色上表现出色，与地方企业建立了深刻的合作关系，为学生提供了丰富的实践机会，使他们早早地融入产业界。这是许多综合性大学所缺乏的元素。因此，应用科学大学的良好办学理念和发展观念使其

---

[1] FH Aachen, "Industry 4.0 Summer School," https://www.fh-aachen.de/fachbereiche/maschinenbau-und-mechatronik/international/industrie-40-summer-school，查询时间为 2023 年 3 月 1 日。

成为不可或缺的高等教育体系的一部分。

德国的高等教育体系在经过了几十年的改革和发展后,取得了令人瞩目的成就,这离不开教育改革者们"以人为本"的理念。在德国高等教育的改革之路中,无论应用科学大学还是综合性大学,都在寻找能够让学生全面发展的道路——既具备扎实的学术素养,又有足够应对现实问题的实践能力,以使学生们在了解、探索这个世界的同时能够应付现在和未来的挑战。良好的高等教育体系的建立还离不开一套高效的运作体系以及面向社会的透明度,在德国,各个高校的收入与支出来源都公开透明,从而能够被社会监察和督促。大学内部也有着较为完善的问责体系,能够及时地解决学生的诉求。大学的目的并不在于培养能就业的学生,而是培养全面发展、能够独立认识世界的"人"。德国应用科学大学也基本没有忽视自身作为"大学"的原初使命。

在我国,为解决技术人才短缺和大学生实践经验不足的问题,职业教育发展问题日益受到重视。然而,我们需要认识到专科层次职业教育的局限性。特别是在技术迅速发展、国际机遇与挑战日益增多的今天,仅仅掌握一门特定领域的技能是远远不够的。高水平的人才需要不仅具备专业知识,还需要拥有广泛的综合能力。欧美一些国家一直强调的"博雅教育"正是在培养学生的人文素养和综合能力方面下了大功夫。因此,在推动职业教育发展的同时,我们可以借鉴德国的经验,发展一种注重实践的高等教育,与传统的以理论为主的高等教育并行发展,以满足不同学生的需求,培养既有专业深度又具备综合能力的人才。这种高等教育模式将有助于培养更具竞争力和适应性的毕业生,从而更好地满足现代社会和工业界的需求。

实际上,实践是科技发展和进步的不可或缺的一环,它不应被局限在专科教育范畴内。实践与研究应当相互结合、相互促进。在发展应用型教育和研究的过程中,我们应注重建立学校和企业之间的紧密联系,积极利用当地企业资源。为招聘教师,可以要求他们具备一定年限的实践经验，并借鉴德国的"双师制"模式，聘用行业内的专业人员担任一部分教职。同时，学校还应积极与周边的研究机构合作，不仅为学生提供科研机会，也提升学校的科研能力。

在课程设置方面，学校可以借鉴德国应用科学大学的"模块化"课程体系，确保课程结构清晰，避免课程的碎片化。一些模块课程可以包括能够激发学生兴趣和拓宽视野的教学安排，例如带领学生外出进行实地考察。此外，在课程设计上，也要重视培养学生的综合能力、科研能力和软技能，包括提高学生的人文素养、管理和沟通能力，引导学生关注社会问题等。毕竟，大学的责任不仅在于传授知识，更在于培养全面的个体。大学可以提供资金支持，资助由导师带领、学生自愿组队参与的学生项目，这有助于培养学生的实践能力和团队协作能力。总而言之，应该始终秉持"学生为本"的理念，把精力和资源放在学生最需要的方面，并在这个过程中广泛接受学生和社会各界的意见，坚持公开、公正与透明。

为了建设高质量的应用型本科高校，国家需要提供足够的资金支持和法律保障，并通过制定法规等方式促进学校、企业和研究机构之间的合作。此外，我们无需局限于德国的办学模式，因为德国的应用科学大学并非从一开始就被视为教育发展的未来，而是通过不断的发展和改进逐渐得到认可的。我们可以根据国情制定符合自身需求的应用型高等教育模式，不断试错、改进和发展，为未来的发展储备人才。

（本章作者王俊博，
上海外国语大学上海全球治理与区域国别研究院）

第三章
小而精的日本专门职大学
——以国际时尚专门职大学为例

20世纪60年代，日本在"国民经济倍增计划"的指导下迅速迈向了经济高速发展的新纪元。到1970年，日本的第二产业生产总值已经跃升至全球第三位，其主要产业部门也位居世界领先地位，使其一举成为发达国家。在这一过程中，教育领域也逐渐构建了一套适应日本国情和社会经济实际的职业教育体系。① 很长一段时间内，日本的高等职业教育主要由短期大学、高等专门学校与专修学校等三类机构承担。近年来，随着日本产业结构的变化，社会对商品、信息和服务的需求不断扩大，第三产业在日本经济中所占比例逐年上升，这导致对"多功能职业人才"的需求迅速增加，对高等教育提出了新的挑战。为应对这一需求，2017年5月，日本国会通过了《学校教育法》修正案，奠定了创设专门职大学的法律基础。此后，文部科学省于2017年9月颁布了《职业大学设置基准》（文部科学省省令第33号）。该基准明确规定了职业大学的内部组织、招生政策、课程设置、毕业要求、教师资格、师资队伍、校舍设施、行政管理等方面的规范。由此，专门职大学正式建立，为日本高等职业教育提供了更多元化的选

---

① 王文利、苏月：《日本本科层次职业教育的制度建构与人才培养实践——基于14所专门职大学的考察》，《中国高教研究》2022年第7期。

择。① 日本专门职大学具有办学定位明确、师资力量丰富、经费来源稳定、教学理念新颖、职业与科研并重等特点。在日本高等教育多样化转型的过程中，专门职大学具有举足轻重的地位。同时，专门职大学是日本政府应对社会需求所提出的人才培养新举措，在一定程度上体现了日本对职业教育的重视和未来职业教育改革的趋势，这与我国本科职业教育的发展方向具有一定的契合性。

一、对日本专门职大学的宏观考察

（一）历史

自 20 世纪 60 年代以来，日本实施高等职业教育的学校包括短期大学、高等专门学校与专修学校三种类型。"二战"结束后，日本政府以美国大学制度为参考，对战前的高等教育体制进行了重大改革，建立了新的大学制度。新大学制度的主要特点是将战前各种高等教育机构（如大学、专门学校、高等师范学校和高等学校等）合并为两类学校：四年制大学和短期大学（提供两年制本科教育）。然而，由于短期大学的一些特征，如文科偏向和入学者性别比例不均衡（主要是女性），使得产业界一直对其办学定位、功能以及新大学制度下的人才培养质量存有疑虑。

为了满足经济高速增长对技术职业人才的需求，1961 年，日本政府决定设立高等专门学校，以区别于短期大学。《学校教育法》增加了与高等专门学校相关的条文，其中规定了高等专门学校的目标是"深入传授专门学艺，培养职业所需的能力"。高等专门学校招收

---

① 文部科学省:「専門職大学設置基準」, https://elaws.e-gov.go.jp/document?lawid=429M60000080033, 查询时间为 2023 年 5 月 9 日。

初中毕业生，学制为五年，其中后两年为高等教育阶段的职业教育，与我国的五年一贯制大专相类似。高等专门学校虽然已建立了60多年，但其数量仍然有限。根据2020年的统计数据，日本共有57所高等专门学校，仅占高等教育机构（包括四年制大学和短期大学）总数的4.9%。

作为正规学校教育的补充，日本政府于1975年引入了专修学校。专修学校主要设有两个学段的课程，分别招收初中毕业生和高中毕业生。前者被称为"高等课程"，后者则是"专门课程"，后者的学制至少为一年。截至2020年，开设专门课程的专修学校有2 779所，学生人数达到60.4万。这三种学校对毕业生所授的称号和学位存在一定差异，反映了日本职业教育学位制度的多样性。[1]

随着全球化进程不断深化，世界体系和经济格局发生了巨大变化，数字技术的迅速发展导致了人才需求的根本性改变，给各国的教育体系带来了重大挑战。社会的不断演进，不断提出新的需求，迫使大学不断更新其教育、研究和管理理念、制度和方法。有研究者指出，在未来5—15年内，大量劳动力很有可能会被人工智能和机器人替代。这种可能性在不同国家的劳动力市场中表现不同，例如，在日本，这一比例可能达到49%，在美国为47%，在英国为35%。这种替代主要涉及技术上的可能性，实际上是否会替代还受到其他社会因素的影响。[2]

在这一背景下，2011年，应政府要求，日本文部科学省的主要咨询机构——中央教育审议会提交了一份题为《今后学校生涯教育、职业教育的应有态势》的重要咨询报告。该报告在日本近年职业教育

---

[1] 白超：《日本高等职业教育的发展及其启示》，《黑龙江科学》2022年第9期。
[2] 胡建华：《日本高等职业教育新发展：创设职业大学制度》，《南京师大学报（社会科学版）》2022年第4期。

发展中扮演关键角色。该报告全面覆盖了教育体系的各个层次，涵盖了从幼儿园、小学、中学、大学、高等专门学校、特殊学校，到专修学校等各级各类学校。它系统性地探讨了生涯教育和职业教育的实施的必要性和途径。具体而言，该报告的第四部分专门讨论了促进本科层次职业教育的主要途径。它要求在现有高等教育机构（包括四年制大学、短期大学、高等专门学校等）中加强职业教育的数量，同时提出了创建新的高等职业教育机构的设想。①

在该报告的影响下，2017年5月，日本国会通过了《学校教育法》修正案，形成《学校教育法的部分内容修正法律》，奠定了创设专门职大学的法律基础。2017年9月，文部科学省又颁布了《专门职大学设置基准》（文部科学省省令第33号），明确了专门职大学的办学使命，规定了专门职大学的学生人数以及毕业条件，并且在课程、校园环境、教师人数等方面对专门职大学提出要求，该法也标志着日本专门职大学的正式设立。②专门职大学的设立强化了大学在培养专业职业人才方面的作用，同时也重塑了以企业为中心的技能培养体系。③专门职大学在日本属于本科层次的职业类大学，类似于欧洲国家的应用科学大学。其毕业生获得学士（职业）文凭。截至2022年11月，日本共有15所专门职大学（不包括专门职短期大学），其中13所为私立，2所为公立。这一重大改革反映了日本政府在适应经济和社会发展的新需求方面的努力，以培养更适应现代职场需求的专业人才。

---

① 日本中央教育审议会：「今後の学校におけるキャリア教育・職業教育の在り方について（答申）」，https://www.mext.go.jp/component/b_menu/shingi/toushin/__icsFiles/afieldfile/2011/02/01/1301878_1_1.pdf，查询时间为2023年5月10日。

② 胡建华：《日本高等职业教育新发展：创设职业大学制度》，《南京师大学报（社会科学版）》2022年第4期。

③ 刘湘丽、许竞：《从重构技能形成体系的视角论日本新设专门职业大学制度及启示》，《中国职业技术教育》2022年第18期。

表 3-1　2022 年前日本专门职大学情况

专门职大学名称	类型	所在地区	开设年份
医疗专门职大学	私立	茨城县	2022 年
国际时尚专门职大学	私立	东京都、大阪府、爱知县	2019 年
信息经营创新专门职大学	私立	东京都	2020 年
东京国际工科专门职大学	私立	东京都	2020 年
东京保健医疗专门职大学	私立	东京都	2020 年
开志专门职大学	私立	新潟县	2020 年
金泽食品管理专门职大学	私立	石川县	2021 年
静冈县立农林环境专门职大学	公立	静冈县	2020 年
名古屋国际工科专门职大学	私立	爱知县	2021 年
琵琶湖康复专门职大学	私立	滋贺县	2020 年
大阪国际工科专门职大学	私立	大阪府	2021 年
艺术文化观光专门职大学	公立	兵库县	2021 年
和歌山康复专门职大学	私立	和歌山县	2021 年
冈山医疗专门职大学	私立	冈山县	2020 年
高知康复专门职大学	私立	高知县	2019 年

(二)经费来源

至今，日本政府对专门职大学的经费投入相对较少。根据《学校教育法》的规定，被列入该法第一条的"学校"范围，无论是国立、公立还是私立学校，都可以享受国家提供的办学经费补贴。国立大学和私立大学的经费补贴制度已经实施多年。但是，由于提供专门职业教育的专门学校至今未被纳入该法规定的"学校"范围之内，因此无法享受国家提供的办学经费补贴，只能依赖自筹经费（国家公立的专门学校则有不同的规定）。这意味着政府并没有为私立的专门学校提供经费支持，而这类学校的数量相当可观。然而，随着新设立的专门职大学被纳入《学校教育法》第一条的"学校"范围，它们有资格依法申请国家提供的经费补贴。在2017年，当日本国会审议《学校教育法》修订案时，文部科学省大臣松野博一明确表示，以学校法人形式设立的专门职大学（包括专门职业短期大学）可以享受私立大学补贴制度。国家将确保提供必要的财政资金，以支持新设立的专门职大学的运营。① 这表明，日本政府开始积极介入高等职业教育，通过提供经费补贴的方式来支持这些大学的运营。

目前来看，专门职大学的主要设立方式以私立为主，因此它们的经费主要来自学生的学费以及政府的拨款。这些大学的学费与普通私立大学大致相当，通常在四年制学程范围内，学费在400万至600万日元之间（约为20万至30万人民币）。关于政府拨款，专门职大学的政府拨款主要分为两类：科研补助和学费补助。科研补助用于支持专门职大学的研究设备维护和研究经费，学费补助用于减免学生的学费以及支持这些大学的校园设施和课程建设。以国际时尚专门职大学为例，2021年，该校获得了来自国库的补助金（中央拨款）共计17 100万日元（约合875万元人民币），以及地方政府的补助金共计85 900万日元（约合4 398万元人民币）。② 这些拨款资金有助于支持专门职大学的教育和研究活动，以及减轻学生的经济负担。

从收入比例来看，国际时尚专门职大学的财务概要表明，2021年该校的收入（不包括上年度的结转收入）中约有41%来自学生的学费和手续费，约1.6%来自政府补助，其余的资金为资产转让、证券

---

① 日本众议院：「学校教育法の一部を改正する法律案（内閣提出第五六号）」，https://www.shugiin.go.jp/internet/itdb_kaigiroku.nsf/html/kaigiroku/009619320170428013.htm，查询时间为2023年6月10日。

② 国际时尚专门职大学：「2022年度（令和4年度）事業報告書」，https://www.piif.ac.jp/wp-content/uploads/2022/08/jigyohokoku.pdf，查询时间为2023年6月1日。

利息等其他途径的收入。① 可以看出，专门职大学与日本其他私立大学相似，在经费来源上呈现出以学费收入为主、政府补助为辅、经费来源多元化的特点。虽然日本政府会利用资助私立大学的方式对私立大学的管理进行适度的干预和控制，但是这样的方式也在承认院校办学自由的同时改善私立大学办学经费不足、财政基础薄弱、办学条件较差、学生经济负担重等多方面的问题。②

（三）专业设置

近年来，随着数字经济的蓬勃发展和老龄化趋势的加剧，日本的多个领域迅速发展，包括医疗保健，信息技术，文化观光，软文化（动漫、游戏、时尚创造），新农业等。这些领域需要具备新技能的人才，以推动传统产业的创新和拓展。目前，日本的15所专门职大学提供了多样化的专业设置，涵盖了以下领域：

医疗保健：日本的医疗保健行业在老龄化社会中扮演着关键角色，专业人才需求包括医疗管理、护理、医疗技术等；

信息技术：信息技术在现代社会中至关重要，涉及人工智能、物流网络系统、机器人工程等；

文化观光：文化观光是一个繁荣的行业，包括旅游管理、文化传播、艺术管理等；

农林环境管理：新农业和环境管理领域需要专业人才来改进农业生产、环境保护和可持续发展；

时尚创造：时尚创造包括时尚设计、品牌管理、时尚营销等；

饮食创造：饮食创造包括烹饪技术、食品营养、餐饮管理等；

---

① 国际时尚专门职大学：「2022年度（令和4年度）事业报告書」，https://www.piif.ac.jp/wp-content/uploads/2022/08/jigyohokoku.pdf，查询时间为2023年6月1日。
② 杨素萍、朱勇见：《日本私立大学教育经费的筹措和使用》，《中国高等教育》2017年第2期。

表 3-2　2022 年前日本专门职大学专业设置情况

专门职大学名称	专业设置
医疗专门职大学	理疗康复
国际时尚专门职大学	时尚创意、时尚商务
信息经营创新专门职大学	信息管理
东京国际工科专门职大学	信息技术、数字娱乐
东京保健医疗专门职大学	理疗、职业治疗
开志专门职大学	商业创意、信息技术、动漫
金泽食品管理专门职大学	食品服务管理
静冈县立农林环境专门职大学	生产与环境管理
名古屋国际工科专门职大学	信息技术、数字娱乐
琵琶湖康复专门职大学	理疗、职业治疗
大阪国际工科专门职大学	信息工程、数字娱乐
艺术文化观光专门职大学	艺术文化与观光
和歌山康复专门职大学	理疗康复
冈山医疗专门职大学	理疗、职业治疗
高知康复专门职大学	理疗康复

数字化经营管理：数字化经营管理专业关注数字营销、电子商务、企业管理等，以适应数字经济的需求。

总的来说，这些专业设置反映了日本高等教育体系对未来市场需求的敏感性，为学生提供了多样的选择，以适应快速变化的职业环境。这不仅有助于解决社会所面临的挑战，还促进了新兴产业的发展，为学生提供了多样化的教育和职业选择。这些专业设置方向反映了专门职大学对日本未来社会和经济发展的积极响应。例如，近年来，日本面临着"少子高龄化"问题，这已成为该国社会的一大挑战。这一问题引发了对养老、康复和医疗等领域的巨大需求，因此，日本的专门职大学在这些领域的专业设置数量占据了相当大的比例，超过三分之一的高校都涉及了这些领域。①

（四）学制与课程

日本的专门职大学采用了分段式学制，通常为四年制学制，允许学生在学业中分阶段进行学习和实践。这一制度的特点是可以在完成两至三年的学业后进入工作场所进行实践培训，然后再返回学校完成剩余的学分。目前，已有14所专门职大学在实施这种分段式学制。在分段式学制中，日本专门职大学的课程体系非常独特。根据日本文部科学省发布的《专门职大学的概要与特色》（専門職大学等の概要・特色），专门职大学的学生毕业所需修读学分与普通大学的学生相同，为124学分。其中，至少三分之一的学分必须来自实习或实践技能课程，并且学生的实习时间至少为15周。此外，专门职大学还被要求与企业合作开发课程，以培养学生的实践能力和职业伦理。

从专门职大学的课程结构来看，通常包括以下四大类课程：

基础课程（Basic Courses）：这类课程为学生提供了通用的知识和技能基础，包括语言、数学、科学等，学生需要完成至少20学分的基础课程；

职业专门课程（Professional Courses）：这类课程侧重于特定领域的专业知识和技能，以培养学生在职业领域中的竞争力，学生需要完成至少60学分的职业专门课程；

拓展课程（Enrichment Courses）：这类课程旨在扩展学生的视野，提供跨学科的知识和技能，拓展课程通常包括文化、人文、社会科学等，学生需要完成至少20学分的拓展课程；

综合课程（Integrated Courses）：这类课程旨在整合和应用学生在

---

① 王文利：《日本本科层次职业教育的制度建构与人才培养实践——基于14所专门职大学的考察》，《国内高等教育教学研究动态》2022年第7期。

表 3-3 日本专门职大学的课程体系

课程类型	课程内容	学 分
基础课程	信息技术、外语等促进职业生涯发展的基础课程	20 学分以上
职业专门课程	专业领域课程	60 学分以上
拓展课程	基础经营课程、跨专业领域课程等	20 学分以上
综合课程	在毕业或结业之前,整合以前的课程中所掌握的知识与技能,将其与问题解决能力、创造力相结合的综合演练课程	4 学分以上

其他课程中所学到的知识和技能,以解决实际问题和挑战,学生需要完成至少 4 学分的综合课程。

在四年制专门职大学中,这四类课程的最低学分要求是:基础课程 20 学分、职业专门课程 60 学分、拓展课程 20 学分、综合课程 4 学分。[①]学生完成这些学分要求后将获得与研究型大学同等地位的学士学位。这种课程结构充分反映了专门职大学的教育目标,旨在为学生提供全面的教育,使他们在毕业后能够胜任各种职业领域。在教育条件方面,专门职大学通常与研究型大学相似,拥有相近的招生能力、设施和教师队伍。不同之处在于,专门职大学通常采用小班制教学,每个班级的规模不超过 40 人,这有助于更好地个性化教育和师生互动。

(五)招生与师资

在招生方面,《专门职大学设置基准》规定,专门职大学应根据日本《学校教育法》的政策进行学生招收和录取,以确保公平、合理、

---

① 小方直幸・谷村英洋・立石慎治:「専門職大学・専門職短期大学の教職員組織と教育課程」,『九州大学教育社会学研究集録』,21 巻(2021),63-82 頁。

透明的录取程序。专门职大学虽然是职业性大学且属于职业本科层次，但是它在根本上仍然是日本高等教育的一部分。日本《学校教育法》中明确认定了专门职大学的合法地位，因此专门职大学的招生方式与普通大学并无较大差异。根据日本 2021 年《大学入学选拔要求》（令和 4 年度大学入学者選抜実施要項），各大学（包括专门职大学）在选拔学生的过程中要根据自身的教育理念，以进一步提升和发展学生在高中阶段获得的能力并使学生走向社会的大学教育一贯过程为前提，按照《学校教育法实施条例》的相关规定进行招生。[1]

日本专门职大学的招生方式主要包括综合型选拔、学校推荐型选拔、专科学生选拔和社会人与归国学生选拔四种类型。[2] 这四种类型的招生方式面向不同的群体，涵盖了普通高中生、专科学生、归国留学生以及社会人士，体现了日本专门职大学乃至日本整个高等教育广开门户的特点。同时，从现有的招生方式可以看出，日本专门职大学的选拔需要在学生现有的成绩及申请材料的基础上结合面试的方式，试图进一步把握学生的能力、取向以及未来的发展目标。此外，具有工作经验的学生更受到专门职大学的青睐，因为这有助于院校提升录取学生的多样性，同时保持公平性。这些招生方式赋予了专门职大学更大的自主权，使其能够更全面地考察学生的背景和潜力。

在师资方面，日本专门职大学的师资分为教授、副教授、讲师、助教四个层级。[3] 整体上看，专门职大学仍然以学位为主要标准，有

---

[1] 文部科学省高等教育局：「令和 4 年度大学入学者選抜実施要項について（通知）」，https://www.mext.go.jp/content/20220705-mxt_daigakuc02-000010813_1.pdf，查询时间为 2023 年 3 月 4 日。

[2] 文部科学省高等教育局：「令和 7 年度大学入学者選抜に係る大学入学共通テスト実施大綱」，https://www.mext.go.jp/content/20230603-mxt_daigakuc02-000005144-2.pdf，查询时间为 2023 年 3 月 4 日。

[3] 文部科学省：「専門職大学等の設置構想のポイント」，https://www.mext.go.jp/content/20230320-mxt_senmon01-100001394_1.pdf，查询时间为 2023 年 4 月 5 日。

表 3-4　日本专门职大学的招生方式及其要求

招生方式	具体要求
综合型选拔	通过详细的文件审查和面试相结合，对申请人的能力、取向、学习意愿和目标进行综合评估和判断
学校推荐型选拔	根据申请人毕业高中的校长推荐，以调查报告为主要信息来源进行评估
专科学生选拔	针对已毕业或即将毕业的专科学生，根据申请者在与专业相关的科目和学科中的学习成绩对其进行评估和判断
社会人与归国学生选拔	针对归国留学生或已经工作的成年人。申请者的能力、动机和取向进行广泛选拔，并适当结合论文、面试、资格认证考试成绩以及学校认为合适的其他材料进行评价和判断

一定研究成果的博士学位获得者可以直接担任教授，而硕士学位获得者则只能担任副教授、讲师或助教。同时，专门职大学在招聘教师时还采取了多通道原则，对于不满足学位条件但在研究领域、工作领域有突出成果和技能的人，也能进入专门职大学担任教授职位。

另外，专门职大学还采用企业教师制度，允许在企业中就职的人员通过认定成为全职教学人员。文部科学省规定专门职大学中至少40%的全职教学人员必须在其专业领域拥有至少五年的工作经验，并具备较高的实践能力。专门职大学将全职教师分为两类，包括实务型教师和研究型教师，以确保教师队伍既有实践性又有研究性。实务型教师在专职教师中的比例设定在40%以上，并要求至少50%具备研究能力。这样的安排有助于保持教育的实践性和研究性的双重特色，确保学生获得与职业相关的实际经验和知识。①

---

① 文部科学省:「専門職大学等の設置構想のホイント」，https://www.mext.go.jp/content/20230320-mxt_senmon01-100001394_1.pdf，查询时间为2023年4月5日。

表3-5 日本专门职大学不同级别的师资要求

教师级别	教授	副教授	讲师	助教
师资要求	获得博士学位，且有一定研究成果			
	未获得博士学位，但研究成果突出			
	获得专业型硕士学位或法学专业型博士学位，在授予学位的领域有突出成果	获得专业型硕士学位或法学专业型博士学位		获得专业型硕士学位或法学专业型博士学位以及医学、牙医学、药学（临床）或兽医学学士学位
	在大学担任教授、副教授或讲师等骨干教师的人员	在大学中担任教授、副教授、骨干教师讲师、助理教授或同等职务的人员		
	在艺术、体育等领域，公认具有特殊才能者			
	被公认为在其研究领域具有特别突出的知识和经验的人士	被公认为在其研究领域拥有较高知识和经验的人士		被公认为在其研究领域拥有知识和经验的人士
	受雇于研究所、实验室、研究中心等机构并取得研究成果的人员			

（六）就业保障

日本专门职大学以能力为本位，职业为导向，通过"国家资格保证制度""完全就业保证制度"和"生涯支援保证制度"为学生提供了一系列就职保障。"国家资格保证制度"是指为培养数字化人才，部分专门职大学设置了学制为一年的"基本信息技术人员"特别学科，进入该学科的学生需要在学习期间取得日本基本信息技术者资格证。若在校期间学生未能通过资格证考试，毕业后两年内校方将为学生承担该资格证考试所需的费用。"完全就业保证制度"则是指毕业后仍然没有确定就业方向的学生，校方承担毕业后学生在就职期间所必要的学习费用来保证学员可以有充分的时间决定自己的就业选择（入学时年龄 35 岁以内为保证对象）。"生涯支援保证制度"则面向需要换工作的毕业生，专门职大学的毕业生在毕业后一定时间出现转职等情况，可以随时享受校方提供的就业和转职的指导。

通过一系列的保障制度，日本专门职大学在一定程度上让学生没有后顾之忧，不必因为资格证考试不通过或找不到工作而压力倍增。这些保障制度也与专门职大学的职业取向相匹配，其目的是更好地辅助学生获取工作技能、找到符合自身职业规划的工作。

二、国际时尚专门职大学的办学模式

国际时尚专门职大学（国際ファッション専門職大学）是经过日本文部科学省批准，于 2019 年 4 月开始开展教育工作的一座学府。该校的办学宗旨是为学生提供既包括特定职业所需的理论知识，又包括丰富的创造性和高级实践技能的综合教育。在国际时尚专门职大学，学生将获得支持理论的高度实践技能，以及满足特定职业需求的知识和技能培训，这种教育模式可以看作大学和职业学校的融合，实现了"最佳结合"。为深入分析日本本科职业教育的定位、发展方式及路径，本书以日本国际时尚专门职大学为例，从办学定位、招生方式、教学理念、师资管理、科研等角度探寻日本专门职大学的发展方式。

（一）办学定位与目标
1. 素质教育与职业教育相结合的办学定位

不同于传统的研究型大学与专门学校，专门职大学的办学并不单纯局限于理论或职业技能培养，而是融合了素质教育和职业教育，即在实施与普通大学相似的教养教育以及素质教育的基础上对学生进行实践性的职业教育。根据文部科学省发布的相关资料，专门职大学主要有五大特征：（1）实践教育占总教育时长的三分之一以上，这有助于学生将理论知识应用于实际情境；（2）平衡理论与实践，使学生能够在专业领域内既有理论基础又能实际操作；（3）强调600学时以上的企业实习，为学生提供实际工作经验；（4）提供综合性、多领域的教育，以培养学生的应用能力；（5）毕业生可获得与普通大学毕业生同等的学位，确保学历认可。

国际时尚专门职大学遵循文部科学省对专门职大学的各项规定，以人文教育和职业教育为创始理念，并将培养学生的创造力和人文素养作为教育的基石。这一理念不仅注重学生的专业知识和技能培养，还着眼于让学生具备独立思考和独立人格，满足不同学生的学习需求。国际时尚专门职大学还提供知识和技术教育，以使学生具备成为专业从业者的能力。此外，该校还致力于培养学生的综合素养，使他们能够在各个领域积极参与并解决复杂的实践问题。除了培养相关领域的核心人才外，国际时尚专门职大学还以向社会广泛开放的方式，为培养具备学术知识和洞察力、能够发现和解决高级专业实践问题的人才提供环境。

2. 重视国际性与专业技能的培养目标

当今时尚行业面临着巨大的挑战与机遇。一方面，人们对时尚行业对环境的负面影响表示担忧，因此需要具备国际视野的专业人士来推动时尚的可持续发展；另一方面，时尚产业也具备巨大的创新和变革潜力，可以成为解决全球性问题的工具。因此，培养具备国际化视野和可持续发展理念的专业人士对时尚行业的未来至关重要。国际时尚专门职大学的培养目标和教育理念反映了这一现实，为学生提供全面的教育，使他们能够在国际时尚领域发挥积极作用，推动行业的可持续发展，同时应对全球性挑战。这也符合时尚产业的未来趋势和社会的期望。

国际时尚专门职大学的培养目标涵盖多个关键领域，旨在培养学生成为具备全球视野和综合素养的时尚领域专业人士。具体而言，这些目标包括：（1）培养国际视野与沟通能力，该校致力于培养学生具备卓越的国际视野和跨文化沟通能力，使他们能够在全球范围内与不同文化背景的人合作，解决多元化挑战；（2）提供时尚核心知识与技能，该校注重为学生提供深入的时尚领域知识和技能，使他们能够在时尚产业中独立从事相关工作，包括时尚设计、制造、市场营销等领域；（3）培养战略制订与深化专业领域的能力，该校旨在培养学生具备战略规划和发展能力，同时深化其在时尚领域的专业知识和技能，使他们能够在行业中具备竞争优势；（4）国际化与信息化应对能力，该校重视培养学生在应对国际化和信息化进程方面的能力，这包括了解全球时尚趋势、运用先进技术进行创新和解决问题，以及与国际市场对接的能力。

3. 以教育研究促进地区活力

科学研究在大学中具有重要地位，既是人才培养的重要组成部分，也是为社会提供服务的基础。国际时尚专门职大学深刻地认识到了这一点，该校的办学方针表明：国际时尚专门职大学并非仅仅是一个人才培养机构，还是一个高等教育和研究机构，致力于引领地区职业教育。国际时尚专门职大学在校内外广泛从事多样性的研究和社会合作。这些研究领域包括环境、社区、数字技术和商业与管理等。国际时尚专门职大学的研究不仅仅是理论探讨，还强调实践与研究的结合。这种方法有助于将研究成果更好地应用于实际问题，推动地区的发展和创新。

学生有机会参与研究项目，接触社会和产业的最新动态，培养新思考和创新能力。这种综合素养有助于学生更好地适应不断变化的职业环境。这些研究不仅为学生提供了与社会和产业前沿互动的机会，还为社会提供了有益的解决方案。国际时尚专门职大学的研究目标之一是促进地区社会和产业的发展。这包括支持地区时尚产业的创新，积极参与环境保护倡议，以及推动文化交流。通过这些努力，该校为地区的活力与发展做出了积极贡献。

（二）入学资格与招生方式

1. 入学资格

专门职大学属于高等教育范畴，招生对象主要是高中毕业生或具有同等学力的学生。有资格进入专门职大学的学生包括：（1）高中或中等教育毕业生；（2）通过正常课程完成12年学校教育或取得同等学力的学生；（3）在国外完成12年学校教育或完成同等教育的人；（4）在文部科学省承认的海外教育机构完成相当于高中课程的人；（5）完成三年制专修学校高等课程的毕业生；（6）由文部科学省大臣特别批准的学生；（7）根据《高中毕业证书考试条例》通过高中同等学力考试的学生（包括按照规定通过大学入学资格考试的学生）。[①]

专门职大学对于报考人员秉承广开门户的原则，接受来自多元化背景的学生报考。高中毕业生或具有同等学力的学生可以进入国际时尚专门职大学。此外，为了扩大学生来源和增加入学机会，国际时尚专门职大学还开放特殊通道对学生进行评估，通过评估被认定为具有相当于或高于高中毕业生的学术能力并已年满18岁的学生也可以进入国际时尚专门职大学学习。

2. 多样化招生方式

国际时尚专门职大学的入学选拔方式可以分为以下几类，以满足不同学生的需求：

综合型选拔：这一选拔方式强调考核学生的学习意愿，特别注重

[①] 文部科学省：「令和5年度大学入学者選抜に係る大学入学共通テスト実施大綱」，https://www.mext.go.jp/content/20220616-mxt_daigakuc02-000010813_3.pdf，查询时间为2023年8月1日。

招收那些具有"高学习动机"和"明确学习目的"的学生，除了要求申请人提交报名表和相关证明材料外，还需要参加面试、写作和演讲等测试，以全面评估申请人的综合能力和长期学习动机；

一般选拔：一般选拔主要由笔试和面试两个部分组成，笔试主要考察学生的基本学习能力以及日语、英语等语言水平，面试主要评估学生的学习意愿和学习动机；

学校推荐型选拔：学校推荐型选拔主要由符合条件的指定高中进行推荐入学，此外，其他非指定高中的学生如果能够获得校长的推荐信，也可以通过学校推荐方式入学。①

普通高中毕业生可以根据个人情况选择上述三种方式之一向国际时尚专门职大学提出申请，一旦申请获得通过，就需要参加相应的笔试或面试，只要成绩达到合格标准，就能够入学。

国际时尚专门职大学强调，申请人需要充分了解学校的教育理念，并愿意为解决所申请的研究领域的社会问题做出贡献。此外，值得注意的是，该校欢迎具有工作经验的求学者。入学手册明确表示，已经有工作经验但需要相关领域专业知识的求学者可以申请入读国际时尚专门职大学，他们需要满足与其他学生相同的毕业要求。

（三）教学理念与方法

1. 国际通用能力的培养

国际时尚专门职大学在教学中非常注重培养学生的基础性技能。从一年级开始，学生就有机会参与时装制作实践课程，这一实践课程旨在让学生同时学习理论和技术，提高他们的技能水平，并培养问题解决意识和创造性思维。此外，为了确保学生能够成为具备国际竞争

---

① 国际时尚专门职大学:「国際ファッション専門職大学の3ポリシー」, https://www.piif.ac.jp/wp-content/uploads/2022/08/public_3policy.pdf, 查询时间为2023年8月1日。

表 3-6　校企合作实训内容

企业类型	实训内容
服装企业	策划、营销、市场、采购、现场管理
纺织（服装）贸易企业	综合职业、生产管理
时尚电商企业	策划、营销、网站管理、网页设计
纺织企业	面料设计、生产管理
广告企业	广告制作
视频制作公司	助理制片人、策划、制作
造型制作公司	拍摄造型制作
活动企划公司	时装秀策划、管理、制作

力的时尚专业人才，该校还开设时尚专业英语课程。这门课程不仅教授基本概念，还培养学生以英语书写方案的能力，以及以清晰易懂的方式使用英语表达的技巧。

2. 专业知识和技能的塑造

专门职大学以职业教育为核心，致力于培养在各行各业中脱颖而出的专业人才。国际时尚专门职大学也坚守这一使命。通过多样的专业课程，该校致力于培养学生的专业技能。特别是在数字化社会中，传统营销和数字营销都至关重要，国际时尚专门职大学为学生提供了传统营销框架和数字营销理论的深入解释。此外，该校还为学生提供了学习现代时尚领域不可或缺的媒体和技术的机会，以进一步提高他们在数字社会中的实际应用能力。例如，针对数字技能，该校提供视频制作课程，通过讲座和实践，培养学生制作视频、表达设计理念的能力。

3. 生产现场实训

为了使学生具备扎实的实践技能，国际时尚专门职大学积极与服装企业进行合作，提供学生在生产企业进行实际培训的机会。这一实训计划旨在让学生获得关于服装设计、营销和公关等方面的知识，同时着重关注国际市场的特点和需求。通过这些实践经验，学生们能够更好地理解国际时尚产业，为未来的职业生涯做好充分准备。

（四）师资建设

专门职大学在聘请各类教师时制订了一系列严格的标准，对于拥有实际技能的教师非常看重。例如，对于担任教授职称的教师，需要满足以下六项条件之一：（1）拥有博士学位并具备高水平的研究成果；（2）没有博士学位，但在研究方面取得与博士学位持有者同等水平的成果；（3）拥有专业硕士学位，并取得杰出的研究成果；（4）具备在大学担任教授或副教授职位的经验；（5）在某一专业领域被认可具备卓越的实际技能；（6）在某一职业领域被认可具备极其丰富的专业知识和卓越的实践经验。

专门职大学非常注重教师对其所在行业的理解和把握。文部科学省规定，专门职大学的全职教师中，至少有40%应为实务型教师，而其中一半以上还必须具备研究能力。所谓实务型教师，是指在专业领域有五年或五年以上工作经验，并且精于实践的教师。实务型教师可以是教授也可以是副教授、讲师。在招聘时，针对实务型教师的"实务能力"的评判依据是他们的执业资格、执业成果和离开执业岗位的年限，离开执业岗位的年限应在五至十年之间。[①] 而对执业成果的考察则主要体现在以下八个方面：在公司等机构规划、起草和管理项目；在竞赛中获得的奖励、奖项等；在工作领域担任领导和监督职务；在与实践相关的讲座、研讨会等活动中担任讲师；在与所学专业相关的专业协会中担任理事会成员，或在国家、地方或其他当局的会

---

① 文部科学省：「専門職大学等の設置構想のポイント」，https://www.mext.go.jp/content/20230320-mxt_senmon01-100001394_1.pdf，查询时间为2023年3月5日。

议中担任成员的经历；与所学专业相关的资格证书；评审奖项和审查资格的经验；会议的发言和著作。

在国际时尚专门职大学的教师团队中，全职教师共计 52 人，占据整个教师团队的 47%。具体分布为：研究型教师占 50%，实务型教师占 37%，研究型实务教师占 13%。[1] 国际时尚专门职大学在教师聘任方面采用全职和兼职教师相结合的策略，强调教师不仅要在行业中积累丰富经验，还要具备研究的能力。例如，古田祐幸教授曾担任某服装品牌的董事和销售主管，有丰富的品牌销售、店铺管理和商品店运营经验。在国际时尚专门职大学，他既担任教学部门的负责人，还兼任时尚商业部门的总负责人，负责学校的行政管理、服装销售和时尚规划。这种结合了实践经验和教育职责的模式有助于学校培养出更全面、实践能力更强的专业人才。

（五）科研

专门职大学并非完全的职业培训机构，在注重职业技能培养的同时专门职大学也积极进行科学研究并开展产学合作。该校的研究主要分为三类：自主研究、委托研究和合作研究。自主研究是指该校教师在自身领域自发进行的研究，通过向学校提交申请书获取研究经费；委托研究是指接受其他单位的委托进行的研究；合作研究则是与其他单位或机构联合进行的研究。

国际时尚专门职大学通过开展各项原创性的调查研究，促进服装行业学术研究的发展。为向全体师生及从业人员提供科研平台，国际时尚专门职大学设立了国际时尚专门职大学资料库（国際ファッション専門職大学リポジトリ）。该资料库每年发表一期纪要刊物，刊登该年度的研究论文、研究笔记、报告以及座谈会纪要，展示该校的研

---

[1] 国际时尚专门职大学：「国際ファッション専門職大学教員構成」，https://www.piif.ac.jp/wp-content/uploads/2022/08/public_kyouin-kousei.pdf，查询时间为 2023 年 8 月 1 日。

究成果。此外，国际时尚专门职大学关注服装和时尚产业，涵盖生产的原料、服装的设计，各国时尚的思考、数字时代的时尚趋势，以及知识产权保护等。国际时尚专门职大学还积极关注国际问题，2021年国际时尚专门职大学发布了2020年度合作研究报告书，主题为《可持续发展目标和大阪－关西博览会，时尚可以做什么？》，研究分析了时尚行业中的可持续发展目标的推进以及绿色可持续发展的经营战略等。

在研究经费的管理方面，国际时尚专门职大学根据日本政府2007年2月15日公布的研究机构公共研究基金管理和审计准则制定了基本政策，以确保公共研究基金的正确管理和运作。主要包括：（1）明确专门职大学内部的责任，明确有关反滥用措施的责任制度，在校内外进行宣传；（2）建立机构运行和经费管理的环境，明确行政权力和规则，提高相关人员对防止滥用措施的认识；（3）确定引发经费滥用的因素并制订和实施反滥用计划；（4）建立有效的经费检查系统，确保预算的正确使用；（5）设立确保信息沟通的制度，设置咨询点接受关于公共研究基金使用规则的咨询，以及对滥用行为的指控。

（六）专业与课程设置

1. 专业设置

专门职大学是日本政府近年来进一步思考高等教育与职业之间关系之后的一项重大改革的成果。长期以来，日本的大学普遍偏重于通识教育（普通教育），将专业教育的责任转嫁于学生就职的企业。但随着日本经济结构和企业模式的变化，专业教育成为日本专门职大学的核心内容。

新兴产业的蓬勃发展以及日本社会"少子高龄化"态势深刻影响着专门职大学学科专业体系建设。难以被人工智能替代、具有抽象知识概念、面向不同人群提供特定服务的应用性学科是专门职大学最主要的学科专业设置方向，因此日本专门职大学的专业设置集中在信息、医疗、商业、艺术等领域,并且由于专门职大学的专业性和小规模性,一所专门职大学通常专注于一个专业领域,针对该专业领域设置学部,学部数量通常在1—3个。[1] 以国际时尚专门职大学为例,该校是日本唯一一所"时尚和商业"结合的应用型本科高校。时尚产业作为融合了第二产业制造业与第三产业的商业、媒体、设计等一系列的集群产业,是具有创新性和生产性的新兴产业。[2] 自20世纪末日本提出"文化立国"这一战略构想后,日本的时尚产业开始迅猛发展。其中日本纺织服装、动漫和化妆品这三类时尚产业十分发达,其动漫生产更是仅次于美国的世界第二大国。[3] 国际时尚专门职大学围绕时尚与商业,设置国际时尚学部,包括时尚创意、时尚商务、大阪时尚创意·商务、名古屋时尚创意·商务等专业,教育内容与全球时尚产业合作,并以特定的"时尚学士学位"和"海外实习经验"为特色,培养能够为世界创造新价值的专业人才。

2. 课程设置

国际时尚专门职大学共有一个学部三个校区,学部为国际时尚学部,三个校区分别位于东京、名古屋和大阪,共有时尚设计专业、时尚商务专业、名古屋校区时尚设计与商务专业、大阪校区时尚设计与商务专业,各专业课程数量如表3-7所示。

据此可知,国际时尚专门职大学的课程主要分为基础课程、职业专门课程、拓展课程和综合课程四大类。其中,职业专门课程和拓展课程是国际时尚专门职大学课程的核心,在各专业中占比最大。同时,国际时尚专门职大学分析了时尚与商务产业的特点,开设时尚理论、设计、商务、媒体和地域等五大集群的课程,为学生提供全方位

---

[1] 王文利:《日本本科层次职业教育的制度建构与人才培养实践——基于14所专门职大学的考察》,《国内高等教育教学研究动态》2022年第7期。
[2] 冯幽楠、孙虹:《日本三大时尚产业发展经验借鉴》,《丝绸》2020年第4期。
[3] 陈文晖、王婧倩、李德亮:《日本时尚产业发展探析》,《服装设计师》2018年第9期。

表 3-7　国际时尚专门职大学相关专业课程设置

专业	基础课程	职业专门课程					拓展课程		综合课程
		时尚论科目群	设计科目群	商务科目群	媒体科目群	地域科目群	拓展力科目群	国际科目群	
时尚设计专业	19	10	13	6	4	3	6	4	3
时尚商务专业	19	10	7	13	4	3	2	2	3
名古屋校区时尚设计与商务专业	20	10	20	11	4	3	6	4	3
大阪校区时尚设计与商务专业	19	10	9	11	4	3	6	4	3

的学习指导。在拓展课程方面，国际时尚专门职大学极为注重学生的国际化能力并希望学生在世界舞台发挥光彩，开设拓展力和国际两个集群的课程，涉及数字档案理论、国际合作研究等内容。

　　课程的内容需要通过分析工作任务与职业能力来获得，而学生的工作任务与职业能力又必须适应市场的需要，因此，国际时尚专门职大学设定了"教育课程编订方针"。方针将学生需要具备的素质分为通用能力（国际通用礼仪、交流能力）、职业技术（专业领域的相关技术）、知识与理解（跨领域创造力）、态度与志向（国际化与信息化的综合能力）等四大板块。各个专业根据上述四大板块分析学生所需课程并确定评价内容。以职业技术板块为例，学生在时尚行业中需要熟悉相关行业的整体情况，因此国际时尚专门职大学设定时尚科目群和媒体科目群，以"什么是时尚""各种伪装的文化"和"媒体"等关键词培养学生解读时尚、分析行业的能力。

(七)产教融合与行业实训

"产教融合、校企合作"的人才培养模式是培养技能人才的重要方式之一。在日本专门职大学建设的过程中，以实践为导向的产教融合、行业实训是其突出特色。文部科学省指出，四年制专门职大学的学生在企业和实际工作场所进行的实践培训应在600小时以上。在国际时尚专门职大学中，实验与实习课程占全部必修课程的68%。[①] 文部科学省在《专门职大学设置基准》中也明确规定专门职大学应在课程编制、现场实务实习等关键环节与产业界展开密切合作，探索建立校企合作育才新机制。

为了让学生获得扎实的知识和技能以及真正的职业能力，国际时尚专门职大学为学生提供了超过600学时的日本国内企业实习和生产见习。2022年4月，国际时尚专门职大学与日本永旺零售有限公司(イオンリテール株式会社)携手进行了名为"未来时尚人力资源开发项目"的战略合作，旨在培养新时代的时尚商业人才。该项目是典型的项目式教学(PBL)，试图利用00后学生的自由思维来解决社会问题，提出新一代的商业模式和突破传统的产品，项目设计产品设计、产品销售以及项目合作等内容。该项目将所有学生分为不同的小组，每组2—8名学生，学生需要通过调查现在时尚领域的可持续发展情况及其问题，针对问题提出新的商业战略。在调查和提案的过程中，他们会得到企业员工的全方位指导，根据他们的提案，该校从总

[①] 小方直幸・谷村英洋・立石慎治：「専門職大学・専門職短期大学の教職員組織と教育課程」,『九州大学教育社会学研究集録』,21巻(2021),63—82頁。

共 33 个团队中选出了 7 个团队进行奖励。国际时尚专门职大学还有许多类似的实习实践项目，涉及服装设计、服装生产、产品销售、信息技能、媒体出版等领域。

三、结论与启示

日本专门职大学虽然登上历史舞台不久，但向我们展示了日本高等教育的职业性转向。近年来，日本对职业人才的重视程度愈发高涨，这其中的原因是日本人口的"少子高龄化"以及经济结构变化所引发的一系列变革。专门职大学作为日本培养本科层次职业人才的重要载体，致力于培养符合社会需求、满足企业需要、职业能力与研究能力兼备的高级职业人才。在充分考察行业发展的基础上，如何让学生既具备丰富、强大的实践技能，又具备学士学位毕业生的基本素养，日本专门职大学向我们提供了启示。

（一）坚定职业本科定位，突出专业技能目标

日本原有的职业教育体系与我国有相似之处，都面临着职业教育地位不高的挑战，而传统本科院校更注重通用能力的培养。专门职大学的出现弥补了这一缺陷。日本专门职大学有着明确的定位，从成立之初就明确了本科层次的教育定位，毕业生所获得的学位与普通大学毕业生相当。此外，专门职大学非常注重实习与实践教育，这在总教育时长中占据三分之一以上，并要求至少进行 600 学时的企业实习。以国际时尚专门职大学为例，该校的教育目标既强调学生的实践创新能力，又注重理论知识和专业知识的系统学习。因此，它在本科职业教育的基础上，特别强调了专业技能的培养，为学生提供了全面的教育体验。

在我国，构建现代职业教育体系是一个重要使命，也是实现国家

"十四五"规划和 2035 年远景目标的必要要求。① 这也是推动职业教育高质量发展的关键。中国的职业教育规模庞大,为国家经济发展提供了重要的人才支持。然而,仍然存在着职业教育地位不高、专业技能不够突出等问题。这些问题制约了我国职业教育的发展。因此,我国的职业本科建设需要明确本科层次的定位,突出职业技能和专业知识的结合,走特色化办学之路。这将有助于提高我国本科职业教育的质量,为国家的经济建设和社会发展培养更多高素质的职业人才。

(二)扩展学生入学方式,优选各类职业人才

日本专门职大学的整体风格呈现出小而精的特点。虽然其整体规模与普通本科院校相距甚远,每所专门职大学的招生人数相对有限,然而,它们坚持广开门户的招生原则,为学生提供多种不同的选拔方式,包括综合型选拔、学校推荐型选拔、专科学生选拔和社会人与归国学生选拔。这种多样性的招生方式为不同背景和学习兴趣的学生提供了机会,使他们能够根据自己的情况选择最适合的入学方式。对于普通高中毕业生,他们可以从这些方式中选择一种,然后通过相应的笔试或面试来评估他们的能力,只要成绩合格,就能入学。此外,专门职大学还允许有工作经验的求学者入学,这为那些已经参与工作但需要相关领域专业知识的求学者提供了机会,他们需要满足与普通学生相同的毕业要求,这种方式也增加了本科职业教育的多样性。

我国本科职业教育的招生情况存在一定的挑战。研究表明,一些民办职业技术大学在 2021 年的招生中遇到了招生不足的问题,其中有 15 所学校存在招生缺额,仅有 6 所学校一次性招满。这表明,本科职业教育在我国的地位相对较低,尤其是相对于公办普通本科而

---

① 李斌、郭广军:《加快构建中国特色现代职业教育体系的理论框架与实践路径》,《教育与职业》2022 年第 1 期。

言。为了壮大我国的职业本科体系，需要采取多种措施，其中之一是增加学生的入学途径。这包括通过多种方式选拔学生，将文化成绩与职业技能相结合，并与职业高中建立更紧密的联系，以选拔出更多优秀的职业人才。这种多元化的招生方式有助于提高本科职业教育的质量和吸引力，促进其发展和壮大。

（三）推进师资建设，发展职业实务教师

师资质量对于教育质量和职业教育的办学质量至关重要。日本专门职大学非常强调教师对其所在行业的深刻理解和掌握。文部科学省规定，专门职大学的全职教师中，至少应有40%以上是实务教师，并且其中一半以上的人必须具备研究能力。此外，一些专门职大学还采用了全职教师与兼职教师相结合的方式，以充分利用行业内的资源，构建了一支既懂行业实践又懂研究的教师队伍，从而确保了教学的实际性和质量。

然而，在我国的本科职业教育中，师资力量的不足问题日益凸显。这主要体现在以下几个方面：新开设的专业缺乏教师拥有相关的专业知识体系、高素质的"双师型"教师数量不足、教师整体素质相对较低、教师的科研能力有待提升等。[1] 教师是学校的立教之本和兴教之源，高水平的师资队伍是保障教学质量的关键。因此，为了加强本科职业教育的师资队伍建设，提高教学质量，学校需要建立一支数量充足、结构合理、稳定的师资队伍，以满足职业本科层次人才培养的需求。[2] 同时，学校也需要充分利用行业资源，积极培养和引进具有丰富实践经验的人才，将其纳入职业本科的教师队伍，特别是实务

---

[1] 杜艳红：《职业本科跨境电商专业师资队伍建设研究》，《河北软件职业技术学院学报》2022年第4期。

[2] 涂庆华、黄恩平、吴丽华：《新增职业本科学校教师队伍建设研究》，《教育现代化》2020年第9期。

型教师，以确保学生能够获得实际操作和行业经验的培训。这将有助于提高本科职业教育的质量和吸引力，推动其实现可持续发展。

（四）优化职业课程体系，适应数字市场需要

职业教育的课程体系是其核心组成部分，直接反映了"教什么"的问题，对职业教育的质量和有效性至关重要。日本专门职大学深入挖掘所涉及的行业，并根据文部科学省的相关要求精心安排课程。这些课程通常划分为四大类：基础课程、职业专门课程、拓展课程和综合课程。这种课程体系的构建是日本职业教育的一个显著特点，有助于满足市场需求，提高教学质量，建设高水平的职业教学基地。

对于我国本科职业教育而言，要实现培养高水平技术技能人才的目标，必须建立相应的应用型课程体系。然而，目前我国职业本科课程存在一些问题，如课程内容滞后于生产实际、课程职业特色不明显、应用型课程开发能力不足等。[1] 要解决这些问题，本科职业教育需要主动与产业对接，深度挖掘行业内在规律，以满足行业和企业对人才的需求。此外，随着数字化进程的不断发展，传统行业也将经历变革，出现新的职业领域。因此，本科职业教育的课程体系应该具备数字化、综合化和智能化的特点，以适应未来职业领域的需求。这将有助于提高本科职业教育的质量和吸引力，促进其更好地满足社会的需求。

（五）实现产教深度融合，联通企业参与培养

"产教融合、校企合作"的人才培养模式在培养技能人才方面发挥着重要作用。以实践为导向的产教融合和行业实训是日本专门职

---

[1] 郑世珍：《以职业能力为导向的职业本科应用型课程建设策略探究》，《高教学刊》2020年第33期。

大学的一大亮点。日本专门职大学要求学生在四年的学习中在企业或实际的工作场所中进行实际的工作实习,即"企业现场实习"。例如,某些高校在学生四年的学习过程中,提供了超过 600 学时的企业实训机会,涵盖了策划、营销、市场、采购、现场管理、综合职业、生产管理、网站管理、网页设计、面料设计、广告制作、助理制片人、时装秀策划等多个领域。同时,这些学校还为全体师生和从业人员提供了科研平台,促进了服装行业学术研究的不断发展。

多年来,我国职业教育在提升技术技能型人才培养质量上进行了多种尝试,产教融合作为一条正确的教育教学改革路径已成为共识。① 本科职业教育突破了专科层次职业教育的限制,提升了人才培养的层次和规格,因此就更加需要实现产教深度融合,同时联通企业参与人才培养,更充分应对产业转型升级的需要,满足企业技术技能型人才需求。并且职业本科还需要以"职业性"和"高等性"价值理念为指导,根据职业岗位知识、能力、素质等需求,设计适应新技术和产业变革需要的人才培养的总体要求,进一步改进培养模式。② 同时,培养具有实际技能的本科层次人才离不开与企业的合作,应该进一步强化校企合作的 PDCA 循环③,科学合理地建立学生企业实习的流程,紧密联系企业与院校共同培养人才。

(六)加强学生就业保障,助力教育成果输出

毕业生的就业问题是高等教育必须应对的挑战。尽管日本的专门

---

① 谢双:《基于产教融合的高层次技术技能型人才培养供给侧改革探索——以职业本科教育为视角》,《科教文汇》2022 年第 24 期。
② 谢剑虹:《职业本科教育课程体系构建的内在逻辑与基本原则》,《当代教育论坛》2022 年第 5 期。
③ PDCA 又称戴明环,是一个持续改进模型,它包括持续改进与不断学习的四个循环反复的步骤,即计划(Plan)、执行(Do)、检查(Check/Study)、处理(Act)。

职大学创建时间不长，但在解决毕业生就业问题方面，它们提出了一系列有力的制度，如"国家资格保证制度""完全就业保证制度"和"生涯支援保证制度"，为学生提供了广泛的就业保障。自1999年以来，我国高等教育招生规模不断扩大，大学毕业生就业难、薪酬低的问题逐渐凸显。[1]研究表明，本科职业教育明显提高了学生的就业率，支持了职业本科毕业生具有更高就业数量优势的观点。然而，从就业质量看，职业本科毕业生进入国有企业和政府机关的机会相对较低，这表明与普通本科相比，职业本科毕业生在就业质量方面存在一定劣势。同时，在就业地域和专业对口方面，职业本科毕业生更倾向于在生源地就业，并且他们的职业选择更加广泛。[2]

鉴于这一情况，本科职业教育应考虑进一步加强学生的就业保障，提升毕业生的就业质量。可以通过以下方式实现：提供更多的职业指导和实践经验，以提高毕业生的就业竞争力；建立更紧密的校企合作，确保课程与市场需求相匹配；加强创业教育，鼓励学生积极创业和自主就业；为毕业生提供终身职业发展支持，以确保他们在职业生涯中持续进步和成功。这些举措有助于职业本科毕业生更好地发挥其潜力，将其所学知识和技能有效地投入国家经济的发展。

（本章作者杨启林，上海工会管理职业学院）

---

[1] 杨钋、郭建如、金轶男：《高职高专毕业生就业质量分析》，《教育发展研究》2013年第21期。

[2] 匡慧姝、陈烨伟、刘政：《职业本科和普通本科就业实证研究——基于Probit概率模型以西部某高校为例》，《现代商贸工业》2017年第7期。

第四章

奥地利应用科学大学的办学历史与应用特色

——以上奥地利州应用科学大学为例

位于欧洲心脏地带的奥地利,不仅以其丰富的文化遗产和优美的自然风光闻名于世,更在教育领域尤其是应用科学教育方面展现出了卓越的实力。其中,奥地利应用科学大学作为高等教育体系中的重要组成部分,自诞生以来便以其独特的办学历史和应用特色,为奥地利乃至全球经济发展和社会进步培养了大量高素质的专业技术人才。

一、奥地利应用科学大学的兴起和发展历程

(一)兴起

在20世纪70—80年代,奥地利的高等教育体系呈现出一种特殊的模式,即单一由大学负责承担几乎所有高中后教育任务,包括各类课程和继续教育项目。这些"综合性大学"提供了第一学位课程(First Degree Courses)、博士课程、可获得证书的短期非学位课程、为本科毕业生提供的继续教育课程以及专业课程。值得注意的是,在这一时期,除了综合性大学以外,奥地利只有两种高中后教育机构,即教育学院(Padagogische Akademien)和社会工作学院(Sozialakademien)。前者为小学教师提供为期三年的义务课程,后者则为社会工作者提供

为期两年的课程。①

在20世纪80年代末,奥地利开始面临一系列教育问题,包括综合性大学学习时间过长、辍学率高、大学灵活性低、自主权有限、财政紧张以及大学毕业生缺乏专业技能等。这些问题促使奥地利开始讨论是否需要建立一个与瑞士或芬兰等欧洲国家相类似的高中后教育部门,以应对这些挑战。②此外,奥地利也在20世纪90年代初申请加入欧盟,但加入欧盟需要奥地利适应欧盟的文凭标准。欧盟自1988年12月21日开始要求各成员国建立应用科学大学作为高等院校的补充,以减轻不同职业领域职业教育与进修机构的负担。但奥地利高中毕业生在19岁获得的职业和技术文凭得不到欧盟的承认。因此,奥地利政府开始着手按照欧盟标准调整职业技术教育体系。这些因素共同推动了奥地利高等教育体系的演变和改革,后来建立的应用科学大学体系成为应对这些挑战的一部分。这一体系的建立旨在提高高等教育的灵活性、就业市场的适应性,并使奥地利的高等教育体系更好地符合国际标准和要求。③

(二)发展历程

1993年5月,奥地利政府通过了《应用科学大学修业法》(University of Applied Sciences Act,简称FHStG),并于10月1日正式生效。④ 随

---

① E. Leitner, "Unequal Competition: Access to Universities and *Fachhochschulen* in Austria between Open Policy and Selectivity," *European Journal of Education*, Vol. 31, No. 3 (September, 1996), pp. 259-271.

② E. Hackl, "Genese, Idee und Inhalt des FHStG. In M. Prisching (Ed.)," in Manfred Prisching, ed., *Fachhochschul-Recht zwischen Bewährung und Reform*, Verlag Österreich, 2004, S. 35-49.

③ S. Höllinger, "Vernunft allein genügt nicht. Die Durchsetzung des innovativen Konzepts der Fachhochschule," in Berka Walter, Brünner Christian, and Werner Hauser, Hg., *20 Jahre Fachhochschul-Recht*, Verlag Österreich, 2013, S. 45-50.

④ The Parliament of Austria, "Bundesgesetz über Fachhochschul-Studiengänge (Fachhochschul-Studiengesetz-FHStG)," https://www.parlament.gv.at/dokument/XXVII/I/234/imfname_803399.pdf,查询时间为2023年8月1日。

后，1994年3月，奥地利联邦科学研究部（Bundesministerium für Wissenschaft und Forschung，简称BMWF）颁布了第一期应用科学大学发展计划，标志着应用科学大学建立的开始。同年9月，首批包括技术和经济领域在内的10所应用科学大学专业开始正式开设，奥地利应用科学大学迈出了第一步。1994年冬季学期，奥地利的首个应用科学大学开始招收学生，其主要专业领域涵盖技术和经济方向。[①]

此时，奥地利应用科学大学的发展正式拉开帷幕。值得一提的是，这一发展过程得益于1995年《应用科学大学修业法》的修订，其中包括两项重要内容：一是为在职工作人员开设应用科学大学专业，以满足他们追求高等教育的需求；二是将应用科学大学的入学条件限制在特定目标群体中。1996年，奥地利应用科学大学迈出了新的一步，首次授予了应用科学大学专业的毕业生学术学位。同年9月，联邦科学、交通与文化部（Bundesministerium für Wissenschaft und Verkehr，简称BMWVK）颁布了6个技术类应用科学大学专业以及4个经济和旅游领域毕业生继续攻读博士学位研究生专业课程的相关法规。这为应用科学大学毕业生继续深造攻读博士学位提供了法律框架保障，进一步促进了应用科学大学的发展。

1993年10月21日，奥地利成立了独立的认证机构——应用科学大学理事会（Fachhochschule Council，简称FHR）。该理事会制订了应用科学大学的录取标准，并承担了评估和监督应用科学大学的教学质量的责任。鉴于《应用科学大学修业法》只包含21个条款，相对简洁，因此需要应用科学大学理事会的决定和建议来进一步补充完善。然而，2012年，应用科学大学理事会解散，取而代之的是新成立的奥地利质量保证和评估中心（Austrian Association for Quality，

[①] 周钢、徐丽莉：《奥地利应用技术大学的发展历程研究》，《山西科技》2020年第3期。

简称 AQ)。该中心负责督导各类高等教育机构(包括私立大学、公立大学以及应用科学大学)的质量保证工作,推动着奥地利高等教育的发展。[1]

在欧洲引入博洛尼亚进程后,奥地利于 2002 年修订了《应用科学大学修业法》,旨在对应用科学大学的学位、学制以及理事会权限等方面进行重大改革。这次改革中的一个重要变化是按照博洛尼亚进程的规定,将传统的理工科硕士(Diplom)专业进行拆分,分为一个本科(Bachelor)专业和两个或更多的细分硕士(Master)专业。这一举措导致近年来奥地利应用科学大学专业数量的增加。目前,奥地利拥有 21 所应用科学大学,它们在高等教育领域发挥着重要作用,为学生提供多样化的教育选择(详见表 4-1)。

表 4-1 奥地利 21 所应用科学大学的基本情况
(2022/2023 学年冬季学期)

序号	学校中文名	学校英语名(德语名)	成立年份	在校学生	学位数量(全日制+非全日制) 学士	学位数量(全日制+非全日制) 硕士
1	布尔根兰州应用科学大学	University of Applied Sciences Burgenland(FH Burgenland)	1994	2 565	11	13
2	克雷姆斯应用科学大学	IMC University of Applied Sciences Krems(IMC FH Krems)	1994	3 080	17	10

---

[1] A. Pausits, "Reform of the Fachhochschulen in Austria," in Harry de Boer, Jon File, and Jeroen Huisman, et al., eds., *Policy Analysis of Structural Reforms in Higher Education: Processes and Outcomes*, Palgrave Macmillan, 2017, pp. 31-51.

第四章　奥地利应用科学大学的办学历史与应用特色 | 125

续表一

序号	学校中文名	学校英语名（德语名）	成立年份	在校学生	学位数量（全日制+非全日制）学士	学位数量（全日制+非全日制）硕士
3	维也纳新城应用科学大学	University of Applied Sciences Wiener Neustadt (FH Wiener Neustadt)	1994	4 185	19	29
4	上奥地利州应用科学大学	University of Applied Sciences Upper Austria (FH Oberösterreich)	1994	5 461	33	38
5	圣珀尔滕应用科学大学	St. Pölten University of Applied Sciences (FH St. Pölten)	1994	3 186	13	14
6	福拉尔贝格应用科学大学	Vorarlberg University of Applied Sciences (FH Vorarlberg)	1994	1 516	14	12
7	维也纳技术应用科学大学	University of Applied Sciences Technikum Vienna (FH Technikum Wien)	1994	4 526	15	19
8	维也纳WKW应用科学大学	University of Applied Sciences of WKW (FH Wien der WKW)	1994	2 827	10	9
9	凯尔滕应用科学大学	Carinthia University of Applied Sciences (FH Kärnten)	1995	2 625	26	19
10	萨尔茨堡应用科学大学	Salzburg University of Applied Sciences (FH Salzburg)	1995	3 471	18	14
11	约阿内应用科学大学	Joanneum University of Applied Sciences (FH JOANNEUM)	1995	4 990	30	36

续表二

序号	学校中文名	学校英语名（德语名）	成立年份	在校学生	学位数量（全日制+非全日制） 学士	学位数量（全日制+非全日制） 硕士
12	因斯布鲁克MCI管理学中心	MCI-The Entrepreneurial School (MCI-Die Unternehmerische Hochschule)	1995	3 292	16	14
13	维也纳BFI应用科学大学	University of Applied Sciences bfi Vienna（FH des BFI Wien）	1996	2 227	10	7
14	格拉茨应用科学大学	Campus 02 University of Applied Sciences (FH Campus 02)	1996	1 355	8	6
15	费迪南德－保时捷远程应用科学大学	Ferdinand Porsche Fern University of Applied Sciences (Ferdinand Porsche FERNFH)	1997	939	3	2
16	库夫施坦蒂罗尔应用科学大学	University of Applied Sciences Kufstein (FH Kufstein Tirol)	1997	1 744	12	12
17	特蕾西亚应用军事科学大学	Theresan Military Academy（Fachhochschule für angewandte Militärwissenschaften）	1998	290	3	0
18	维也纳校园应用科学大学	University of Applied Sciences Campus Wien (FH Campus Wien)	2001	7 262	30	27
19	朗德商业学校	Lauder Business School	2003	392	1	3

续表三

序号	学校中文名	学校英语名（德语名）	成立年份	在校学生	学位数量（全日制+非全日制）	
					学士	硕士
20	卫生保健应用科学大学	Health University of Applied Sciences Tyrol (FH Gesundheit)	2007	1 239	10	14
21	上奥地利州卫生保健专业职业技术大学	University of Applied Sciences for Health Professions Upper Austria (FH Gesundheitsberufe OÖ)	2010	1 614	8	3

二、奥地利应用科学大学的特点

（一）应用科学大学不断扩张但规模仍相对较小

从学生人数来看，奥地利应用科学大学的规模取得了显著增长。1994年，首批应用科学大学仅吸收了 695 名学生。截至 2022/2023 学年冬季学期，应用科学大学的在校生已经达到了 58 786 人，其中女性学生占了 30 787 人，约占总数的 52%。2022/2023 学年冬季学期的新生人数达到 21 103 人，其中女性新生占比略高于 50%。[1] 总的来看，应用科学大学学生数量呈现出迅猛增长的趋势，仅在 2020 年至 2021 年期间出现了短暂下降。值得注意的是，应用科学大学的学生数量不断增加，而入学申请者的数量远远超过每年的新生录取名额。因此，每年都有大约 5 万名申请者无法入选。有鉴于此，奥地利教育、科学与研究部已于 2018 年 12 月 19 日制订了战略性的应用科学

---

[1] Statistik Austria, "Studies at Universities of Applied Sciences," https://statcube.at/statistik.at/ext/statcube/jsf/tableView/tableView.xhtml, 查询时间为 2023 年 3 月 5 日。

大学发展与融资计划，计划到2025年增加1 450个入学名额，以满足不断增长的需求。①

就学科领域而言，应用科学大学的专业数量迅速增加，从最初的10个扩展到了2022/2023学年的608个，其中包括307个本科专业和301个硕士专业。然而，由于应用科学大学成立时间相对较晚且分布分散，其整体规模相对较小。截至2022学年，近6万名应用科学大学在校生仅占奥地利高等教育学生总数的约12.28%。与之形成鲜明对比的是，同一学年，奥地利的公立大学在校生达到266 323人，仅维也纳大学一所学校就拥有91 945名在校生。② 应用科学大学学生如何发展以及应该招收多少学生等问题已成为奥地利政府换届选举中经久不衰的政治辩论议题。

（二）应用科学大学享有较高的自主权

奥地利的高等教育体系分为综合性大学（University Sector）和应用科学大学（Fachhochschul Sector）两个重要组成部分，它们都受到奥地利联邦法律的监管，但法律监管范围存在显著差异。综合性大学在组织、人事和课程方面受到大量法律法规的严格约束；应用科学大学的法律框架相对较为开放，法案内容简洁明了。除了特蕾西亚应用军事科学大学归属国有之外，其他应用科学大学通常以法人的形式存在，由专业管理层进行管理。③

---

① E. Leitner, "Unequal Competition: Access to Universities and *Fachhochschulen* in Austria between Open Policy and Selectivity," *European Journal of Education*, Vol. 31, No. 3 (September, 1996), pp. 259-271.

② Statistik Austria, "Studies at Public Universities," https://statcube.at/statistik.at/ext/statcube/jsf/tableView/tableView.xhtml, 查询时间为2023年3月5日。

③ H. Pechar, "The Funding of Fachhochschulen in Austria," *Tertiary Education and Management*, Vol. 3, No. 2 (January, 1997), pp. 165-172.

除了法律形式外，应用科学大学还在招聘和招生上享受高度的自主权。综合性大学的学术人员受雇于联邦政府，教职员工是公务员，教授由部长任命；应用科学大学的教职工由学校雇用和任命。自主权的另一个重要标准是学生的录取。对于综合性大学来说，招生是由联邦法律规定的，中学精英班的毕业生有权在奥地利任何一所大学入学，但是，在应用科学大学，学生由学校根据有限的学生名额录取。这意味着学生需要满足学校的录取条件，不同学校之间可能存在差异。

（三）由联邦政府、州政府和企业的共同资金支持

综合性大学和应用科学大学在资金支持来源方面存在显著差异。虽然联邦政府在两类高校中都扮演主导角色，但在资金方面，它几乎承担了综合性大学全部费用的98%[1]，而对应用科学大学的支持相对有限。可以说，奥地利政府对综合性大学提供了近乎全方位的资金支持，这可以被视为一种家长式的关怀，而对应用科学大学的支持则较为有限。对于应用科学大学，奥地利政府不会像对待综合性大学那样提供充足的经费，只是提供有限的资金。应用科学大学必须积极寻找其他资金来源，拥有更多的自主权。然而，需要强调的是，应用科学大学不允许向学生收取学费。

因此，应用科学大学通常需要依赖多方共同出资，其中约54%的经费来自联邦政府，其余资金来自州政府和企业。联邦政府仍然是应用科学大学经费的主要来源，它根据学生名额支付一次性金额（Lump Sum）来提供资金支持。这意味着联邦政府的经费主要基于学生数量，强调教学是奥地利应用科学大学的主要任务。因此，应用科

---

[1] H. Pechar, "The Funding of Fachhochschulen in Austria," *Tertiary Education and Management*, Vol. 3, No. 2 (January, 1997), pp. 165–172.

学大学的招生必须进行限制，以防止大规模招生给联邦政府造成无法承受的财政压力。这也导致了学生选拔程序的存在。[1] 通常情况下，应用科学大学的申请者数量远远超过学生名额，因此选拔程序需要耗费大量时间和资源。奥地利应用科学大学的选拔程序通常不是集中完成的，而是由各个应用科学大学独立进行的。

（四）积极服务区域发展

应用科学大学自其成立以来一直具有浓厚的区域特色。在20世纪80年代末，受到联邦政府的压力，奥地利一些州政府开始筹建这一新的高等教育机构。与综合性大学相比，应用科学大学的办学理念更加贴近当地的需求，因此大多数应用科学大学与所在州政府保持着紧密的联系。奥地利通过《应用科学大学修业法》实施了政策调整，而不是中央化的法案，从而使应用科学大学具有鲜明的"州际化"特点，其发展受到政治环境和州政府发展战略的重大影响。

应用科学大学的专业设置与区域发展需求密切相关，主要服务于区域经济的特色。例如，维也纳WKW应用科学大学将旅游管理和不动产经济等课程纳入其课程体系，以支持当地的经济特色。奥地利应用科学大学的发展呈现出明显的区域集中性。维也纳州汇集了4所应用科学大学或学位课程办学点，其在校生人数占所有应用科学大学总人数的30%左右；其次是下奥地利州和上奥地利州。每个联邦州至少拥有2所应用科学大学。

在制度设计上，综合性大学和应用科学大学具有不同的功能。自1993年以来，奥地利形成了一个双元的高等教育体系：一方面是国立综合性大学，另一方面是私立应用科学大学。综合性大学的任务被

---

[1] E. Schüll, "Current Trends and Future Challenges of the Austrian Universities of Applied Sciences," *Futures*, Vol. 111 (August, 2019), pp. 130-147.

定义为"通过学术研究进行教育"①，应用科学大学则提供"大学阶段的应用型教育"②。1991年奥地利人民党科学发言人克里斯蒂安·布伦纳（Christian Brünner）明确指出：应用科学大学必须具备独特的个性或者发展出自己的特性。它既不应被设计成高等专科学院的延续形式也不是综合性大学的简单变形。应用科学大学的组织形式应有助于其发展自己的"组织形象"（corporate identity），不能孤立于现有的教育体系之外，必须通过接轨的方式融入奥地利的高等教育体系。尽管综合性大学和应用科学大学的职能存在明显差异，但是彼此之间又存在融通性，即其本科毕业生可以选择继续攻读硕士或博士研究生学位。虽然应用科学大学本身没有博士学位授予权，但其硕士毕业生有资格在综合性大学或其他高校攻读博士研究生学位。这一规定有助于防止"学术漂移"的发生，确保了高等教育之间的联系和协同发展。

（五）专业与课程致力于应用型人才培养

奥地利应用科学大学的专业特色和课程设计紧密围绕着职业导向展开。它们将各个职业领域和特定职业的素质要求融入课程大纲，确保毕业生具备从事相关职业所需的技能和知识。应用科学大学的培养模式强调实践性，具体来说，有以下三种组织形式：全日制（Vollzeit）、兼职型（Berufsbegleitend）和两者兼有的混合形式。

奥地利最初的应用科学大学在1994年全部采用全日制的教学模式，直到1996年才有2个兼职型和6个混合型课程得到联邦政府的批准。截至2010年，共有351个应用科学大学学位项目，其中186

---

① The Parliament of Austria, "Allgemeines Hochschul-Studiengesetz (AHStG)," https://www.parlament.gv.at/gegenstand/XIX/I/275，查询时间为2023年3月5日。

② The Parliament of Austria, "Bundesgesetz über *Fachhochschul-Studiengäng (Fachhochschul-Studiengesetz-FHStG)*," https://www.parlament.gv.at/dokument/XXVII/I/234/imfname_803399.pdf，查询时间为2023年8月1日。

个采用全日制教学模式，97个采用兼职型教学模式（其中4个专业课程仅面向特定目标群体，例如公共管理和税收管理两个专业课程专为公共管理领域的目标群体设计，高级护理实践仅针对从事卫生保健和病患护理工作的特定人群），另有68个采用混合型教学模式。

在形式上，奥地利应用科学大学所授予的学位与综合性大学所授予的学位是等同的。然而，在学习过程中，应用科学大学的学生通常比综合性大学的学生获得了更多的支持和监督。与综合性大学相比，应用科学大学更有组织的学习周期导致了较低的辍学率。[1] 这种以职业导向为特点的教育模式使得奥地利应用科学大学的毕业生在职场上有很强的竞争力，能够胜任各自领域的职业要求。此外，提供不同教学模式的选择，使更多人有机会接受高等教育，满足其职场的不同需求以及解决受时间限制的问题。这为奥地利的高等教育体系增添了多样性和灵活性。

（六）毕业生就业前景好

奥地利应用科学大学的学生和毕业生普遍对自己的就业前景持有乐观态度，而这种乐观态度也在就业数据中得到了印证。具体而言，2010年的数据显示，应用科学大学毕业生的平均失业率仅为0.6%，综合性大学毕业生的平均失业率为3.8%。根据2011年联邦科技部的调查数据，应用科学大学的毕业生几乎没有找工作的问题，87%的毕业生在毕业6个月内找到了工作，而只有78%的综合性大学毕业生在此期间找到了工作。此外，应用科学大学的毕业生中，79%的人获得了正式的劳动合同，远高于综合性大学毕业生的57%。全职工作的应用科学大学毕业生在所有高校毕业生中的收入最高，超过平

---

[1] E. Schüll, "Current Trends and Future Challenges of the Austrian Universities of Applied Sciences," *Futures*, Vol. 111 (August, 2019), pp. 130-147.

均水平18%，达到每月2 466欧元。此外，根据2015年奥地利联邦统计局的数据，奥地利失业人口中，仅有1%的人是应用科学大学毕业生，而这些毕业生平均仅需2个月就能找到新的工作机会。[1]研究表明，潜在雇主更倾向于招聘以职业为导向的高等教育毕业生。[2]

奥地利应用科学大学的毕业生在国内经济界中受到广泛认可，这得益于这些大学必须进行"需求与接受分析"的评估，以确保他们的毕业生在职业领域受到欢迎。事实上，许多应用科学大学的在校生通过实习等方式在学习期间已经与潜在雇主建立了联系，从而为毕业后开启职业生涯奠定了坚实的基础。尽管应用科学大学的应届毕业生薪资略低于综合性大学毕业生，但是他们仍然在职业生涯的早期表现出色。例如，2018年针对经济专业的毕业生，应用科学大学本科毕业生的薪资范围为2 484—2 609欧元，硕士毕业生的薪资范围为2 750—2 882欧元。与之相比，综合性大学毕业生的薪资范围分别为2 518—2 629欧元（本科）和2 819—2 950欧元（硕士）。[3]这表明，尽管起薪略低，但是应用科学大学毕业生在职场中取得了稳健的发展。

三、上奥地利州应用科学大学的办学模式

上奥地利州应用科学大学力图在2023年成为一所以科学为主导、以应用为导向的卓越应用科学大学。其愿景包括为奥地利现代高等教

---

[1] E. Schüll, "Current Trends and Future Challenges of the Austrian Universities of Applied Sciences," *Futures*, Vol. 111 (August, 2019), pp. 130-147.

[2] C. Neeß, "Worauf achten Arbeitgeber im Auswahlprozess von Absolventen wirtschaftswissenschaftlicher Studiengänge? Ergebnisse eines faktoriellen Surveys," *Journal for Labour Market Research*, Vol. 48 (2015), S. 305-323.

[3] C. Neeß, "Worauf achten Arbeitgeber im Auswahlprozess von Absolventen wirtschaftswissenschaftlicher Studiengänge? Ergebnisse eines faktoriellen Surveys," *Journal for Labour Market Research*, Vol. 48 (2015), S. 305-323.

育体系树立榜样，通过在教学、研究、发展、终身学习、质量、多样性、数字化和国际化等高等教育领域取得突破，为教育、职业和生活领域提供新的动力和创新。在教学方面，上奥地利州应用科学大学致力于提供国际公认、完善、实践导向的高等教育。其教学特点包括创新的教育方法和不断发展的课程内容，以确保学生获得最具竞争力的知识和技能。该校的研究和开发活动旨在解决实际问题并促进知识的传播。通过与全球范围内的企业、社会组织、政府机构以及其他研究和教育机构建立紧密的合作关系，上奥地利州应用科学大学为创新、价值增加和可持续性的实现做出贡献。此外，作为上奥地利州的重要组成部分，该校的目标之一是通过经济和研究领域的合作，为该州提供国际竞争力的地理位置优势。这不仅有助于提高上奥地利州的生产力，还为该州的经济增长创造了重要的价值。值得一提的是，自 2010 年以来，上奥地利州应用科学大学的年度评估一直表现出色。此外，在工业杂志的应用科学大学排名中，该校已连续九年被评为奥地利最佳应用科学大学，得到了来自 600 多名管理人员的高度评价。这些成就标志着该校在高等教育领域的卓越表现。

（一）发展历史

1. 1993—2010 年：初创四个校区，构建组织体系

上奥地利州应用科学大学位于上奥地利州中部地区，拥有多个校区，分别提供不同领域的学位项目。在哈根贝格校区，学生可以接受信息、软件和媒体相关专业的培训；林茨校区专注于卫生、医学和应用社会科学领域的课程；施泰尔校区提供商业管理方面的学习机会；韦尔斯校区专注于工程和环境相关领域的教育。[①]

---

① FH OÖ, "Daten & Fakten," https://www.fh-ooe.at/ueber-uns/daten-fakten/，查询时间为 2023 年 3 月 1 日。

上奥地利州应用科学大学的创立可追溯到 1993 年 6 月 22 日。该校由上奥地利联邦州、韦尔斯市和哈根贝格集镇联合创建,共同致力于为上奥地利州应用科学大学的研究项目提供基础设施、支持和运营。1994 年,上奥地利州应用科学大学在韦尔斯校区开设了首个学士学位项目,涉及"自动化设备和工艺技术",同时在哈根贝格校区也设立了"软件工程"的学士学位项目。一年后,上奥地利州应用科学大学在施泰尔成立了第一个学位项目,专注于"生产与管理"。同时,施泰尔校区也成为赞助协会的第四个成员。1996 年,哈根贝格校区引入了第二个学位项目,即"媒体技术与设计"。1998 年,韦尔斯校区推出了奥地利首个非全日制并专门面向特定目标群体的应用科学大学学位项目,即"机械经济"。2000 年,哈根贝格校区投入使用了全新的教学楼。1999 年,随着上奥地利州应用科学大学控股有限公司在 2 月 6 日(自 2003 年起改为上奥地利州应用科学大学管理有限公司)的成立和上奥地利州应用科学大学房地产有限公司在 11 月 14 日成立,上奥地利州应用科学大学的组织结构发生了重大变革。2005 年秋季,上奥地利州应用科学大学在哈根贝格、林茨、施泰尔和韦尔斯分别建立了新的大学大楼,这些大楼由上奥地利州政府提供资助。2008 年,为迎接机构评估的准备工作,整合了四个学院的组织结构,并对上奥地利州应用科学大学的组织职能进行了调整。[①]

2. 2011—2018 年:创建硕士学位项目,服务当地企业

2011 年,林茨校区和施泰尔商业管理学院联合开设了上奥地利州应用科学大学的第一个硕士学位项目,名为"数字商业管理",并开始接受学生报名。同时,在哈根贝格校区,一座新的教学大楼,也被称为"FH 研究中心",经过大约一年的建设,在 2012 年正式投

[①] FH OÖ, "Unternehmensstruktur," https://www.fh-ooe.at/ueber-uns/organisation/,查询时间为 2023 年 3 月 1 日。

入使用。这座占地 3 400 平方米的新楼的建设投资约为 600 万欧元。2016 年，上奥地利州应用科学大学韦尔斯校区开设了第一个双硕士学位项目，名为"汽车机电一体化和管理"。该项目为学生提供了在学习期间能够在合作公司从事特定学科的兼职工作的机会，为他们的职业生涯发展提供了宝贵的实践经验。自 2018 年 3 月起，上奥地利州应用科学大学通过其继续教育学院开始为上奥地利州工业界的员工提供数字化转型和工业 4.0 领域的模块化兼职培训。这些培训模块包括多门课程，可在一个学期内完成，旨在满足工业界员工在不断变化的数字化环境中所需的技能和知识。[①]

3. 2019 年至今：广泛建设科研中心和实验室

在 2019 年 10 月，施泰尔校区进行了扩建，新增建筑面积达到 4 500 平方米，用于建设图书馆和研究小组的基础设施。这一扩建使得施泰尔校区的总面积达到了 13 300 平方米。同时，位于韦尔斯的新上奥地利州应用科学大学管理大楼于 2019 年完工，总建筑面积约 2 800 平方米。这座管理大楼位于玫瑰大街 15 号，为该校提供了现代化的管理和行政办公空间。自 2019 年以来，上奥地利州应用科学大学的继续教育学院设立了终身学习中心（CoL³），为学生提供学习资格课程、学术课程、证书和模块。此外，自 2020 年冬季学期开始，韦尔斯校区新增了一个实验室大楼，为 8 个大型实验室提供了空间，涵盖了土木工程和复合材料实验室、食品技术和工艺工程试验工厂、驱动系统和微电子实验室、创新和机器人实验室、模型室以及多功能实验室等领域。此外，新楼内还包括一个创新空间、一个设计工作室带有模型制作车间，以及一个供所有学生实现创意想法的创客空间。这一系列的设施扩建和改进旨在为学校的学术和研究活动提供更好的支持和资源。

---

① FH OÖ, "Lehrgänge, Module, Zertifikate und vieles mehr," https://www.fh-ooe.at/weiterbildung/weiterbildung/，查询时间为 2023 年 3 月 1 日。

(二)招生方式与入学资格

在上奥地利州应用科学大学，大多数学位课程采用德语授课。要申请这些德语授课的学位项目，学生不仅需要符合标准的入学要求，还需要具备卓越的德语能力（至少达到欧洲语言参考框架的 B2 水平）。对于英语授课的学位项目，申请学生需要在申请时提交英语成绩证书，如雅思或托福。上奥地利州应用科学大学最多允许每位申请者申请两个不同的学位项目。对于申请多个学位项目的学生，应明确注明每个申请项目的优先级。对于本科学位项目的申请者，通常需要参加面试和潜力测试。潜力测试类似于我国的自主招生考试，旨在评估申请人在大学学习方面的潜力，通常需要约 3 个小时。值得注意的是，潜力测试不要求具备高于普通高中毕业考试水平的专业知识，因此不建议也不需要专门为此测试做准备。考生只需携带身份证和一支笔。在完成这些考试后，该校会根据多个因素，包括学校成绩、潜力测试结果、个人面试表现以及提交的个人作品，来给申请者排序。不同的专业可能会对这些因素赋予不同的权重。对于硕士学位项目申请者，除了面试外，还要求申请者提交介绍信。给予硕士学位项目学习名额的排名标准通常考虑个人面试表现、学术资格、专业经验以及案例研究。这些参数的权重因学位课程而异。[①]

上奥地利州应用科学大学是奥地利学生人数最多的应用科学大学之一。截至 2022/2023 学年，该校在校学生总人数为 5 792 人（包括大学预科课程）。这些学生分布在不同领域，其中工科有 3 719 人，社科有 426 人，商科有 1 511 人。在 2022/2023 学年，上奥地利州应用科学大学提供了 71 个学位课程，包括 33 个本科学位课程（学制为三年）和 38 个硕士学位课程（学制为两年）。

---

① FH OÖ, "Bewerben für ein studium an der FH OÖ," https://www.fh-ooe.at/studieren/bewerbung/，查询时间为 2023 年 9 月 5 日。

表 4-2　1997—2022 年上奥地利州应用科学大学毕业生学科分类及其性别分布

性别 学科分类	男	女	总　数
工　科	13 655	3 863	17 518
社　科	477	1 565	1 928
商　科	2 956	3 902	6 858
总　数	17 088	9 330	26 418

（三）校企合作

上奥地利州应用科学大学以其鲜明的实践导向教育特色著称。该校与企业建立了紧密的合作关系，得到了来自企业领域的顶尖专家，包括首席执行官、执行董事会成员、企业家和研究人员的支持。这些专家为学生提供指导，帮助他们深入了解不同行业，应对当前和未来的挑战。学生的任务项目也体现了该校与企业的密切联系。项目论文是学生学习过程的重要组成部分，通常由 4—6 名学生在企业或组织的指导下开展。通过这些项目，学生能够将所学的专业知识付诸实践，并为企业或组织提供有实际意义的成果。这些成果会被记录下来，并由学生展示。学生的学位论文也通常涉及与实际问题和任务相关的主题，与企业一起解决实际挑战。

此外，上奥地利州应用科学大学非常重视实习经验。学生在专业指导下需要进行几个月的实习，从中获得额外的专业知识，同时也能够展示他们的专业技能，这通常会为他们带来更多的工作机会。这也是该校的毕业生在劳动力市场上如此受欢迎的原因之一。根据奥地利公共就业服务（Austrian Public Employment Service，简称 AMS）的统计数据，99% 的毕业生都能够找到工作。该校另一个特色是鼓励创业。上奥地利州应用科学大学是全奥地利唯一提供创业服务的大学。该校学生可以在现代化的基础设施中得到专业的创业支持，包括有经验的工作人员。该校特别鼓励校友创办自己的公司，并设有相应的创业服务中心。上奥地利州应用科学大学已经培养出一些成功的创业公司，例如跑步记录器（Runtastic）、小酒馆（Bistrobox）和猫狗定位器（Tractive）等国际知名企业。这些创业经历充分体现了该校对创新和企业家精神的鼓励。①

（四）科研

上奥地利州应用科学大学在奥地利应用科学大学总研究产出中占据了重要地位，贡献了总研究产出的三分之一，是奥地利最富有研究活力的应用科学大学之一。每年，该校投入约 2 100 万欧元的研究经费，支持近 500 个国内和国际项目的开展。在整个德语区，上奥地利州应用科学大学的应用研究都位于前列。有科研项目的支持，学生有机会直接参与应用研究，他们可以迅速将最新的研究成果应用到教学中。许多本科生和硕士研究生积极参与各种研究项目，并从该校庞大的合作伙伴网络中受益。此外，学生的期末作业通常也与实际问题和任务相关，这进一步加强了他们的实践能力（具体数据见表 4-3）。

表 4-3　2021 年上奥地利州应用科学大学的相关科研指标

相关科研指标	数　量
研发的营业额	2 049 万欧元
项目数量	531 个
学术出版物数量	455 册
全职科研人员	249 人

① FH OÖ, "Die neue Qualität des Studierens und Forschens," https://www.fh-ooe.at/ueber-uns/qualitaet/，查询时间为 2023 年 3 月 5 日。

1. 林茨研究中心（Research Center Linz）

（1）应用社会科学与非营利管理项目

该项目旨在推动社会工作领域的评价项目以及社会工作方法和工具的发展。研究重点是优化社会和保健服务，以及科学地实施有效的行政管理。

（2）医疗技术

该领域的研究人员研究用于诊断、康复和护理的医疗设备的新技术和综合技术。在生物力学领域，重点是肌肉骨骼系统的三维运动测量或基于视频的眼动测量等课题。在生物医学显微镜领域，该项目最先进的基础设施被用来开发新的技术和方法，以进行伴随性的支持性诊断。

（3）老年人生活质量

欧洲人口的老龄化给社会带来了巨大挑战。研究人员开发新的服务概念，以应对随之而来的护理和照顾需求的挑战。在辅助技术、信息与通信技术（特别是电子健康）领域的创新解决方案，就诊断、远程监控和预防系统方面正在进行研究。该项目是来自林茨校区的社会和健康管理领域的知识与来自哈根贝格校区的医疗信息学和软件工程领域的跨学科技术融合。

2. 韦尔斯研究中心（Research Center Wels）

（1）自动化控制工程与仿真模拟

该项目的研究旨在攻克关键技术开发并提供相关的自动化解决方案。例如，在能源和生产工厂、建筑以及运输和物流领域，通过机电系统的仿真建模为工业应用开发相应的现代调节和控制策略。

（2）食品技术与营养

在生物能源的关键领域，上奥地利州应用科学大学研究先进的生物燃料（如秸秆生物乙醇等）的生产过程，沼气工艺的优化，以及开发综合生物炼制。在食品技术领域，重点研究植物成分和分子水平上的相互影响，在这些发现的基础上开发功能性食品。

（3）能源与环境

能源与环境研究小组致力于研究生态能源和环境技术领域内的广泛主题：太阳能、氢气技术、节能建筑、排放气体的净化、残留物回收、环境分析和工艺工程等。15个实验室提供了一个充分且优秀的科研基础设施，包括分析设备、试验工厂和模拟工具。

（4）创新和技术管理

该跨学科的研发课题的重点是进一步开发和应用研究方法和工具，以提高创新过程前沿的早期创新阶段的性能。该项目特别应用了快速和虚拟原型的方法和最先进的基础设施。

（5）材料和生产工程

聚合物和金属的优化，以及特定材料加工是该研究项目的核心。在塑料工程领域，上奥地利州应用科学大学把重点放在塑料加工厂和工具的摩擦学和流变学的相互作用上。在冶金领域，改进工具钢和现代轻质结构形式的钢的特性是研发活动的重点。

（6）测量和测试技术

该研发领域的重点是材料和部件的无损检测。三维X射线计算机断层扫描（CT）和主动热成像技术在这里发挥着核心作用。它们使识别物体内部的缺陷和得出有关材料特性的结论成为可能。在上奥地利州应用科学大学韦尔斯校区有两台具有不同能量和分辨率的现代计算机断层扫描器以及最新的红外技术。

3. 施泰尔研究中心（Research Center Steyr）

（1）会计、控制与财务管理

为了确保经济的可持续增长，前瞻性的财务管理是必不可少的。施泰尔研究中心控制领域项目的研究集中在战略规划、预算编制、报告和绩效衡量、成本管理、资本预算等核心课题。在会计领域，该项目的重点是国际财务报告准则。财务管理则包括可持续性经济发展和风险管理的研究,并研究新的经济趋势。财务领导力项目整合了上述领域,并强调了行为方面,如处理经济决策时的非理性问题和管理人问题等。

(2)数字化商业

该项目研究数字时代由于互联网和其他新技术在商业和社会中的广泛使用而出现的问题。例如,当下的研究主题有创新商业模式的发展、适应和使用,制定B2B整合的概念和工具,以及有实施新技术(如社会媒体营销)作为创新管理工具。

(3)管理学的能力领域

除了管理学院的三个主要研发领域外,研究人员还专注于会计、控制和财务管理、临床核心流程的支持、全球业务管理方面。

(4)物流管理和企业网络:物流馆(Logistikum)

物流馆成立于2006年。就物流管理和企业网络而言,多年来物流馆已经成为奥地利最大的研究和开发机构。根据"教育、研究和应用"的格言,物流馆成功地在解决物流问题的科学方法和经营企业的实际问题之间架起了桥梁。物流管理、供应链管理以及交通和运输物流这三个职能部门的总体研究重点是可持续地创造、管理和优化公司内部以及公司之间的资源和信息交流。

(5)生产和运营管理

该研究领域是指生产过程的有效设计和组织。它涉及减少库存和交货时间的可能性,以及提高服务水平。不同的现有方法和新开发的生产计划和控制概念被比较和评估。生产计划在操作层面的实施受到工作计划、机器可用性和支持过程中的差异的影响。这些影响对物流的关键数字,如库存水平、生产准备时间、服务水平和资源的利用有负面影响。对生产系统的外部和内部影响与物流关键数字之间关系的分析,有助于改进生产系统。数学和模拟分析被应用于生产计划和控制、外部以及内部影响和性能测量系统之间的互动模型。

4. 哈根贝格研究中心（Research Center Hagenberg）

（1）信息和通信系统

哈根贝格研究中心研究和开发了许多应用于不同领域的创新信息和通信系统。智能环境和移动企业系统整合了移动通信、导航、跟踪和追踪，使开发特定环境下的应用成为可能。嵌入式系统将硬件和软件结合起来，以实现最新的应用，例如近场通信（NFC）技术，该技术使短距离的数据传输成为可能。研究人员还致力于开发安全的IT系统，以防止恶意软件和类似威胁。

（2）媒体和知识技术

该领域的研究人员致力于开发人类和计算机的自然互动环境、通信和感知过程、增强和混合现实、可视化可能性和新媒体界面的设计。此外，新的学习和工作环境以及高等教育和组织学习的新教学方法也得以实现。

（3）软件技术和应用

研究人员为分析来自经济和科学的各种应用领域的复杂数据开发专业算法。例如，启发式过程和进化算法被用来解决生产规划等领域的优化问题。在生物信息学和医学信息学中，智能软件系统被开发用于分析分子生物数据和模拟生物过程。

四、结论与启示

与许多其他坚持高等教育双元制的国家不同，奥地利应用科学大学体系建立受到了外部因素的深刻影响。地缘政治的演变，特别是加入欧盟的需要和东欧的开放，迫使奥地利联邦政府采取了重大的教育政策调整。为了构建一个多元、灵活、有序的应用科学大学体系，奥地利联邦政府通过法律、组织结构和资金分配，赋予了奥地利应用科学大学高度的自主权和完全的创业自由。这个体系具有融通的双元性质，注重应用型人才的培养，并强调与地区经济的紧密结合。在这一体系的支持下，上奥地利州应用科学大学积极响应上奥地利州的人才需求和市场环境，以应用型人才培养和应用型科研为导向，推动了知识从实验室和教室流向企业。这一举措产生了多重影响。

1. 知识转移与创新。上奥地利州应用科学大学不仅注重理论知识的传授，还强调实际应用。这使得大学成为知识和创新的催化剂，促进了实验室成果和研究成果向实际产业的转化。这有助于创造新的技术、产品和服务。

2. 企业孵化。上奥地利州应用科学大学在培养创业精神方面表现出色，成为许多国际知名企业的孵化地。该校鼓励学生和教职员工积极参与创业活动，支持新兴企业的发展，从而推动了创新生态系统的发展。

3. 经济增长。上奥地利州应用科学大学的积极作用为上奥地利州的生产和经济增长创造了重要的价值。这不仅提高了地区的生产力，还吸引了更多的投资和创业机会，促进了经济的多元化。

总之，上奥地利州应用科学大学的灵活性和紧密结合地区经济的特性，使其在知识传播、产业创新和经济增长方面都发挥了关键作用。这种成功的经验为其他地区和国家提供了可借鉴的模式，以实现高等教育与产业发展的有效结合。

（本章作者黄倩馨，
上海外国语大学上海全球治理与区域国别研究院）

第五章

荷兰应用型本科高校研究

——以阿姆斯特丹应用科学大学为例

作为欧洲的经济引擎之一，荷兰不仅在高科技产业、金融服务及国际贸易方面表现卓越，其教育体系也凭借其独特性和高质量而广受赞誉。应用型本科教育起源于19世纪，发展至今在荷兰教育体系中占有重要地位，培养了大量具备实践能力的专业人才，大力推动了荷兰经济和社会的发展。荷兰应用型本科高校侧重于将理论与实践相结合，课程设计以满足劳动力市场需求为目标，课程涵盖如商业管理、工程技术、健康护理、艺术设计等多个领域，通常与企业和行业保持紧密合作，学生有机会通过实习和项目获取实践经验。其教育系统灵活、开放，强调实践能力和创新精神，吸引了大量国内外学生。学生能力本位、重视科研、倡导实践、校企合作密切、对接社会产业需求、高度国际化等鲜明的特点，为荷兰应用型本科教育发展奠定了良好的基础。

一、荷兰应用科学大学的发展历程

（一）荷兰职业院校的背景

荷兰的职业院校历史悠久，最早可以追溯到1682年成立的海牙皇家艺术学院。19世纪时，为适应当时的经济交流需求，荷兰建立了多所商业学校,这些商业学校成为荷兰应用科学大学的前身。到了20世纪60年代,在产业结构调整的背景下,荷兰劳动力市场对劳动力的教育水平提出了更高的要求,高等教育进入了迅速扩张的阶段。由于低学费和明确的办学目标等因素,使应用科学大学在20世纪60—80年代之间经历了快速且有序的发展。①

21世纪初,哥本哈根进程的实施推动了专业高等教育成为与学术性高等教育并行的新体系,这促进了欧洲国家应用科学大学的发展。欧洲终身教育资格框架(European Qualification Framework for Lifelong Learning,简称EQF)的引入使得既可以更好地衡量职业教育水平,同时也使学术性高等教育和专业高等教育的分离成为可能。②此外,荷兰允许职业教育培训的升学通道,中等职业教育毕业生可以继续在应用科学大学攻读高等教育学位项目。在高等教育逐渐普及的背景下,社会对职业教育和高等教育之间的衔接需求也推动了荷兰应用科学大学的发展。

(二)法律法规的保障

法律是荷兰应用科学大学顺利办学的保障,同时也对应用科学大学的设立、组织、运行做出了详细规范。荷兰在应用科学大学领域的相关法律体系源远流长且相对完善。从职业教育发展的历史看,一百年前,荷兰的公共教育体系尚未提供职业教育课程。然而,1919年,荷兰通过了第一部关于相关技艺与行业工作资格的职业教育法案,即《国内科学与技术教育法》(Domestic Science and Technical Education Act),这标志着初级和中级职业资格的课程正式设立。20世纪50年

---

① 杜云英:《荷兰应用技术大学:国家竞争力的助推器》,《大学(学术版)》2013年第9期。
② 杨钋、井美莹:《荷兰应用科技大学的发展经验及对我国的启示》,《高等教育评论》2015年第1期。

代，由于社会急需职业技能人才，职业教育课程开始得到公共财政的资助，三种级别（初级、中级、高级）的职业教育课程开始蓬勃发展。1968年，荷兰实施了第二部教育制度法律，即《中等教育法》（Secondary Education Act），这一法律的实施将高等职业教育的前身高级职业资格水平课程纳入中等教育范畴，并对高等职业教育的进一步发展进行了限制。[1]

到了20世纪80年代，荷兰高等职业教育与中等教育实行了分开的管理体制，学校提供专业学习的机构被称为高等专业学院。[2] 自1984年起，荷兰开始执行"规模扩张、学科专业化和学科集中化"的策略，旨在将职业教育提升至高等教育的水平。在这一背景下，荷兰的小型学院纷纷合并成了大型高等职业机构。约90%的学院参与了这一合并浪潮，学院的数量从1984年的348所减少到1988年的85所。[3] 1986年，荷兰颁布了《高等职业教育法》（Higher Professional Education Act），使得高等职业教育从中等教育的管理体系中独立出来，获得了更多的自主权。1993年，荷兰《高等教育和研究法》（Higher Education and Research Act）正式生效，进一步明确了荷兰应用科学大学的使命，即为特定职业领域提供理论教育和实际技能培训。[4] 应用科学大学正式成为荷兰高等职业教育的主要提供机构，形

---

[1] Egbert De Weert and Patra Boezerooy, "Higher Education in the Netherlands: Country Report," https://ris.utwente.nl/ws/portalfiles/portal/5148438/Weert07netherlands.pdf，查询时间为2022年11月5日。

[2] 艾利·德布鲁恩、史蒂芬·比利特、杰伦·奥斯腾克：《荷兰职业教育的教与学》，卿中全译，商务印书馆2020年版，第10—23页。

[3] Leon Romkens and Karel Visser, *Vocational Education and Training in the Netherlands*, European Centre for the Development of Vocational Training, Berlin (Germany), 1994, p. 36.

[4] 郑云英、桑宁霞：《德国和荷兰应用技术大学建设的经验及其启示》，《河北大学成人教育学院学报》2015年第17期。

成了目前的二元结构。1996 年,荷兰颁布《职业与成人教育法》(Wet Educatieen Beroepsonderwijs),将职业教育视为"经济的支柱"和"社会的重要组成部分"。①

二、荷兰应用科学大学整体情况

(一)概况

与许多欧洲国家相似,荷兰高等教育采用了典型的双元制度,包括两种主要类型的正规高等教育机构,即研究型大学和应用科学大学。荷兰研究型大学提供更为严格的学术教育,侧重于特定学科,旨在培养学生进行学术研究和知识应用。根据博洛尼亚进程,荷兰研究型大学的本科学位项目通常为三年,硕士课程为两年。荷兰目前有 13 所研究型大学,其中 12 所提供以英语授课的学士学位项目。

相对于研究型大学,荷兰应用科学大学更侧重于职业导向的学位项目,注重实践教学,研究活动较少。应用科学大学通常采用小班授课,课程结构较为固定。这些学校的教育风格更加实用,强调培养学生在工作场所所需的团队合作和实际技能。荷兰应用科学大学的本科学位通常需要三至四年的学习,并包括与实习相关的工作经验,学生有机会在国际公司进行实习。基于欧洲资格框架的定义,荷兰应用科学大学提供了第五至第七级的专业化高等教育,所有应用科学大学均提供高质量的学士和硕士学位项目。这些学校提供全日制和非全日制课程,完成四年的全日制高等职业教育课程的学生将获得与学术型学士学位相当的学力。荷兰应用科学大学授予的应用型学士学位与学术型学士学位在水平上没有差异。②

---

① MBO Raad, "English," https://www.mboraad.nl/servicemenu/english,查询时间为 2022 年 11 月 5 日。
② 李同吉、金星霖:《荷兰职业教育体系的特点及启示》,《职业教育研究》2020 年第 6 期。

根据荷兰应用科学大学协会数据，荷兰共有36所受政府资助的应用科学大学。在2022年，这些学校共有职工58 646人，其中全职员工43 416人（61%为教学人员）。学生477 916人，其中就读副学士学位21 606人，本科生441 529人，硕士生14 781人。①

（二）特点

正如学者所指出的："荷兰属于混合型技能形成体系国家，其劳动力市场对具备专业性的高等教育需求较高。在欧洲一体化进程的推进下，荷兰的专业高等教育部门逐渐与学术性高等教育部门分离。此外，为了满足职业教育与高等教育之间的衔接需求，应用科学大学成为一种新型的教育组织，横跨两个组织领域。"②可以说，荷兰应用科学大学在荷兰高等职业教育中担任主要角色。然而，它并不完全等同于传统的职业教育，而是融合了学士学位教育的元素，更好地衔接中等教育，同时与普通教育体系保持联系。荷兰应用科学大学是荷兰教育体系中不可或缺的一部分，为其提供了多层次、多样性的教育机会，从而更好地满足了不同学生的需求。

1. 高度自治且经费来源多元化

荷兰应用科学大学享有高度的自主权，能够自行决定有关学位项目、课程计划以及资格证书。它们不受国家法律框架对课程资格标准设立的规定和限制，主要受到专业机构或公共领域的需求和影响。这种自主性使得应用科学大学能够更灵活地满足学生和市场的需求，同时也有助于适应快速变化的职业和技术要求。③

---

① V. Hogescholen, "Feiten en Cijfers," https://www.verenginghogescholen.nl/kennisbank/feiten-en-cijfers，查询时间为2022年11月5日。
② 杨钋、井美莹：《荷兰应用科技大学的发展经验及对我国的启示》，《高等教育评论》2015年第1期。
③ 德布鲁恩、比利特、奥斯腾克：《荷兰职业教育的教与学》，第10—23页。

此外，多渠道、全方位的经费保障制度是荷兰应用科学大学顺利发展的关键条件。这些大学的资金来源非常多元，主要包括政府拨款、学生学费、企业合作以及合同收入等。政府拨款通常占据主要份额，这有助于确保学校的基本运营和教育质量。此外，学生学费也是重要的经费来源，为大学提供了额外的经济支持。与企业建立合作关系也是荷兰应用科学大学获得资金的主要方式之一，通过与行业合作，学校可以获得来自企业的经济支持，并在教学和研究方面受益匪浅。合同收入是另一个重要的资金来源，通常与研究项目和知识转移相关，有助于推动学校的创新和实践活动。这种多元化的经费保障制度有助于荷兰应用科学大学在不同领域开展教育和研究，提高了其财务的稳健性和可持续性。[1]

2. 积极参与校企合作

产业界对荷兰职业高等教育的参与程度深刻而广泛，这体现在多个层面上。首先，产业界不仅仅影响应用科学大学的教育目标和方向，还直接参与定义特定专业或职业领域中学生的核心能力要求。这种深度参与是确保荷兰应用科学大学教育质量的关键因素之一。同时，它还支持评估学生在学习和实习过程中的表现，促进高校开展实践性研究。[2] 1996 年颁布的《职业教育与成人教育法》规定，应用科学大学必须与企业建立实习合作关系，为学生提供实习机会。根据荷兰应用科学大学的职业教育模式，学生在校期间至少有一年（或两个阶段）的时间需要在经过认证的企业进行实习。[3] 这种实践经验对毕

---

[1] 郑云英、桑宁霞：《德国和荷兰应用技术大学建设的经验及其启示》，《河北大学成人教育学院学报》2015 年第 4 期。

[2] 杨钋、井美莹：《荷兰应用科技大学的发展经验及对我国的启示》，《高等教育评论》2015 年第 1 期。

[3] 郑云英、桑宁霞：《德国和荷兰应用技术大学建设的经验及其启示》，《河北大学成人教育学院学报》2015 年第 4 期。

业生的职业发展至关重要，它不仅帮助他们应对实际工作挑战，还促进了校企合作的深化。毕业生的实践学习也是校企合作的一个显著体现。此外，应用科学大学不仅仅是教育机构，还充当了外部知识的集散地。它们不仅从产业界获取知识，还向专业组织和中小企业传播这些知识。[①] 教职人员在这个过程中扮演了重要角色，被看作知识的桥梁，有助于建立校企合作的纽带。这种知识流通的双向性促进了创新和行业的发展。

3. 人才培养重视实践导向

荷兰应用科学大学注重培养学生的实际应用能力，强调学生技能和能力的全面发展。其独特之处在于采用以问题为基础的学习方法，鼓励学生积极参与实践项目，培养他们识别和解决实际问题的能力，为未来职业生涯做好充分准备。这种实践导向的教育使大多数应用科学大学的学生能够在毕业后短时间内找到第一份工作。

此外，荷兰应用科学大学也非常注重以实践为导向的研究，不断增加研究资金的来源，包括来自教育、文化和科学部、应用研究特别工作组（Regieorgaan SIA）及其他公共研究资助机构在国内和国际上分配的资金，以及来自公司和其他客户委托的研究收入。这些研究使应用科学大学不仅仅是职业教育机构，还具备研究职能。实践导向的研究提高了教育质量，加强了应用科学大学与社会和工业界的联系。这一联系通常通过以下方式实现：首先，教授传授他们的专业知识和分析技能，培养学生的研究能力；其次，学生本身也可以积极参与研究项目；此外，公司和其他非营利组织可以向应用科学大学提交研究问题，促进了与产业界的合作。荷兰应用科学大学与公私营伙伴进行各种形式的合作，包括实地实验室、生活实验室、创新研讨会和教授

---

① 余辉龙、覃翠：《荷兰应用类大学的教学体系》，《科教导刊》2018年第13期。

平台等。此外，专业中心（Centres of Expertise）作为应用科学大学特定的合作形式，在未来将继续增加和加强。①

在2016年"有影响力的研究"议程中，应用科学大学提出了以下十点研究重点关注主题：健康和活力；教育与人才开发；弹性社会，社区、城市和区域层面；智能技术和材料；建筑环境，可持续和宜居；可持续运输和智能物流；可持续农业、水和粮食供应；能源和能源供应；艺术和创意产业；创业精神，责任和创新。

4. 注重国际化发展

近年来，荷兰应用科学大学投入了大量资金与支持，积极塑造其教育和研究的国际化，以及培养学生的国际化视野。主要体现在招收国际学生、鼓励学生到国外交流、吸纳国际教师、开设国际化课程、同外企合作等多个方面。2021—2022学年，荷兰应用科学大学国际学生人数达到3.48万。② 国际化进程对荷兰的知识经济发展做出了巨大贡献，荷兰应用科学大学也期望通过国际化的师生组合提升教学和科研质量，培养学生的跨文化技能，从而为其进入国际化劳动力市场做好准备。荷兰应用科学大学协会和大学协会在2014年5月共同制订了国际化愿景，并于2018年5月开展高等教育国际化议程，将包容性国际化和教育质量作为核心内容，把注重质量的国际化、吸引和留住国际人才、加强国际地位、流动性更加平衡作为国际化发展的行动基点。③

---

① Rathenau Instituut, "Practice-oriented Research at Universities of Applied Sciences," https://www.rathenau.nl/en/science-figures/practice-oriented-research-universities-applied-sciences，查询时间为2022年11月16日。
② Statistics Netherlands, "40 Percent International First-year Students at Dutch Universities," https://www.cbs.nl/en-gb/news/2022/11/40-percent-international-first-year-students-at-dutch-universities，查询时间为2022年11月16日。
③ Vereniging Hogescholen, "Internationalisering," https://www.vereniginghogescholen.nl/themas/internationalisering，查询时间为2022年11月16日。

（三）专业领域

与其他国家的应用科学大学相比，荷兰应用科学大学更早、更渐进地适应了时代的需求。学校的设立与发展以服务地方经济为导向，人才培养目标契合实体经济发展需求，专业设置也与产业结构的发展状况相照应。自1970年以来，荷兰服务业在国内总产值中所占比重持续增加，这个行业的迅猛发展导致工业和农业部门的产值出现了不同程度的下滑。[1] 因此，荷兰应用科学大学在专业设置方面也重视非工业领域的需求，例如金融、医疗与保健、教育、艺术等领域。作为西欧的海港门户，荷兰高度发达的水、陆、空综合运输系统也离不开应用科学大学为其提供强有力的物流人才支撑。[2]

截至2021年，荷兰应用科学大学主要开设专业集中在以下七个领域：农业和食品、技术、经济、医疗保健、艺术、教育以及社会学。这些领域的专业设置反映了荷兰应用科学大学对时代发展的敏感性和适应性，以及满足不同领域需求和培养多样化人才方面的努力。具体而言，2021年荷兰应用科学大学的入学人数比例在这七个领域分别为：农业和食品（2.6%）、技术（20.5%）、经济（36.7%）、医疗保健（11.9%）、艺术（4.7%）、教育（12%）以及社会学（11.6%）。[3] 从学生专业选择来看，在2019/2020学年，荷兰共有超过67 000名学生获得了高等职业教育学士学位，其中获得商业研究和管理学士学位15 525人（23%），是毕业人数排在第一的专业，其中男性学生占五分之三；超过14%学生获得了教育科学、教师培训、教育学学士学

---

[1] 郑云英、桑宁霞：《德国和荷兰应用技术大学建设的经验及其启示》，《河北大学成人教育学院学报》2015年第4期。

[2] 王山儿：《荷兰应用科技大学发展特征探析》，《江苏高教》2014年第1期。

[3] Vereniging Hogescholen, "Instroom, inschrijvingen en diploma's," https://www.verenginghogescholen.nl/system/knowledge_base/attachments/files/000/001/280/original/Factsheet_instroom__inschrijvingen_en_diploma%E2%80%99s_2021-2022_-_def.pdf?1644244810，查询时间为2022年11月5日。

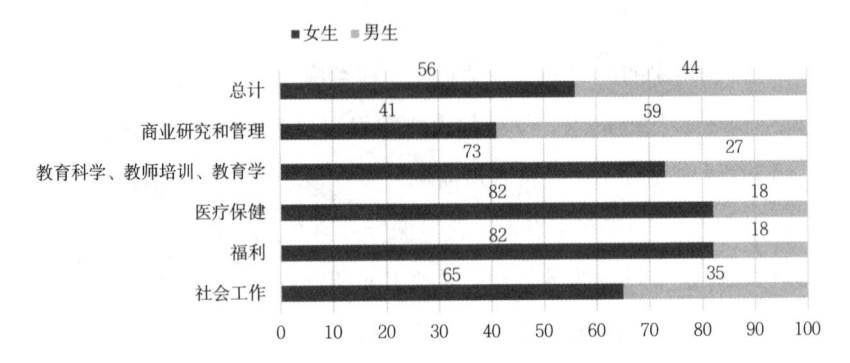

```
               ■女生 ■男生
         总计        56              44
  商业研究和管理      41           59
教育科学、教师培训、教育学    73        27
       医疗保健         82          18
         福利          82          18
       社会工作        65         35
            0  10 20 30 40 50 60 70 80 90 100
```

图 5-1　荷兰高等职业教育 2019—2020 学年获得学士学位人数最多五个专业男女人数比例(%)

位(9 703 人),其中近四分之三为女性;13% 毕业生获得了医疗保健学位(8 962 人),其中五分之四为女性。[1]

(四)招生

荷兰教育体系中不同教育阶段之间存在高度的流动性,这为荷兰学生提供了多次教育选择的机会,也为荷兰应用科学大学提供了广泛的生源。[2] 应用科学大学生源主要由以下三类学生构成:大学预科教育(VWO)、高级普通中等教育(HAVO)和高级中等职业教育(VMBO)的毕业生。普通教育和职业教育两种类型的学生比例相对均衡,这有助于确保应用科学大学有充足的生源。[3] 这种开放的招生政策为不同背景和年龄段的学生提供了机会,促进了多样化的学生群

---

[1] Centraal Bureau voor de Statistiek, "The Netherlands in Numbers 2021," https://longreads.cbs.nl/the-netherlands-in-Numbers-2021/what-are-the-most-popular-majors/,查询时间为 2023 年 11 月 5 日。

[2] 杨钋、井美莹:《荷兰应用科技大学的发展经验及对我国的启示》,《高等教育评论》2015 年第 1 期。

[3] 房靖博、赵欣:《荷兰应用技术大学招生制度及启示》,《职业教育研究》2015 年第 4 期。

体在应用科学大学中学习和发展。

荷兰没有全国统一的高等教育招生考试。上文提到的三类学生凭借毕业证书即可获得入学资格，即学生通过中等教育毕业证书考试（分为普通中等教育毕业证书考试和中等职业教育资格证书考试）可看作应用科学大学的招生考试。学生获得毕业证书后，即可通过高等教育注册网站 Studielink 向荷兰教育文化及科学部下设的注册及名额分配中央办公室（Centraal Bureau Aanmelding enPlaatsing）申请注册入学。[①] 此外，未完成中等教育且年龄超过21岁的学生可以通过参加应用科学大学专业入学考试（Colloquium Doctum）获得录取资格。应用科学大学自身也可以对特定专业设置特殊入学要求，前提是获得部长的批准，并提前在参与高等教育学习项目中心（Central Register of Higher Education Study Programmes，简称 CROHO）注册。

大部分荷兰应用科学大学的专业没有招生人数限制，但是在理疗、旅游、新闻和社会司法服务等少数专业上存在名额限制（numerus fixus）。这种名额限制分为以下几种：（1）容量限制（capacity fixus），当申请学生人数超过国家教学能力时，由教育部部长决定可提供的名额；（2）劳动力市场限制（labour market fixus 或 opleidings fixus），当某学位项目毕业生对于劳动力市场供大于需，且这种状况将持续多年，那么荷兰教育、文化和科学部（Minister of Education, Culture and Science）可对于入学学生人数提出限制；（3）院校限制（institutional fixus），自2000年9月1日起，荷兰高等教育机构在教学容量方面获得了更大的自主权。当申请学生人数超过预期招生人数，进而危及教学效果时，院校可以申请对学生进行遴选。[②]

[①] 房靖博、赵欣：《荷兰应用技术大学招生制度及启示》，《职业教育研究》2015年第4期。
[②] Egbert De Weert and Patra Boezerooy, "Higher Education in the Netherlands: Country Report," https://ris.utwente.nl/ws/portalfiles/portal/5148438/Weert07netherlands.pdf，查询时间为2022年11月6日。

三、阿姆斯特丹应用科学大学

阿姆斯特丹应用科学大学（Amsterdam University of Applied Sciences，简称 AUAS）是荷兰规模最大的应用科学大学之一，坐落于荷兰首都阿姆斯特丹，与阿姆斯特丹大学有着紧密的协作关系。该校充分发挥位于国际化都市的优势，为学生提供卓越的教育，以及为进行前沿研究提供平台，致力于培养具备跨文化能力和国际化工作及学习经验的毕业生，并将实践导向的研究纳入教育课程的核心，以培养未来的专业人才。该校成立于1993年，主要提供学士学位项目以及若干专业的硕士学位项目，并为国际交换学生提供多样化的课程。在培养一流商业专业人士方面，阿姆斯特丹应用科学大学拥有悠久的历史，其商业与经济学院可追溯到1867年，目前有超过1万名学生在商业与经济学院就读，使其成为荷兰同类学校中该领域规模最大的学校之一。学生可以选择各种以英语授课的商业课程。阿姆斯特丹应用科学大学与来自50多个国家的250多家机构建立了合作伙伴关系，共同推动了多种教育项目，包括课程开发、研究项目、学生和教授的国际交流计划，以及国际实习等。根据阿姆斯特丹应用科学大学2021年度报告，该校在该年度共有学生48 669人，其中国际学生占总人数的3.8%，新生招收了12 849人，共有7 079名学生获得了学士学位，237名学生获得了硕士学位，在职员工总数为4 469人。这些数据突显了该校的国际化程度及其在荷兰高等教育领域的重要地位。

（一）办学目标与发展规划

1. 办学目标

阿姆斯特丹应用科学大学旨在为各种需求多元化的学生提供广泛的专业教育课程，以帮助他们充分发挥自己的才能并在专业领域提高高水平的独立实践能力。通过将教育与应用研究相结合，阿姆斯特丹应用科学大学能够在国际化城市阿姆斯特丹及其周边的专业领域和社区中进行创新。该校的办学愿景建立在四大支柱之上，分别是"学生""知识机构""合作"和"阿姆斯特丹"。

"学生"：阿姆斯特丹应用科学大学热情欢迎各类学生。其教育目标不仅包括传授专业知识，还着重培养学生的才能、创业思维、个人成长和职业认同。该校的使命是帮助学生成为具备全球视野的公民，为进入劳动力市场做好准备。此外，该校也为毕业生和在职人士提供终身学习的机会，以持续提升他们的职业技能和知识。

"知识机构"：在阿姆斯特丹应用科学大学，教育、研究和专业实践之间的联系贯穿于所有课程和研究。学生将在互动的学习环境中，通过专业实践和跨学科方法解决复杂问题，从而获得更多的学习机会。这一综合的教育方法有助于学生更好地应对实际挑战并培养创新能力。

"合作"：阿姆斯特丹应用科学大学注重团队合作，不仅在培养学生方面，还贯穿于工作人员的日常工作。通过加强专业知识技能和协同合作，该校能够培养出更具竞争力的专业人才，他们具备团队合作、沟通和问题解决的能力。

"阿姆斯特丹"：阿姆斯特丹应用科学大学鼓励学生积极参与城市挑战的解决，通过创造性的解决方案和可持续的创新来塑造城市的未来。该校与相关伙伴密切合作，不断提供广泛的专业教育课程和应用研究机会，以促进当地社区的发展，并培养学生成为优秀的专业人士，为社会进步贡献力量。[①]

2."2021—2026战略计划"

阿姆斯特丹应用科学大学注重可持续、包容和数字化这三个维度的发展，而这也是该校"2021—2026年战略计划"的标题内容。该校致力于实现以下五个目标：在能力培养和科研创新上实现"可持续

[①] Amsterdam University of Applied Sciences, "Mission and Vision," https://www.amsterdamuas.com/about auas/profile/mission and vision/mission-and-vision.html，查询时间为2022年11月6日。

性、多样性和包容性、数字化",并将其作为所有运营和人力资源管理政策的基本原则;同专业领域和社会伙伴合作,实现学生和雇主的多样化教育需求;使学生更好地把握自身学习途径,促进个人发展;为学生和教职工创建良好的学习环境,拥护"学生为伙伴"的理念,促进学生、教职员工和外部合作伙伴共同组成一个多元化且充满活力的社区;增强教职员工和组织的灵活性与弹性,鼓励促进他们的素质和专业技能发展。①

（二）专业设置与教学方法

1. 专业设置

阿姆斯特丹应用科学大学共有 65 个学士学位项目，18 个硕士学位项目，以及 9 个副学士学位项目。在学院设置上，阿姆斯特丹应用科学大学下设 7 所学院，各学院负责一个特定专业领域的教学，涵盖了广泛的专业（见表 5-1），在文化和社会、贸易、物流、航空、航

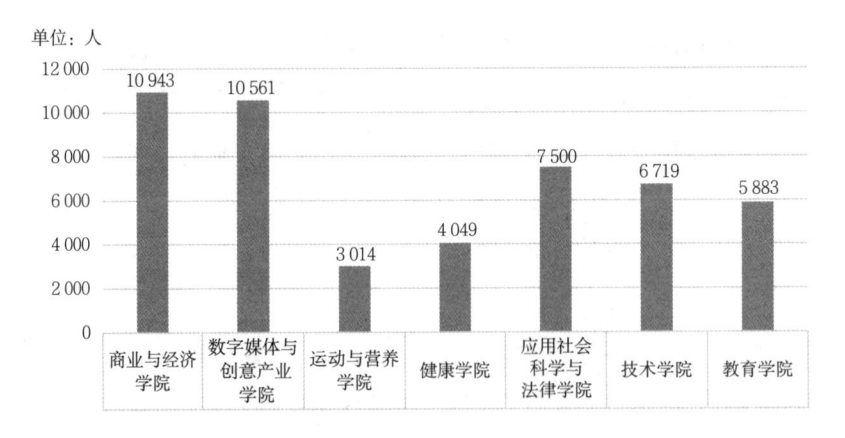

图 5-2　2021 年阿姆斯特丹应用科学大学各学院学生人数

① Amsterdam University of Applied Sciences, "Strategic Plan," https://www.amsterdamuas.com/about-auas/profile/quick-facts/strategic-plan/strategic-plan.html, 查询时间为 2022 年 11 月 6 日。

表 5-1　阿姆斯特丹应用科学大学的专业设置

学院设置	专业开设（部分）	特　点
商业与经济学院（Faculty of Business and Economics）	会计、商业经济、金融服务管理、财政经济、人力资源管理、国际管理（英语）、国际商务与管理研究（国际与英语）、物流与经济、管理、经济和法律、卫生保健和社会服务管理、体育营销等	与商业领域合作，为学生和职业人士提供以实践为导向的、广泛的经济学教育。下设专业知识中心、金融创新中心、市场洞察中心等，开展市场研究，并寻找金融和会计领域问题解决方案
数字媒体与创意产业学院（Faculty of Digital Media and Creative Industries）	时尚与品牌（英文）、时尚与设计（英文）、时尚与管理（英文）、计算机科学、信息工程、通信与多媒体设计、媒体、信息与传播、游戏开发、数字设计、广告软件开发、广告网络安全等	在媒体、传播、数字设计、信息通信技术和时尚等领域为学生提供跨学科教育。下设应用研究中心研究数字媒体和技术对社会和城市的影响，以及数字社会学校、创意创新专业中心
运动与营养学院（Faculty of Sports and Nutrition）	体育、体育科学学习路线、管理和创业、营养与饮食学和广告体育、国际体育、管理和商业（英语）	与全球 23 所大学有合作关系，下设城市活力专业中心，为城市在运动、健身、活力、应对肥胖等方面的政策做出贡献，建设健康的阿姆斯特丹
健康学院（Faculty of Health）	护理、物理疗法、欧洲职业治疗理学硕士（国际和英语）、生物医学技术、跨专业辅助医疗护理、应用心理学等	为学生和工作专业人员提供医疗保健领域教育，开展跨专业教育。与市政当局、医院、医疗机构合作，为疾病患者、老年人、肥胖儿童等群体提供帮助，提供数字教学技术
应用社会科学与法律学院（Faculty of Applied Social Sciences and Law）	社会工作和社区服务、社会教育关怀工作、法律研究、应用心理学、公共管理等	将理论、研究和实践相结合，培养学生成为具有批判性思维的专业人士

续表

学院设置	专业开设（部分）	特　点
技术学院 （Faculty of Technology）	航空、应用数学、应用物理、生物医学工程、物流工程、物流管理、结构工程、城市科技、法医调查、广告物流等	以成为大都市区循环转型、互联与移动、未来城市设计、能源转型、智能工业和生命科技等领域的驱动力为目标。下设数据、能源、机器人、VR模拟、制造等12个实验室
教育学院 （Faculty of Education）	中等及高等职业教育助理，小学教育，教育学，福利与医疗保健教师教育，餐饮和酒店业教师教育，荷兰语、英语、法语、德语教师教育，社会研究教师教育，数学、地理、历史、物理、化学教师教育等	培养学生成为教师、教育学者以及职业教育专业人员，为教育工作者提供培训

运、信息与通信技术、体育、医疗保健、教育等多个领域开展科研项目，为社会培养优秀人才。

2021年，阿姆斯特丹应用科学大学7所学院总计学生共48 669人。其中商业与经济学院学生人数排在首位，为10 943人；其后是数字媒体与创意产业学院，为10 561人；运动与营养学院人数最少，为3 014人。

2. 课程与教学

阿姆斯特丹应用科学大学致力于提供卓越和创新的教育，强调实践研究以及与不同领域合作。自2021年4月以来，该校实施了一项混合学习计划，以应对教育的发展演进。该计划探讨了多个关键问题，包括如何设计主动学习体验、更有效地利用校园资源以及如何培训教师以适应数字化教育环境。此外，阿姆斯特丹应用科学大学积极推崇个性化学习路径，从而提高学生的参与度和自我负责感。这一方法旨在帮助学生自主管理学习，更好地适应他们之间的差异，且有助于提升机会平等、包容性和学生福祉，尤其是为那些追求终身发展和专业再培训的学生提供了更便于接受高等教育的途径。阿姆斯特丹应用科学大学也非常注重国际化发展。该校强调国际和跨文化因素在教育和研究中的重要性，鼓励学生积极参与国际交流和学习，以培养跨文化能力和经验。

该校提供多种专业，包括全日制本科专业（四年制）、研究生学位项目（一至一年半制的全日制，两至三年制的非全日制）以及副学士学位项目（两年制的全日制或非全日制）。接下来以几个专业为例，更详细地介绍这些课程。

阿姆斯特丹时装学院学位项目

阿姆斯特丹时装学院（Amsterdam Fashion Institute，简称 AMFI）是荷兰唯一一所涵盖整个时尚产业链的学院，其教育理念强调产品和过程，鼓励学生积极参与研究和个人发展。学院内部设有 iNDiViDUALS 时尚工作室，成立于 2006 年，由三年级和四年级学生全权经营，为学生提供了实践和创新的机会。通过参与 iNDiViDUALS 工作室，学生可以追求多样化的职业道路，包括时尚设计师、数字设计师、产品经理、概念开发者、创意制作人等。这种实际工作体验有助于培养学生的实践技能和创意潜力，为他们未来的职业生涯奠定坚实的基础。

（1）专业安排

阿姆斯特丹时装学院的学位项目学制为四年制的全日制教育。前两年的学习主要侧重于奠定理论基础和提供综合性的学习体验。具体而言，第一年所有专业的学生将共同学习四个模块的理论知识，涵盖时尚产业的各个方面。此阶段还包括工作坊和专业讲座等实践活动，共计 60 个学分。每个班级通常由约 25 名学生组成。第二年的学习以时尚产业为基础，每个学期都有不同的主题。学生可以结合自己的专业方向进行学习,以更深入地了解时尚领域。这一年的目标是培养学生的专业知识和创新思维。在第三、四年,学生将有机会通过个性化学习计划进一步发展自己的技能和知识。他们可以选择以下不同的学习路径:在时装公司进行为期20周的全职实习,将理论知识应用于实际工作中,积累实践经验;还可以选择参加为期6个月的专业化课程,涵盖设计、业务和发展、品牌推广等领域,以深化自己的专业知识。辅修课程通常为半学期,学生可以根据兴趣选择1门30学分的课程或2门15学分的课程,也可以选择在阿姆斯特丹应用科学大学以外的其他学校的学位课程。

最后一学期是毕业阶段。学生需要完成毕业设计项目,包括撰写关于广泛趋势预测的论文、设计个人收藏或装置,以及根据商业问题或选定的与时装业相关的研究主题完成论文。在四年学习过程中,每位学生都会有一位指导教师,提供学术监督、个人选择指导和反馈,

表 5-2　阿姆斯特丹时装学院课程专业方向设置与学习内容

专业方向	学习主题	学习内容
时尚与设计	服饰系列设计、组织时装秀、设计收藏册等	设计、概念和趋势、收藏、纺织品知识、图案绘制、实现、绘图和可视化
时尚与品牌	创造一个让消费者体验品牌商业时尚环境;在第二学期创建品牌并制订战略营销传播计划,参与通过各种方式传达品牌标识的活动	概念和趋势、品牌战略、营销和视觉传达、面向目标群体的写作、设计知识、空间和图形设计以及视觉营销
时尚与商业发展	参与开发服饰并为匹配的购物环境制订商业计划;在第二学期,学生将专注于战略视角分析全球时尚趋势,学习如何组织服装的采购、生产、物流、营销和销售	纺织知识、收藏、生产理论、信息与通信技术物流、国际商务、零售知识、市场营销、管理技能和经济学

帮助学生在学业和职业发展中取得成功。

（2）专业方向设置

在阿姆斯特丹时装学院，学生有三个专业方向可以选择，分别是时尚与设计、时尚与品牌以及时尚与商业发展。其中，时尚与设计注重培养学生对人物、时代、设计、时尚行为等一系列内容的兴趣；时尚与品牌注重培养学生了解品牌故事，具备分析性和远见性思维，并能够创造表达的能力；时尚与商业发展主要为企业家以及产品开发人员开设，提供商业和时尚相关产品开发领域面向未来的知识和技能。

（3）能力培养

阿姆斯特丹时装学院致力于培养学生的多项关键能力，以满足不断演进的时尚产业需求。定位与研究、决策、实现、介绍、反思、组织六大核心能力框架具备高度的灵活性，能够适应行业的快速发展。

（4）测试评估与质量保障

阿姆斯特丹时装学院重视对学生在学习过程中不断开展形成性评价，并最终给予总结性测试，从而帮助学生了解学习过程中自身的学习水平和能力发展上的总体进步。测试形式与学习目标保持一致，注重实用性、开放性和创造性等多样标准。测试形式为：笔试，产品评估，能力评估，能力测试，论文、项目、报告，集团产品，工艺书。

为保障教育质量，阿姆斯特丹时装学院每个学期都会对课程、毕业生进行评估，保障学习内容质量和学习计划水平。评估委员会包括考试委员会和测试委员会、学习计划委员会（由学生和教师组成）、代表行业的计划顾问委员会。

阿姆斯特丹国际商学院国际商务专业

阿姆斯特丹国际商学院隶属于阿姆斯特丹应用科学大学商业与经济学院，为近3 000名学生提供三个国际商业学位项目。其中，阿姆斯特丹国际商学院于2021年9月与诺森比亚大学合作推出了全球可

表 5-3　阿姆斯特丹时装学院学生能力培养框架

能力维度	具体目标
定位与研究	理论基础： 对与时尚行业专业化相关的主题具有深入的了解和洞察力； 对专业在时尚行业的作用具有广泛的知识和洞察力； 对专业本身具有扎实的知识和洞察力
	研究技能： 对受监督的实际研究项目得出良好结论； 收集和分析有关一组有限的基本理论、原则和概念的信息，以及有关重要主题的信息并进行传达； 制订研究问题和研究目标； 定义目标群体并指出研究问题与战略、组织和市场的关系； 定义研究问题并解开复杂问题以识别子问题； 展现研究问题与主题背景的关系； 展示研究问题具有的理论基础； 运用各种理论见解、概念和观点
决策	问题解决： 辨别和分析复杂问题，设计创新的战略解决方案； 制订概念起点并结合社会、伦理和美学
实现	专业性： 展现并运用专业的时尚态度； 执行复杂的专业任务； 将令人信服的当代愿景转化为时尚行业的产品
介绍	清晰沟通的能力： 有目的地、专业地、真实地进行交流； 调整演示文稿以适应目标群体和背景
反思	通过评估和反思自身（学习）结果发展个人能力； 寻求反馈并对批评持开放态度； 通过评估和反思确定学习目标
组织	高效而有目的地工作： 在时装链的不同层级协同工作； 对自己的工作和学习过程及其结果负责

持续商业管理硕士学位项目。阿姆斯特丹国际商学院具备强大的企业合作伙伴网络，涵盖全球 1 000 多家公司，与国际商业顾问委员会（IBAB）成员，如微软、喜力、DHL 等跨国公司保持良好的战略关系。此外，阿姆斯特丹国际商学院还与本地企业和组织，如阿姆斯特丹经济委员会、循环经济和荷兰经济银行等建立战略伙伴关系。这些公司参与课程开发、客座演讲、研究项目和教育活动，为学生提供实用的学习和职业技能，助力他们塑造个人职业发展。

国际商务（IB）是一个为期四年的全日制学士学位项目，同时也提供少量四年制非全日制项目和三年制快速项目。该项目以高度国际化为特点，所有课程均以英语授课，学生可以通过选择选修课程、专业方向以及学习其他语言来量身定制自己的学位计划。课程内容涵盖讲座、实际商业项目、实习和全球交流等多个方面。每学年学生需要完成 60 个学分。需要特别注意的是，如果学生在第一学年获得的学分少于 50 个，将受到负面约束性学习建议（BSA）[①]的影响。这意味着未能满足最低学分要求的学生将无法继续该课程，无法进入第二学年的学习。

国际商务的国际性不仅在课程内容上体现，也体现在学生和教师群体上。大约 22% 的国际学生来自不同国家参与该专业课程。此外，在第三和第四学年，约有 450 名交换生加入常规课程中学习，国际学生约占 40%—50% 的课堂人数。在教师层面，有超过一半的核心教师来自荷兰以外的国家，其中有三分之一的工作人员来自 25 个不同的国家。这种国际化氛围为学生提供了丰富多彩的跨文化学习体验。

（1）教学安排

在国际商务四年学习期间，第一学年学生将学习专业基础模块知

[①] 荷兰高等教育本科项目的本科大一学生必须通过大学的 BSA（Binding Study Advice）考核（指具约束性的学习建议）才能升读大二。如果没有达到要求最低学分，将收到考试委员会的负面约束性学习建议，无法继续进行学习。

识并参与相关实践。第二学年开展选修模块学习，并学习一门商务语言。第三学年继续选修学习，并有机会出国交流。第四学年进行实习实践，参与商业研究项目。具体每学年学习内容如表 5-4 所示。

（2）能力培养

阿姆斯特丹国际商学院为学生提供应用科学领域的全球商业教育，致力于培养学生获得引领未来全球劳动力市场所需的技能和知识，成为具有全球思维、务实态度、社会责任感的新一代国际商业领袖。[1]

表 5-4　国际商务专业教学安排与学习内容

第一学年	进行商务英语、经济学原理以及市场营销等基础模块的学习，参与团队发展和跨文化意识等模块的学习； 在第二学期将在共创型创业（Co-Creative Entrepreneurship）中创建经营一家真实的企业
第二学年	根据自身兴趣和目标选择四个选修模块，以个性化的方式定制学习计划，选修模块包括学习第二商务语言，例如西班牙语、汉语或日语等； 在第二学期将参与实际商业案例的团队竞赛，以进一步提升商业技能
第三学年	根据自身兴趣和职业方向，在全球贸易与供应链管理、国际金融与控制、国际营销与销售、组织领导与变革，或语言、沟通与文化等专业课程中进行选择； 有机会在 120 多所合作大学中的一所进行国际交流学习，或在阿姆斯特丹国际商学院或阿姆斯特丹应用科学大学内选择辅修课程
第四学年	有机会在国际公司或组织进行实习； 在第二学期，他们将在一家公司担任顾问的角色，并撰写毕业论文，或者选择在学院的创业动力和国际战略中心（CEDIS）参与应用商业研究项目，这一学年将为学生提供宝贵的实践经验和深入的商业见解

---

[1] Amsterdam School of International Business, "Vision and Mission," https://www.amsterdamuas.com/amsib/about-amsib/create-connect-and-learn/values.html，查询时间为 2023 年 1 月 15 日。

表 5-5　阿姆斯特丹国际商学院学生能力培养框架

能力类型	具体内容		
研究能力	阿姆斯特丹国际商学院培养毕业生能够批判性地解读前沿研究成果并加以利用,发展研究技能,以影响创业决策		
	(1)在国际商业环境中,运用最新学术/从业者文献来识别复杂的商业问题; (2)设计适当的研究方法来引导研究过程; (3)从与研究问题相关的国际资源中收集数据; (4)分析数据以深入了解研究问题; (5)通过分析得出结论、提出影响和建议,促进讨论和决策		
核心价值观	阿姆斯特丹国际商学院培养学生具备全球化思维,在不同领域和多元文化环境中发挥联系作用;具备实践技能和创业精神,以应付不断变化的就业市场情况,为适应瞬息万变的 21 世纪经济世界的要求和挑战做好准备;具备所需的知识基础和思维模式,为未来的挑战寻求对社会负责的解决方案		
	全球化思维	创业精神	社会责任
	(1)能够应用高级英语进行有效交流,运用其他语言与多元化受众有效沟通; (2)反思自我意识、发展共情能力,并与多样化的利益相关者进行互动; (3)(共同)创建推进组织内外的本地和全球合作战略	(1)具备有效的沟通、说服、谈判和领导能力,与各利益相关者合作创造价值; (2)在信息不确定、存在意外结果风险的陌生环境中主动开展工作; (3)评估全球环境以确定新的机会	(1)在职业环境中明确自身关于道德、社会责任和可持续发展的立场; (2)从道德、社会责任和可持续的角度系统地评估公司及其产品和服务
商业知识	阿姆斯特丹国际商学院培养学生具备扎实的知识基础,能够在广泛的国际商业领域开展业务		
	国际商业意识:使学生能够分析推动国际贸易和商业发展的全球宏观经济因素和政策模式		
	市场营销与销售	财务与会计	运营与供应链管理	组织与人员

续表

能力类型	具体内容			
商业知识	(1)制订有力的营销计划来为国际客户创造价值; (2)使用适当销售技巧维持客户关系; (3)将数字化发展纳入营销策略	(1)从不同利益相关者的角度评估组织的财务绩效; (2)在动态的国际环境中提出融资方案	(1)评估组织内外的运营流程; (2)管理组织内外的运营流程	(1)起草组织各部分的战略周期(过程和内容); (2)评估变革对组织的影响

（3）教学与评估

阿姆斯特丹国际商学院采用了"翻转课堂"的教学模式，使学生可以在家或工作中预习课程内容，然后在课堂上与讲师和同学互动，进行实践性学习。课程的核心始终是真实的专业情境，学习活动与商业实践相结合。学生需完成案例研究、商业模拟或真实公司的运作等任务，以培养实际问题解决能力。此外，多位商业从业人员，包括校友，参与了课程设计和教学。国际商务强调阿姆斯特丹国际商学院的三大核心价值支柱：全球化思维、实干企业家精神和社会责任感。这一教育理念旨在培养学生的团队合作能力、跨文化沟通技能、适应力以及批判性思维。

学习评估方法多种多样，包括笔试、演讲、论文、视频和报告等，可以个人或小组形式完成。阿姆斯特丹国际商学院在课程和模块层面都实施了多项质量保证程序。在课程层面，这些程序包括定期认证和内部审计，学生、校友和雇主的满意度分析，年度计划、课程的预期学习成果（ILOs）的定期校准以及文凭质量的监测。高级质量保证顾问将为这些程序提供建议和指导。在模块层面，质量保证程序包括程序设计、模块评估、测试和评估以及课外学习的监测。高级教育政策顾问将提供有关教育发展的建议和指导。国际关系协调员将负责确保学生在留学期间的教育质量。此外,他们还会监督学生在国外的学术表现、回国后的课程整合、学生交流的行政程序质量以及学生在国外的整体体验。

(三)招生方式

针对荷兰本国学生,学校申请日期根据具体的学位课程可能会有所不同。通常需要中等教育普通证书(6 门学科,其中 3 门必须达到 A 水平或同等水平)。以电气工程专业为例,学生需要满足以下入学要求之一:拥有高级普通中等教育文凭、拥有大学预科教育文凭、拥有高级中等职业教育文凭,或者持有其他同等学力文凭。

如果学生不符合入学要求但年满 21 岁,他们可以参加"21+ 入学考试",包括科目考试和语言考试,以测试是否具备足够的知识和技能来学习高等职业教育课程。电气工程的"21+ 入学考试"还包括英语语言测试、荷兰语测试以及数学 A 或数学 B 工程。[1]

(四)学校管理与师资

1. 管理架构

荷兰的应用科学大学通常表现出管理垂直化的组织结构特征,学校政策措施的传达按照行政方式逐级向下落实。[2] 在阿姆斯特丹应用科学大学的组织架构中,由执行委员会(Executive Board)负责对学校进行全面管理与运营。执行委员会又受到监督委员会(Supervisory Board)和中央代表咨询委员会(Central Representative Advisory Council)的约束。

监督委员会是学校的最高监督机构,负责对执行委员会成员任

---

[1] Hogeschool van Amsterdam, "Engineering: Elektrotechniek," https://www.hva.nl/opleidingen/engineering-elektrotechniek/toelating, 查询时间为 2023 年 1 月 15 日。

[2] 张伟、丁彦:《德国、荷兰、芬兰、瑞士应用科技大学的组织架构比较分析》,《知识窗(教师版)》2016 年第 9 期。

命、停职和解聘,确定薪资等事宜,下设以下委员会:

(1)审计委员会(Audit Committee):负责监督学校的财务审计和财务管理,确保资源的透明使用和合规性;

(2)治理委员会(Governance Committee):负责监督学校的治理结构和政策,以确保学校的有效运营和合规性;

(3)教育及研究委员会(Education and Research Committee):负责监督学校的教育和研究活动,确保学术质量和创新。

中央代表咨询委员会是一个重要的决策机构,根据荷兰《高等教育和研究法》参与学校的决策。委员会拥有24个席位,其中一半由教职员工占据,另一半由学生担任。该委员会每月与执行委员会协商,对学校的各项事务,如预算、战略计划、质量保障框架、管理条例、教学与考试条例等都有同意权。

咨询委员会(Advisory Board)在战略层面为学校教育研究做出导向,确保与阿姆斯特丹的企业、机构和组织保持紧密联系,帮助学校能够良好应对劳动力市场和高等教育市场发展。

此外,每个学院都设有学位课程委员会,该委员会由50%的学生和50%的学校工作人员组成,负责管理和监督各学院的学位课程。

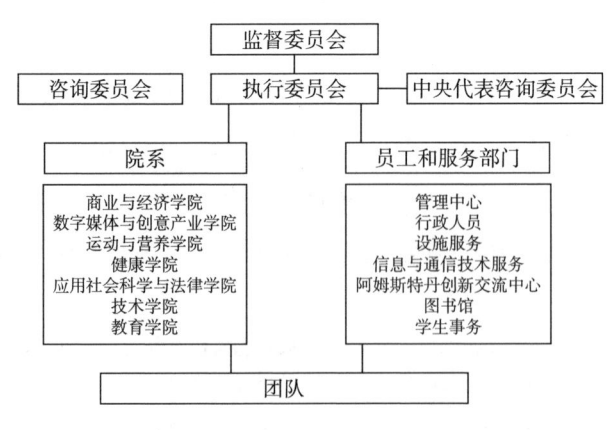

图 5-3 阿姆斯特丹应用科学大学管理架构

阿姆斯特丹应用科学大学的主要收入来源是国家政府的资助，这些资金用于支持该校的教育和研究活动。2021年，国家政府提供的资助金额达到3.682亿欧元。此外，该校还收到7600万欧元，用于支持讲座、课程、考试等方面的费用。总的来说，阿姆斯特丹应用科学大学2021年总收入为4.772亿欧元，总支出为4.625亿欧元。这些资金的合理分配和管理对于学校的稳健运营和发展至关重要。

2. 师资力量

（1）教师招聘

阿姆斯特丹应用科学大学对教育人员的招聘要求根据不同的专业领域略有不同。一般来说，招聘讲师通常要求具备本科或研究生学历，而其他教育支持人员则需要至少具备高等职业教育学历。此外，该校非常注重教师的语言能力，他们需要熟练掌握荷兰语和英语。例如，对于水利工程讲师的招聘要求包括拥有土木工程或自然地理学的硕士学位、在水利工程领域至少有4年的工作经验、精通荷兰语，以便与学生和同事进行有效的沟通。对于网络安全讲师的招聘要求则包括至少三年的网络安全领域专家经验，在技术网络安全领域检测漏洞、跟踪和识别攻击以及降低风险的经验，能够掌握新工具和破解技术，精通荷兰语和英语，具备良好的沟通技能、责任感和团队合作能力。

此外，教师还需要充当升学生涯辅导员以及实习或毕业导师，为学生提供帮助和指导。虽然并不一定要求必须有教学经验，但阿姆斯特丹应用科学大学可以为初级讲师提供教学方面的入门培训，帮助他们获得教学资格，以更好地满足该校的教学需求。这种灵活性有助于吸引并培养具有潜力的教育人才。

（2）教师培训与发展

根据2021年的数据，阿姆斯特丹应用科学大学83.40%的教师拥有硕士学位。该校深知教职员工的持续发展对于提高教育、科研和服务质量至关重要。因此，该校在2021年特别关注领导力发展和教师发展两个重要项目。阿姆斯特丹应用科学大学为教师和管理人员设计了学习计划，并提供指导和监督，以帮助讲师获得博士学位。此外，该校还通过在线平台提供各种在线培训课程，其中数字技能、生产力和个人能力是最受欢迎的课程主题。员工可以免费在GoodHabitz平台参加这些在线培训课程。

为了表彰和鼓励员工的卓越表现，阿姆斯特丹应用科学大学设立了多种奖项和奖励，包括年度讲师、年度研究奖、荣誉获奖者等，旨在认可员工的杰出才能和贡献。与此同时，该校也非常关注教师的个人活力和生活平衡。在过去的三年里，阿姆斯特丹应用科学大学制订了以"活力"为主题的全面政策框架，以确保员工能够在工作中获得满足，从工作中获取动力，并找到生活和工作的平衡。这些举措有助于提高员工的幸福感和工作绩效。[①]

（五）科研

高等教育与应用研究以及专业实践紧密相连，对于阿姆斯特丹应用科学大学来说，应用研究是促进专业领域创新的关键工具之一。该校专注于通过研究提供解决方案来解决城市问题，通过国际合作伙伴网络和海外合作项目，在国际上产生积极影响。此外，应用研究还有助于培养更高素质的专业人员。通过将新发展的知识直接纳入学位课程，学生能够获取有关其特定领域未来的最新见解，并通过研究任务，获得诸如批判性思维、信息分析和研究方法等其他重要技能。

1. 研究小组

阿姆斯特丹应用科学大学拥有53个研究小组，这些小组由教授领导，成员包括其他研究人员、项目负责人和学生，他们合作开展研究

---

① Hogeschool van Amsterdam, "Talentontwikkeling," https://www.hva.nl/over-de-hva/werken-bij-de-hva/arbeidsvoorwaarden/talentontwikkeling/talentontwikkeling.html，查询时间为2022年11月5日。

工作，涵盖多个学科领域，包括健康、运动与营养，建筑环境、设计，商业与管理，信息与通信技术，媒体与传播，教育，法律与治理，技术与工程，以及物流、航空和航海等。以商业与管理领域为例，该领域下设9个研究小组，各自致力于深入研究和创新。这种组织结构有助于确保学术界和实际应用之间的密切联系，以及知识的不断进步和传播。

表5-6 商业与管理领域研究小组及研究内容

研究小组名称	研究内容
循环设计与商业	通过不同方式设计、生产和经营，将城市废物转化为有价值的应用，并为向循环经济的过渡做出贡献
协同创新与创业	从合作而非竞争的角度看待创业和创新过程，关注开放式创新、负责任和包容性创新、社区/合作创业和多边或双边组织间关系等其他研究主题
公司治理与领导	研究和培训（未来）财务和会计专业人员，有助于综合财务和会计，服务于可持续经济发展的实践
数字商务	主要研究在线商业模式、互联网技术和社交媒体的应用及其对社会的影响，关注企业与消费者之间的商业互动
商业新兴技术	关注公司使用新兴数字技术以及这对服务和保留客户、竞争能力、商业模式和商业流程的影响，并与中小型企业和其他研究型大学、应用科学大学紧密合作
创业精神	关注企业家专业人士的新商业模式，旨在促进学校成为"具有企业家精神的应用科学学校"的目标
时装研究与技术	致力于对时尚的多个方面（设计、品牌、商业、开发和服饰）进行科学和艺术研究，注重新技术的应用及其对日常生活的影响
动态组织中的团队专业化	通过基于实践的调查，专注于获得关于专业团队运作的见解，而且致力于创建可用于实践的实用工具，以加强团队的集体代理。此外，还通过专业团队实验学习实验室加强团队合作，提供关于团队职业化、团队发展、团队领导力和学习成功等主题的阅读、研讨会
城市经济创新	关注推动创新的城市联系

2. 专业中心

自 2020 年以来，阿姆斯特丹应用科学大学积极设立了专业中心。这些专业中心是荷兰高等教育领域的合作倡议，由政府和行业共同资助，旨在促进教育创新、构建教育和劳动力市场之间的紧密联系、培养高素质专业人才、推动终身学习和及时再培训、提高企业创新能力。阿姆斯特丹应用科学大学通过这些专业中心与科研人员、其他教育机构、政府和企业建立了密切的合作伙伴关系，共同探索并解决城市和社会面临的重要问题。①

（六）行业实习

1. 总体情况

阿姆斯特丹应用科学大学高度重视实践导向的实习，积极与多家大型国际组织建立战略伙伴关系，旨在为学生提供度身定制的实习机会，并提供毕业生就业支持。实习安排因各专业的要求而异，通常在学生的学习进程中占据重要地位。大多数学生在第二或第三学年开始参与实习，然后在第四学年进行毕业实习。阿姆斯特丹应用科学大学没有统一的中央实习办公室，而是根据学校设有的 25 个分支实习办公室，负责协调和管理学生的实习项目。

定制实习项目：阿姆斯特丹应用科学大学的合作伙伴包括国际组织、本地企业等各行各业的组织机构。该校与这些合作伙伴紧密合作，为学生提供专门定制的实习项目，确保实习经验与课程内容紧密相关，为学生提供宝贵的职业经验。

---

① 专业中心是荷兰高等教育领域由政府和行业共同资助的机构，教育机构和企业共同合作，创新教育课程和授课方式，每个中心都专注于特定领域，旨在于教育和劳动力市场之间建立良好的联系、实现教育创新与培养优质专业人士、促进"终身学习和及时再培训"、加快与提高企业的创新能力。

表 5-7 阿姆斯特丹应用科学大学专业中心及其简介

中心名称	中心简介
应用人工智能专业中心	以负责任和包容的方式推动人工智能技术应用的发展，将数据和人工智能整合到组织、学位课程和社会中，与阿姆斯特丹大学、阿姆斯特丹自由大学和数学与计算机科学中心在人工智能技术联盟中密切合作
城市净零专业中心	通过促进创新研究、加强实践与合作，致力于实现城市气候中和，零排放、零浪费与零影响
创意创新专业中心	涉及创意产业和信息与通信技术产业，旨在为学生和教职员工开展应用研究和知识建设。开设创意产业实验室、数字生活实验室、时尚技术实验室、互动与游戏实验室、媒体实验室等，同其他大学、企业和社会机构一通开展教育研究项目
经济转型专业中心	提供广泛平台，在以实践为导向的研究和教育中形成经济学新思想。借助最先进的数字技术支持，在金融、营销、治理和劳动力市场推广新的可持续方法，重在实现向"新的商业模式、共有、公平的经济生态系统、良好的工作和技艺"四大方向的转型
城市教育专业中心	希望通过以实践为导向的研究，为包容性学习和发展做出贡献，增加年轻人在大都市环境中的发展机会
城市治理与社会创新专业中心	是阿姆斯特丹应用科学大学的跨学科研究项目，旨在确保从经济、社会、技术和物理角度解决城市问题，包括可持续城市计划、经济活力城市计划、包容性建设城市计划等
城市活力专业中心	研究旨在关注城市居民的活力与健康，缩小公共卫生差距，更好地应对生活挑战。该项目在过去几年中开发了许多干预措施和产品，帮助实现居民健康，并注重在护理中心、学校和社区等现实生活环境中开展研究

时间灵活性：学生通常选择在第二或第三学年开始实习，以确保他们具备必要的知识和技能。这样，他们可以更好地应对实际工作中的挑战，并充分利用实习机会。

毕业实习：是学生学业的重要组成部分，通常在第四学年开展。这段实习经历有助于学生将所学知识应用于实际工作中，并为他们未来的职业生涯做好准备。

表 5-8　阿姆斯特丹应用科学大学部分实习安排

部分实习办公室	实习安排
体育学院工作场所学习办公室	第一学年：每周 1 天（周二或周四），熟悉专业领域，专注于教学专业和微观情境教学； 第二学年：每周一在工作场所工作，工作内容包括设计课程、教学、应对学生之间的差异以及团队合作等； 第三学年：从 9 月到次年 1 月底每周在学习工作场所 2 天（周二和周三）； 第四学年：每周四和周五进行实习，学生可选择初等教育（初等教育和特殊教育）、中等教育或高中职业教育，通常在学习场所进行期末项目（研究）
阿姆斯特丹时装学院实习办公室	第三学年：学生在国内或国外一家时装公司进行为期 20 周的全职实习（于 9 月或 2 月开始）
公共行政实习办公室	第三学年：学生进行为期 20 周的全职实习（于 9 月或 2 月开始），根据实习组织的要求独立执行战略任务
商业与经济实习办公室	第三或第四学年：进行为期 20 周的全职实习（8 月底或 2 月初开始）
通信实习办公室	第二学年：进行为期 10 周的职业定向实习，使学生在工作领域中自我定位并发挥既定的能力； 第三或第四学年：进行为期 20 周的职业前实习，使学生将所学的知识和技能付诸实践并加以检验。 实习地点通常为通信公司，企业或公共组织的通信部门等
传播与多媒体设计实习办公室	第二学年：约 10 周的短期实习，每周 4—5 天，在 2—4 月或 4—6 月开展； 第三或第四学年：约 20 周全职实习，在 9 月至次年 1 月中旬或 2—6 月开展。 使学生在实践中分享在交互设计、视觉设计/前端开发方面获得的知识与技能，并在实习公司进行测试
创意商业实习办公室	第二学年：进行为期 10 周的职业定向实习； 第三或第四学年：为期 20 周的职业前实习
职业治疗实习和项目办公室	第一学年：持续一周（至少 24 小时），了解专业方向和职业定位； 第二学年：在第二学期组织工作访问； 第三和第四学年：进行两次为期 20 周的实习

续表

部分实习办公室	实习安排
财务和会计—对外关系	第三学年：为期20周的实习（于9月或2月开始），学生每周一至周四工作，周五返回学校学习。 每年组织一次职业活动，邀请雇主和二、三、四年级学生会面，讨论实习、毕业作业或职位等内容
物理治疗实习办公室	一次初级实习：112小时； 两次高级实习：两个实习期都持续20周，每周实习28小时，学生在此期间拥有三周假期

多样化的合作伙伴：阿姆斯特丹应用科学大学的实习项目涵盖多个领域，包括商业、科技、文化、健康、社会工作等。这种多样性确保了学生有机会选择最适合他们兴趣和专业方向的实习机会。

学校支持：虽然没有中央实习办公室，但阿姆斯特丹应用科学大学的各个分支实习办公室为学生提供支持和指导，帮助他们寻找、申请和完成实习项目。该校还为学生提供实习相关的培训和资源，以确保他们在实习期间获得最大的价值和学习机会。

通过这些实习安排，阿姆斯特丹应用科学大学致力于培养具备实际工作经验和职业技能的毕业生，为他们未来的职业生涯打下坚实的基础。这种紧密的实习与学习整合有助于学生更好地理解他们所学的理论知识如何应用于实际工作场景，并提前建立与潜在雇主的联系。[1]

2. 专业实习案例介绍

（1）重症监护（硕士）

阿姆斯特丹应用科学大学开设一年半学制重症监护硕士学位项目，培养学生发展自身专业知识，加深临床推理学习，成为重症监护或急性心脏病学领域专业护理人才。这是阿姆斯特丹应用科学大

---

[1] Hogeschool van Amsterdam, "Stages," https://www.hva.nl/bedrijven-en-instellingen/stages/stages.html，查询时间为2023年1月15日。

学和阿姆斯特丹大学医学中心 - 阿姆斯特尔学院（Amsterdam UMC-Amstel Academie）的合作项目，为期 18 个月，由 3 学期组成，共 48 个教学日和 2 000 个实践学时，4 周实践学习和 1 周理论学习交替进行。学生可以选择重症监护或急性心脏病学两个方向，具体教学和实践安排如表 5-9 所示。可以看出，重症监护学生每学年都有一定时间要求的工作场所实践要求，且随着学习推进，实践内容的难度和时长也不断提升。

表 5-9　重症监护（硕士）项目具体教学和实践实习安排[①]

学期	主题	教学内容组成	
		重症监护（IC）	心脏护理 - 心导管（CCU-HCK）
第一学期	临床实践与推理	基础重症监护、呼吸与循环	基础重症监护、循环和高度复杂的心脏护理
	科学	谵妄	谵妄
	实习实践	重症监护室基础护理：4 个月	心脏护理基础护理：4 个月
第二学期	临床实践与推理	休克与麻醉、高度复杂的护理	休克和心血管药物、心导管介入心脏病学
	科学	重症监护证据基础、病例研究	重症监护证据基础、病例研究
	实习实践	重症监护室复杂护理：7 个月	心脏护理复杂护理：7 个月
第三学期	科学	毕业论文	毕业论文
	实习实践	重症监护室高难度护理：7 个月	心脏护理高难度护理：7 个月

---

① Hogeschool van Amsterdam, "Master Critical Care," https://www.hva.nl/opleidingen/master-critical-care/studieprogramma，查询时间为 2023 年 1 月 15 日。

(2)职业治疗(学士)

阿姆斯特丹应用科学大学的职业治疗专业是一个全日制的四年制学士学位项目，旨在培养专业的职业治疗师。在职业治疗课程中，学生将学习骨科、神经病学、心理学以及职业治疗技能的应用等各种课程，旨在指导和支持那些患有身体障碍或心理残疾的人应对他们在日常生活中遇到的各种挑战。

第一学年包括七个学习模块，每个模块专注于不同的目标群体，包含4—6周的课程。在第一学年，学生将建立对专业内容的基本了解，将所学的理论和技能应用到小组项目中，并参与大约3—4天的短期实习。学生还需要在每周三参与独立的实践学习，可以是他们自己发起的活动或加入已有的计划，例如在康复中心组织烹饪活动或在小学指导发育迟缓的儿童。此外，除了实践学习，学生还需要参加讲座或协助开展一些活动，以不断提高他们的专业知识，促进职业发展。第二学年将继续学习理论和技能课程，以及个人和职业发展方面的内容，同时进行小组的实践学习。第三学年，学生将进行为期20周的实习，在康复中心、疗养院、公司或社区等实习场所工作，并在教师的监督下参加7—8次实习会议。实习的安排根据教学计划进行。第四学年是毕业阶段，学生将进行毕业设计和毕业实习。毕业实习为期20周，平均每周工作32—36小时。在毕业实习期间，学生将在一名或多名职业治疗师的监督下工作，并定期参加七次左右的实习会议，以确保他们的职业治疗技能得到充分培养和实践。[①]

(七)质量保障

荷兰的高等教育机构质量保障体系经历了三个主要阶段的发展，

---

① Hogeschool van Amsterdam, "Ergotherapie," https://www.hva.nl/opleidingen/ergotherapie，查询时间为2023年1月15日。

包括高度集中的模式、评估＋监督模式和评估＋认证模式。第三阶段始于 2002 年，这个阶段的特点是高等教育机构进行自我评估并生成自评报告。接着，经过荷兰－佛兰德认证机构（Nederlands-Vlaamse Accreditatie Organisatie，简称 NVAO）[①]的认证，校外多方评估机构对自评报告进行质量鉴定。然后，进行外部评估，并由荷兰－佛兰德认证机构对评估报告进行质量鉴定。最终，评估机构将结果公之于众。在整个评估过程中，荷兰高等教育督导团（Inspectorate of Education，简称 IHO）[②]履行监督职责，这个组织是根据《高等教育和研究法》设立的，其主要任务是监督各高等教育机构的表现，然后将结果提供给政府，以确保高等教育机构在可接受的参数范围内运作。[③]

阿姆斯特丹应用科学大学为了提供高质量的教育和实践导向的研究，注重内部和外部的质量保障评估，并将它们结合起来。通常，中期审查和认证之间间隔三年进行。中期审查和认证之间的主要区别在于认证更侧重于公共问责制（通过荷兰－佛兰德认证机构进行），中期审查主要是为了发展和改进，重点是学位课程的进一步发展和内部问责制。根据阿姆斯特丹应用科学大学的政策，每个学位课程都会在两次认证之间进行中期审查。这一评审由至少三人组成的外部同行评审小组进行，其中至少包括一名学生。荷兰－佛兰德认证机构只评估标准 1（预期的学习成果）和标准 4（已实现的学习成果）以保留认证。而标准 2（教育学习环境）和标准 3（评估）的结果在没有荷兰－

[①] 荷兰－佛兰德认证机构，是由荷兰政府与比利时佛兰德地区政府联合创办的一个独立的高等教育认证机构，对高等教育机构的学士和硕士课程进行认证与认可，对外部评估机构进行认证。
[②] 荷兰高等教育督导团由政府根据《高等教育和研究法》设立，是监督各机构表现的高等教育监察组织，主要职能是将结果提供给政府，考察高等教育机构是否在可接受的参数范围内运作。
[③] 成协设、Harm J. A. Biemans：《荷兰高等教育质量保障体系的演变、特点及其启示》，《国家教育行政学院学报》2017 年第 6 期。

佛兰德认证机构的参与下公开，由阿姆斯特丹应用科学大学自己发布相关信息。这种结合内外部评估的方式有助于确保高质量的教育和研究。

阿姆斯特丹应用科学大学进行外部评估的程序是由外部独立专家小组负责，每隔六年一次，依据研究质量保证的部门协议（Brancheprotocol Kwaliteitszorg Onderzoek，简称BKO）中的五项标准进行评估。外部评估报告是公开的，并提交给研究质量评估委员会（CEKO）。研究质量评估委员会的任务包括监督应用科学大学对研究质量保证的部门协议的实施，以及通过数据库向公众公开应用科学大学的外部研究评估报告。此外，阿姆斯特丹应用科学大学还积极参与机构质量保证评估（Institutional Quality Assurance Assessment，简称ITK）。机构质量保证评估由荷兰－佛兰德认证机构进行，是对教育机构内部质量保证的定期、外部和独立评估，旨在确保内部质量保证体系与质量文化相结合，以实现个人愿景中的优质教育。在机构质量保证评估的过程中，专业组关注的核心问题包括：质量保证是否确保了良好的教育愿景的实现？该机构是否致力于可持续发展和改进？专业组通过考察教育机构对教育质量方面的愿景是否得到充分支持、内外部协调、实际实施、监控和改进等方面来进行评估？这些评估机制有助于确保阿姆斯特丹应用科学大学的教育和研究质量保持在高水平并不断改进。[1]

（八）办学业绩与社会认可

1. 学术成就

阿姆斯特丹应用科学大学下设七个学院，涵盖了艺术、经济、法

---

[1] Hogeschool van Amsterdam, "Kwaliteit," https://www.hva.nl/over-de-hva/wie-wij-zijn/kwaliteit/kwaliteit.html，查询时间为2022年11月15日。

学、机械工程、护理、社会学、交通管理、医疗保健等多个领域。开设的课程和专业涉及人工智能、物联网、新能源技术等许多前沿技术和知识领域。在科研方面，阿姆斯特丹应用科学大学拥有庞大的科学研究团队，下属研究单位90余个，各类研究成果累计7 000余项，在国际期刊和会议上发表论文数量达2 800余篇，获得奖项200余项。阿姆斯特丹应用科学大学国际化水平一直处于领先地位，与许多国际机构保持着良好的合作关系，科研项目得到多个国内外机构的资助。

2. 学生情况

阿姆斯特丹应用科学大学注重学生的创新和实践能力，积极倡导实践教学，在许多学科和课程中引入了虚拟实验室、实习、项目和案例式教学等措施，并提供了例如专业项目、创业学习、社会企业实习等实践机会，鼓励学生积累真实的职业体验，在职业生涯中更具竞争力。

根据2021年的全国学生调查，61%的学生对他们的学习计划感到满意，58%认为他们的学位课程为他们未来的职业奠定了坚实的基础。这反映了学生对阿姆斯特丹应用科学大学的教育质量和学习体验持积极评价。

面向阿姆斯特丹应用科学大学2019/2020学年毕业生的调查显示，超过96%的毕业生在2021年秋季进入劳动力市场后找到了工作，其中82%的毕业生拥有学士及以上学位。此外，88%的阿姆斯特丹应用科学大学毕业生在毕业后三个月内找到了带薪工作，失业率从2020年的6%下降到2021年的4%。这些数据表明，阿姆斯特丹应用科学大学的毕业生在毕业后能够很快成功就业，而且大多数就业领域与他们所完成的学位课程相关。

3. 社会服务

阿姆斯特丹应用科学大学的研究小组积极参与多项行业应用研究，例如城市可持续发展、数字化转型和自然风险管理等，研究成果有助于推动当地的环境保护与经济发展,并开展城市物流供应、城市护理与关怀、城市师资短缺、城市初创企业、清洁城市、居民债务等一系列城市研究项目①,努力构建更加美好的阿姆斯特丹。同时,阿姆斯特丹应用科学大学与许多外部合作伙伴和公司合作开展各类项目,涵盖了城市可持续发展、医疗保健、旅游业和交通管理等领域,帮助公司和政府机构在革新和升级业务的同时,为学校提供与行业合作和提升教学质量的机会。此外,阿姆斯特丹应用科学大学积极鼓励学生参与社区服务和公益活动,该校成立了许多社区项目,使学生为社区发展做出贡献。

4. 社会排名

阿姆斯特丹应用科学大学作为荷兰首都地区最大的应用科学大学,在荷兰内排名14—16,在国际上的排名位于1850—1950之间。阿姆斯特丹国际商学院的本科国际商业和管理研究专业以及国际商务和语言专业在2018年获得了国际EPAS认证,这使得阿姆斯特丹应用科学大学成为荷兰第一所获得该认证的应用科学大学。这一认证不仅加强了该校在国际高等教育市场的竞争力,还促进了与国际合作伙伴的联系,并为学生和教职员工提供了更多的发展机会。这对于提高该校的国际声誉和吸引国际学生和合作伙伴都具有重要意义。

(九)数字化转型与人工智能发展

荷兰在数字化连接、数字化人才和数字化整合方面取得了显著的进展,其数字化发展受到荷兰政府的高度重视,特别关注以人为本的人工智能发展。该国通过长期战略,致力于提高全体公民的数据技能和数据包容性,推动社会的数字化发展。2019年,荷兰发布了《数

---

① Hogeschool van Amsterdam, "Onderzoek in de stad," https://www.hva.nl/onderzoek/impact-en-output/onderzoek-in-de-stad/onderzoek-in-de-stad.html,查询时间为2022年11月15日。

字化战略》2.0版本，明确了未来几年的重点领域，包括人工智能、数据科学解决社会问题、数字包容性和技能、数字政府以及数字弹性等。[1]

作为荷兰最大的城市和金融商贸中心，阿姆斯特丹拥有坚实的数字化技术基础。2019年12月，阿姆斯特丹人工智能联盟成立，由阿姆斯特丹政府、多所学术机构、医疗机构以及其他组织合作，计划未来10年内投资10亿欧元用于人工智能技术的发展。该联盟的目标包括设立研究计划、吸引顶尖科学家和培训学生，以推动人工智能领域的发展。该联盟专注于商业创新、公共支持和医疗健康等领域的人工智能应用，并积极与国际先进机构、公共合作伙伴和商业界合作。阿姆斯特丹应用科学大学作为该联盟的合作伙伴之一，与阿姆斯特丹大学、自由大学、数学与计算机科学中心等内部和外部伙伴密切合作，共同推动人工智能领域的研究和教育。

阿姆斯特丹应用科学大学在数字领域也有着显著的贡献。2021年，该校设立了应用人工智能专业知识中心，下设7个实验室，涵盖金融创新、市场洞察、法律技术、责任人工智能、智能资产管理、智慧教育以及智能健康与活力等领域。这些实验室通过与外部合作伙伴，如企业、非营利组织、政府和学术机构等，开展研究和合作项目。学生的课程学习和研究与这些实验室紧密相连，为教育提供了支持。

值得一提的是，"市场洞察中心"和"金融创新中心"合作开展了人工智能领域的教师技术培训，通过在线学习课程和研讨会，帮助教师学习如何在实际中应用人工智能知识。此外，阿姆斯特丹应用科学

---

[1] Digital Skills and Jobs Platform, "Netherlands-Dutch Digitalisation Strategy 2.0," https://digital-skills-jobs.europa.eu/en/actions/national-initiatives/national-strategies/netherlands-dutch-digitalisation-strategy-20，查询时间为2023年1月15日。

大学积极参与了负责任的人工智能应用（Responsible Applied AI，简称 RAAIT），这是与乌特勒支应用科学大学、鹿特丹应用科学大学以及其他合作伙伴共同发起的计划。负责任的人工智能应用的目标是在人工智能领域实现实际应用，为公司和机构带来实际的受益。合作领域包括零售、商业服务和媒体等社区。阿姆斯特丹应用科学大学致力于为全体学生提供人工智能教育，提供多项辅修课程，并开设应用人工智能和数字驱动商务等硕士学位课程。

总体来说，阿姆斯特丹应用科学大学在数字化和人工智能领域的积极参与以及与众多合作伙伴的合作，使其在培养数字领域的人才和推动数字化应用方面发挥重要作用。该校的研究和教育项目为学生提供了丰富的机会，以应对未来数字化世界的挑战和机遇。

四、结论与启示

建设应用科学大学对于完善我国的高等教育体系和推动经济结构转型升级具有重要意义，荷兰应用科学大学的经验值得借鉴。阿姆斯特丹应用科学大学作为一所规模庞大且具有代表性的应用科学大学，其办学特色为我国应用型本科高校的建设提供了有益的借鉴方向和启示。

（一）多元的招生制度与学生培养机制

荷兰多元化的中等教育体系为应用科学大学提供了广泛的生源。应用科学大学招生对象主要包括大学预科教育、高级普通中等教育和高级中等职业教育的毕业生等三类生源。不同于我国，荷兰没有全国统一的高等学校招生考试，因此上述几种教育毕业证书即可作为入学资格要求。此外，年满 21 岁及以上、未完成中等教育的学生也可以通过参加应用科学大学提供的专业考试来进入学校学习。荷兰应用科学大学为学生提供了多样化的学位项目，包括三年制或四年制的学士学位，以及硕士学位及副学士学位，提供包括全日制和部分时间制的课程。第一学年通常用于培养学生的专业理论基础知识，从第二学年开始，学生可以选择具体的专业方向，并参加专业课程、辅修课程、实践项目以及校外实习。这种灵活的培养路径有助于满足学生的个性化需求。阿姆斯特丹应用科学大学还在入学前开展开放日、在线分享等活动帮助学生了解课程信息，为学生提供和教师咨询、个人辅导、体验式任务等，帮助学生选择适合自身的学习培训路径。

对我国而言，正在转型的地方本科院校和高职院校招生对象范围依旧狭窄，招生方式有待完善。[①] 因此，扩大生源基础、拓宽招生方式、构建开放的学业发展途径或许是未来需要关注的发展方向。应消除普通教育和职业教育之间的壁垒，打通中等职业教育学生进入高等职业教育领域学习的通道。此外，应建立良好的研究型高校和应用型本科高校间转入通道，能够使两者进行衔接的课程，为学习者提供适合自身发展的灵活培训方案。

(二) 多方位的高度紧密合作

高度的校企合作、校际合作以及与其他政府机构和社会机构的协作一直贯穿于阿姆斯特丹应用科学大学的整个办学历程。校企合作向来是应用科学大学办学的重点和难点。荷兰应用科学大学在该领域实现了法律层面和资金支持的双重保障，还开设了国家职业培训和劳动力市场专业技能中心作为中间机构帮助实现学校学生和实习单位的对接[②]，为形成良好的校企合作生态系统提供了有力支撑。在人才培养的过程中，阿姆斯特丹应用科学大学鼓励学生进入国内与国际的企业

[①] 房靖博、赵欣：《荷兰应用技术大学招生制度及启示》，《职业教育研究》2015 年第 4 期。
[②] 杜云英：《荷兰应用技术大学：国家竞争力的助推器》，《大学(学术版)》2013 年第 9 期。

实习,在不同的学习阶段设置了短期和长期的实习要求,为学生安排了实习监督教师,布置项目式的教学安排,邀请企业到学校开展讲座与对话,许多专业的毕业设计要求也与在企业的实践相结合。这种深度的校企合作办学模式为学生自学早期阶段提供了实际的工作体验,而非拘泥于课堂理论教学,帮助学生实现良好的就业对接,了解行业未来的实际发展趋势。同时也能够有针对性地帮助企业培养人才,提升劳动力资源的实用性与实效性。

校际合作是高校间实现资源流动与共享的有效途径。阿姆斯特丹应用科学大学与阿姆斯特丹大学、多所应用科学大学之间建立了良好的合作关系,无论是共创科研联盟,还是互选课程等教学培养,这种校际互动沟通了同一学术领域不同学校间的联系,有效整合资源、促进科研研发、丰富学生学习体验。

(三)应用项目教学,注重实践导向

项目教学方法是荷兰的应用科学大学广泛采用的一种教学方式,即在教师的指导下,学生形成小组,通过完成基于教学内容的项目来开展学习的一种开放式教学模式。项目教学在阿姆斯特丹应用科学大学的专业中得到了良好的应用,小组成员通过运用理论知识和行业技能寻求问题的解决方案,成为学生学习过程中的主要组成部分。在项目教学过程中,学生小组需要负责项目计划从制订、执行到总结等多个环节[1],帮助学生对所学知识形成更加直观的感受,建立了知识在行业中的应用场景,促进理论教学与实践教学的衔接与贯通。

在课程设置中,除了基础理论教学外,实验教学、项目教学、辅修专业、实习、工作场所中的毕业设计多种模式形成了其独具特色的教学体系。总体而言,阿姆斯特丹应用科学大学将以实践为导向的研

---

[1] 欧阳舟、张然:《荷兰应用型大学中的项目教学法探究》,《中国校外教育》2011年第6期。

究作为教育课程的重要组成部分，从而培养未来的专业人才。将所开发的知识用于课程，以便学生获得有关未来专业实践的最新内容。在研究任务中，学生学习研究技能、信息技能和研究方法，培养批判性思维、调查的专业态度。

我国应用科学大学可以借鉴荷兰经验，在理论知识教学后通过项目实践的方法，使学生以小组为单位开展活动并提交成果，促进开展专业技能项目选修，在模拟工作场景中提升学生的实践能力，从而推进不同课程间的关联建立，打通课上教学和实际操作的壁垒，帮助学生更好地从理论学习过渡到实践应用，并且将实践性研究作为学校发展的重要动力，推进与产业的联系合作，促进知识的转化和创新，培养优质人才。

（四）关注问题解决与城市建设

"阿姆斯特丹"是阿姆斯特丹应用科学大学的办学愿景四大支柱之一，鼓励学生通过创造性的解决方案和可持续的创新来应对城市挑战，创造美好明天。一方面，该校注重通过不同教学方式培养学生的问题解决能力；另一方面，该校将问题解决观念嵌入教学体系，注重通过教学与研究来解决现实中存在的问题。2020年以来，阿姆斯特丹应用科学大学通过专业中心寻找城市和社会问题解决方案，例如"城市净零专业中心""城市教育专业中心""城市治理与社会创新专业中心"。这为我国应用型本科建设提供了"城市型"发展方向，培养适应和促进城市发展的应用型人才，通过教育和科研为城市在经济、社会、文化、治理、医疗等方面的发展提供支持，兴办具有城市特色的应用科学大学。

（五）对标数字社会与国际化发展

数字化进程是社会进步不可避免的发展方向。阿姆斯特丹应用科学大学"2021—2026战略计划"三项维度之一就是数字化,它在阿姆斯特丹应用科学大学的课程开设、科技研发、教师培训等多个领域得到充分的体现。在未来,为学生提供数字化学习环境、深化数字化教学资源应用,开设适应数字化和智能化社会发展的专业课程,通过科研与合作为数字化转型和人工智能发展提供技术支持和问题解决方案等,都是我国应用科学大学的发展方向。

荷兰应用科学大学积极推进国际化发展,具体表现为开设国际化课程、招收国际学生、吸纳国际化教师和管理者队伍。[1]阿姆斯特丹应用科学大学同样注重国际化发展,满足以上三个具体表现,多个专业具有高度的国际化趋向,培养学生英语乃至其他外语语言能力,鼓励学生进入国际企业实习,关注教育和研究中的国际和跨文化方面,培养学生在国外工作/学习的经验和能力。阿姆斯特丹应用科学大学已与50多个国家的250家机构建立伙伴关系,合作启动了多种教育项目。共建"一带一路"倡议的提出进一步推动了我国职业教育"走出去"的发展路径,教育国际化是我国应用科学大学发展的必由之路。拓宽具备国际竞争力人才的培养渠道、形成独具特色的国际化教育模式、建立多方位国际合作关系等内容,是我国应用科学大学在未来需要继续考虑的方向。

(本章作者赵天琪,上海外语教育出版社)

---

[1] 王云儿:《荷兰应用科技大学发展特征探析》,《江苏高教》2014年第1期。

第六章

芬兰应用科学大学研究

——以芬兰坦佩雷应用科学大学为例

应用科学大学是芬兰高等教育体系中具有独特地位的一部分，它的建立和发展源于社会和经济发展的实际需求。随着全球化和技术进步的不断推进，芬兰社会对具有实践能力和创新精神的应用型技术人才的需求日益增加。为了应对这些挑战，芬兰政府在20世纪90年代初启动了一项教育改革，致力于通过创建应用科学大学这一新的高等教育类型，以更好地满足劳动力市场的需求。应用科学大学的建立不仅填补了综合性大学与职业教育之间的空白，也为区域经济发展和社会进步提供了强有力的支持、做出了巨大贡献。本章在梳理芬兰应用科学大学产生背景的基础上，深入探讨其办学模式、发展特色，并以芬兰坦佩雷应用科学大学为例，详细剖析其具体实践和成功经验。

一、芬兰应用科学大学产生的背景

（一）国际背景：欧洲高等教育国际化和普及化趋势的推动

欧洲高等教育的国际化是芬兰应用科学大学发展的推动因素。随着欧洲经济一体化的不断深化和国际教育市场的迅速发展，高等教育国际化已经成为一股不可逆转的全球趋势。自20世纪80年代以来，芬兰就一直将促进本国高等教育的国际化视为教育政策的重要议题。1991年，芬兰成立了国际教育交流中心（Center for International

Mobility，简称 CIMO），该中心专门负责促进芬兰与其他国家在高等教育领域的国际交流与合作，其使命是促进芬兰社会特别是教育、培训、工作生活、文化和青少年方面的国际合作与流动性。[①]1999 年 6 月，欧洲 29 国教育部长在意大利博洛尼亚签署了著名的《博洛尼亚宣言》，芬兰也是签署国之一。《博洛尼亚宣言》是欧洲高等教育一体化的纲领性文件，旨在促进欧洲各国之间的高等教育协调、合作和互认。2002 年 2 月，欧洲委员会和欧盟各国负责教育与培训的部长又共同制订了《欧洲教育与培训 2010 年目标》(*Education and Training in Europe: Diverse Systems, Shared Goals for 2010*)，该目标是欧盟在欧洲一体化宏观背景下对整个欧洲区域的教育与培训做出的全面规划，它使欧洲职业教育一体化的观念更加深入人心。[②]随着欧洲高等教育国际化进程的加快，各国都致力于借鉴别国优秀教育经验来优化本国教育体制。然而，当时芬兰的职业教育体系在一定程度上阻碍了芬兰职业教育乃至整个教育体制的国际化，为此，芬兰政府通过引入应用科学大学来厘清职业教育体系，并以此推动高等教育国际化的发展。[③]

除高等教育国际化趋势外，高等教育普及化趋势也对芬兰的应用科学大学的设立产生了重要影响。1973 年，美国著名教育社会学家马丁·特罗（Martin Trow）在向经济合作与发展组织（Organization for Economic Co-operation and Development，简称 OECD）提交的著名论文《从精英向大众高等教育转变中的问题》中，首次提出了高等教育发展的三阶段理论，指出当高等教育的毛入学率超过 50% 时，

[①] CIMO, "Strategy 2020: Towards a Global-minded Finland," http://www.e-julkaisu.fi/cimo/strategy_2020，查询时间为 2023 年 5 月 10 日。

[②] 吴雪萍、张科丽：《欧洲职业教育一体化探析》，《高等教育研究》2011 年第 5 期。

[③] 吴雪萍：《基础与应用——高等职业教育政策研究》，浙江教育出版社 2007 年版，第 42 页。

高等教育就进入了普及化阶段。[1]由于原有的高等教育体系比较单一，20世纪90年代以前芬兰的高等教育入学率一直比较低。此外，当时的大学教育主要以学术教育和科学研究为导向，这也严重阻碍了高等教育入学率的实现。[2]20世纪80年代末，芬兰社会民主化运动将高等教育普及化的呼声推至高潮。在这种背景下，芬兰政府采取措施建立了一种新的高等教育模式——应用科学大学，以提高高等教育的普及化水平。芬兰应用科学大学与综合性大学并行发展，各自有着不同的侧重点。这不仅极大地提高了芬兰高等教育的入学率，还满足了社会发展对不同层次人才的需求。

（二）国内背景：产业升级和经济快速增长的现实需求

产业调整升级和经济快速增长拉动了社会对高技能技术人才的需求，这成为芬兰发展应用科学大学的重要内在动因。[3]在20世纪80年代，芬兰经济年均增长率达到3.7%，但90年代初陷入衰退。为应对挑战，政府积极进行经济结构调整，强调知识型经济的发展。他们着重发展新兴产业、先进制造业和现代服务业，采用资源集中战略，聚焦于信息技术、生物技术和森工等领域。这一策略带来成功，使芬兰90年代中后期保持5%左右的经济增长。经济结构调整、优势产业发展和科教兴国战略使芬兰崛起为科技领域的世界强国，成功实现了知识经济社会的转型，取得了历史性的经济增长。经济结构调整和产业升级导致劳动力市场需要更多具有高等教育文化程度的高素质技能技术人才，而芬兰的教育培训体系已不能适应劳动力市场不断变化

---

[1] 马丁·特罗著，王香丽译：《从精英向大众高等教育转变中的问题》，《外国高等教育资料》1999年第1期。
[2] 周磊：《芬兰多科技术学院的发展及启示》，《中国职业技术教育》2011年第10期。
[3] 李建忠：《芬兰应用技术大学办学特色与经验》，《大学》2014年第2期。

的需求。劳动力市场对综合性人才的需要迫使芬兰政府重新定位并优化高等教育结构，探索高等教育发展新方向，即大力发展应用科学大学，以满足知识经济社会对高级技术人员的需求。[1]

二、芬兰应用科学大学的发展历程

从20世纪90年代开始尝试以来，芬兰应用科学大学经历了20多年的发展，大致可以分为试验办学阶段、正式确立阶段和层次提升阶段。[2]

（一）试验办学阶段

芬兰职业教育在20世纪经历了三次变革时期，其中1974—1987年是芬兰职业教育和中等教育的大改革时期。[3]这次改革主要涉及三方面内容：第一，根据1978年《中等教育发展法》，将职业学校作为中等教育的一部分进行改革，旨在按社会经济发展和劳动力市场需要来扩展职业教育的内容，增加社会民众接受职业教育的机会；第二，根据1983年的法律对职业学校投资体系进行改革，中央政府和地方政府开始对职业学校进行按比例投资；第三，全面修订职业教育法，依法治教。

20世纪80年代末，受到全球竞争不断激烈化和经济不景气的影响，芬兰社会经历了巨大的变革。当时，芬兰原有高等教育系统的弱点逐渐显露出来，其中包括大学毕业生就业困难、高水平的应用型专业人才短缺以及高等教育在国际竞争中地位相对较低等问题。这些问

---

[1] 周磊：《芬兰多科技术学院的发展及启示》，《中国职业技术教育》2011年第10期。
[2] 曲一帆，史薇：《中国应用技术大学路向何方——基于英国与芬兰多科技术学院不同发展路径的比较研究》，《清华大学教育研究》2014年第4期。
[3] 吴雪萍：《基础与应用》，第40页。

题突显出芬兰传统的单一僵化的高等教育结构已不再适应快速变化的劳动力市场需求。因此，与其他国家一样，芬兰开始引入以市场为导向的教育改革，其目标之一是提升职业教育的地位。为此，芬兰政府提出了引入应用科学大学作为职业教育发展的新途径。这一举措不仅为芬兰高等教育体系的多样性注入了新元素，还为社会民众提供了在应用科学大学而非综合性大学接受高等教育的机会。然而，建设应用科学大学的倡议一经提出便引发了广泛的质疑声音。政治家、社会名流、市政联盟、企业家、学者、校长、教师、大众媒体以及原本专注于普通中等教育管理的七大重要团体开始质疑，怀疑应用科学大学是否能够真正成为区别于原有综合性大学的以职业为导向的高等教育机构。[1]芬兰教育相关部门经过深入讨论研究，最终决定采取试点办学的方式来创建应用科学大学，以此不断积累经验。

从1988年起，芬兰开始进入职业教育的第三个时期，即文化大转变时期。这一时期主要围绕建立新型应用科学大学和实现职业教育与普通教育的融合两个方面进行改革。[2]1991年，芬兰议会颁布了《中等和高等职业教育法》，强调要着重推动高等职业教育的发展，这为应用科学大学的试点办学提供了法律保障。随后，通过对85所职业教育机构进行合并和重组，创办了22所试验性高等职业学院。这些学院主要提供专科层次的教育，被定位为高等职业教育范围，是芬兰应用科学大学的雏形。

（二）正式确立阶段

随着应用科学大学的不断发展，应用科学大学引起了芬兰社会各界的广泛关注，受到了社会大众的普遍欢迎。这是因为应用科学大学

---

[1] 吴雪萍：《国际职业技术教育研究》，浙江大学出版社2004年版，第53页。

[2] 吴雪萍：《基础与应用》，第41页。

的创建不仅满足了社会就业市场对应用型人才的迫切需求，还为公众提供了一条进入高等教育的全新机会。试点办学的经验、国际化评估以及职业结构与工作生活的并行变化，加速了永久性体系的建立和必要立法的通过。1994年，世界经济合作与发展组织发布了《芬兰高等教育政策评论》(The Review of Finnish Higher Education Policy)。这份报告不仅推动了永久性法规的制定，还加速了高等教育的改革进程。同时，该报告提出应逐步建立芬兰应用科学大学的永久性体系。

1995年2月，芬兰议会通过了《应用科学大学法》(Polytechnics Act，旧称《多科技术学院法》)，决定自1996年开始将表现良好的试验性高等职业学院经评估后转为永久性院校。到2000年，所有试验性院校都转成了永久性院校。[①]该法明确规定应用科学大学与综合性大学同属芬兰高等教育体系，秉持"平等但不同"的发展原则("平等但不同"是西方许多国家发展本科层次职业教育的共同理念，"平等"指本科层次职业教育与普通本科教育在办学地位上不应该存在纵向差异，"不同"则是指二者在办学定位上应当存在横向差异)。[②]该法的颁布意味着应用科学大学正式成为芬兰高等教育体系中的永久性组成部分，芬兰由此构建了双元制的高等教育系统，综合性大学和应用科学大学的使命和任务不同，但是两者之间存在互补，分别由不同的法律来管理，即《大学法案》和《应用科学大学法》。

（三）层次提升阶段

自1999年加入博洛尼亚进程以来，芬兰进行了深刻的高等教育改革。2001年，教育与文化部提出了采用"3+2+4"的学位结构。为

---

① Ministry of Educationn in Finland, "Background Report: Polytechnic Education in Finland," https://web-archive.oecd.org/2012-06-15/165143-2088360.pdf，查询时间为2024年9月2日。
② 关晶：《本科层次职业教育的国际经验与我国思考》，《教育发展研究》2021年第3期。

了进一步提升应用科学大学的地位并增强其吸引力,芬兰应用科学大学也开始设置技术学位,并建立了系统的学位体系。2003年,芬兰修改了《应用科学大学法》,赋予应用科学大学技术学士学位授予权。虽然当时尚未设立硕士学位,然而,早在2001年夏天,国会就已经通过法令允许在应用科学大学设立硕士学位的试点工作,并从2002年秋季就已经开始试点。[①] 在硕士学位试点初见成效后,2005年,芬兰再次修订了《应用科学大学法》,授予应用科学大学技术硕士学位的授予权,并取消了专科层次的教育。从那时起,应用科学大学的"学士—硕士"两级技术学位体系正式确立。通过两次教育层次的提升,应用科学大学显著增强了其高等职业教育的吸引力,为社会经济的发展培养了高水平的技术人才。到目前为止,芬兰应用科学大学仍然授予技术学士学位和技术硕士学位两个层次的学位,尚未获得博士学位的授予权。

芬兰通过逐步立法将应用科学大学的教育提升至本科层次和硕士层次,这一升级既是完善高等教育体系的必然需要,也是提高高等职业教育地位和吸引力的重要手段。

三、芬兰应用科学大学的办学模式与特色

(一)以社会需求为导向,科学设置专业和课程

与传统综合性大学更关注学术基础研究、研究者培养、理论教学不同,芬兰应用科学大学以职业为导向,旨在为青年人提供一种更专业、更具有实践性的高等教育[②],着重将学科专业设置与区域产

[①] 崔瑞锋、张俊珍、魏小文:《变革中的芬兰学位与研究生教育管理》,《中国研究生》2006年第2期。

[②] 吴雪萍:《基础与应用》,第41页。

业结构紧密对接,以及人才培养与社会、经济和就业市场需求相协调。芬兰教育部颁布了应用科学大学专业设置目录,囊括了八个学科领域,包括人文与教育,文化,社会科学及商业管理,自然科学,技术与交通,自然资源与环境,社会服务、卫生和体育,以及旅游、餐饮和家政服务。每所应用科学大学都根据其所在区域的产业结构和社会需求设置相应的学科和专业。① 例如,赫尔辛基城市应用科学大学(Metropolia University of Applied Sciences)共有 4 个校区和 7 个学院,提供 80 个学位课程,覆盖 4 个学科领域,包括商业、文化、卫生保健与社会服务以及技术。② 其专业设置紧密契合社会需求和就业市场,如社会福利与人体机能学院不仅开设了与人民生活健康密切相关的专业,如牙科技术、验光、职业治疗、理疗、足部医疗、假肢和矫形器等,这些专业还可授予学位。③ 再如,北拉普兰地区自然风光优美,旅游业是拉普兰地区最重要的产业之一,位于该地区的拉普兰应用科学大学(Lapland University of Applied Science)紧密结合当地实际发展情况开设了旅游专业,为当地旅游业的发展培养了大批专业技能人才。④

近年来,芬兰正逐渐进入老龄化社会。截止到 2021 年 12 月平均年龄已经达到 43.6 岁,65 岁以上的人口比例从 1990 年的 13.3% 上升到 2021 年的 23.0%,老年人抚养比率达到 37.1%。⑤ 应用科学大学

---

① 李建忠:《芬兰应用技术大学办学特色与经验》,《大学》2014 年第 2 期。
② Metropolia, "Annual Report 2023," https://www.metropolia.fi/en/about-us/annual-reports/2023,查询时间为 2023 年 5 月 10 日。
③ Metropolia, "Annual Report 2023," https://www.metropolia.fi/en/about-us/annual-reports/2023,查询时间为 2023 年 5 月 10 日。
④ Bachelor of Hospitality Management, "Tourism," https://www.lapinamk.fi/en/Applicants/Bachelors-degrees/Tourism,查询时间为 2023 年 5 月 10 日。
⑤ Statistics Finland, "StatFin," https://pxdata.stat.fi/PXWeb/pxweb/en/StatFin/StatFin-vaenn/?tablelist=true,查询时间为 2023 年 5 月 10 日。

积极响应这一挑战,开设了与老龄化社会需求相关的专业,如老年人关怀和社会服务等。满足经济社会发展的需求,提高人们生活质量,培养高技能技术人才,一直是应用科学大学的使命所在。

(二)生源多样化,准入资格设计科学合理

芬兰应用科学大学积极追求生源多样性,以满足终身学习和国际化教育的需求。学士学位课程通过联考不仅招收普通高中毕业生,还包括职业高中毕业生。为了弥补两类生源在知识基础和结构上的差异,学校在学生的前两年教育中制订了有针对性的教学计划。对于普通高中生源,学校适度加强了专业基础课的学习;而对于职业高中生源,则适度强化了文化课的学习。以坦佩雷应用科学大学(Tampere University of Applied Sciences,简称TAMK)汽车运输工程专业为例,

表6-1 坦佩雷应用科学大学汽车运输工程专业学分要求[①]

课程代码	课程名称	普通高中生源（学分）	职业高中生源（学分）
K-100	语言与交流	15	20
K-101	数学	10	15
K-102	物理学	10	15
K-103	商务	14	14
K-104	工程力学	16	16
K-105	机械自动化	15	10
K-106	材料制造	18	13
K-107	机械设计	17	12
C-13009	车间生产技术	15	15

① Bachelor of Engineering, "Automobile and Transport Engineering," https://oldopintoopas.tamk.fi/ops/opas/ops/vanhat/pdf/05/Ops.pdf,查询时间为2023年5月10日。

在语文、数学和物理这三门文化基础课上,职业高中生源需要多修15个学分,在机械自动化、材料制造以及机械设计这三门专业基础课上,普通高中生源需要多修15个学分(见表6-1)。[①]

(三)采用开放式和多样化学习形式,推动终身学习发展

推动终身学习的发展从理念变为现实,一直是芬兰国家教育发展战略的核心。应用科学大学在履行促进终身学习的重要使命上发挥着关键作用。例如,赫尔辛基城市应用科学大学设立了开放学校,提供多样化的学习形式。[②] 坦佩雷应用科学大学通过多种方式提供开放高等教育,不受年龄和教育背景的限制,主要开设大学基础学位课程,通常安排在晚上授课。此外,他们还提供短期专业化学习课程,主要面向已经获得本科学士学位或职业学院本科学士学位的人员。这些课程旨在加深和扩展学习者的专业知识,促进个人专业成长,并提高应对专业领域发展挑战的能力。通常,这些课程可以在1—2年内完成,获得30—60学分。[③]

应用科学大学还开设了行政工商管理硕士学位课程,采用模块循环教学的方式,每月一个教学模块,学员可以在一年中的任何一个月入学。此外,学校还为企业员工提供定制培训。这一系列的教育举措不仅有助于满足个体学习需求,还有助于提高员工的专业素养,促进了终身学习的理念在社会中的实践。芬兰应用科学大学在建设学习型社会方面发挥了重要的作用。

---

① 李建忠:《芬兰应用技术大学办学特色与经验》,《大学》2014年第2期。
② Metropolia, "Open University of Applied Sciences," https://www.metropolia.fi/en/academics/open-university, 查询时间为2023年9月10日。
③ Tampere University of Applied Sciences, "Open UAS," https://www.tuni.fi/en/study-with-us/open-higher-education-studies/open-uas, 查询时间为2023年9月10日。

（四）推进国际化战略

积极推进国际化战略，培养具有国际视野的人才是芬兰高等教育国际化的一个关键方面。为实现这一目标，芬兰采取了多项措施。首先，他们优化了教学语言环境，增加了英语授课的课程。例如，坦佩雷应用科学大学在商务信息系统、建筑工程、化学工程、环境工程、国际商务、媒体、护理、造纸技术、社会服务和旅游等10门学士学位课程中采用英语作为授课语言，主要面向国际交流学生。其次，芬兰积极开展校际国际合作和师生国际交流。许多芬兰应用科学大学都与来自欧盟国家以及世界各地，包括中国在内的高职院校建立了合作交流关系。这种合作涵盖了合作研发项目以及学生等人员的交流。这些措施不仅有助于提高芬兰高等教育的国际竞争力，还为学生和教师提供了更广阔的国际化学习和教育机会。以坦佩雷应用科学大学为例，截止到2022年底，该校与55个国家的335所大学建立了合作关系。[1] 除校际国际合作外，学生交流对于国际化教育也非常重要。据坦佩雷应用科学大学国际交流数据显示，2022年该校国际学生人数增长32%，总数达到933人，占全部学生人数的8.2%。其中901人攻读学士或硕士学位，32人攻读专业教师教育项目（Professional Teacher Education），其中超过四分之三（76%）的国际学生来自欧盟/欧洲经济区以外的国家。国际学生人数的增长主要归功于护理英语学位课程。除了学习英语学位课程外，该校所有学位学生还可以在国外完成部分学位课程，大约三分之二的毕业生认为他们有很好的机会在国外完成实践培训和/或交换项目。[2]

---

[1] Tampere University of Applied Sciences, "Key Information of TAMK," https://www.tuni.fi/en/about-us/tamk/key-information#expander-trigger--352743，查询时间为2023年9月10日。

[2] Tampere University of Applied Sciences, "TAMK Annual Review 2022," https://sites.tuni.fi/tamkannualreview2022/statistics/internationality-statistics/，查询时间为2023年9月10日。

四、芬兰坦佩雷应用科学大学的案例

芬兰坦佩雷应用科学大学是一所公立应用科学大学，创办于1996年。该校于1996年由坦佩雷理工研究院（1886年成立）、坦佩雷贸易学院（1890年成立）、库鲁林业学院（1937年成立）以及坦佩雷艺术传媒学院（1991年成立）四所学校合并而成，2010年又与帕堪玛理工学院（1997年成立）合并。自建校以来，坦佩雷应用科学大学始终致力于服务社会，特别是将服务地方经济发展视为己任，并凭借其先进教学理念和人才培养模式，成为芬兰顶尖应用科学大学中的典范。

（一）办学背景和目标定位

从创校伊始，坦佩雷应用科学大学就以社会和市场需求为导向，特别注重为地方经济发展提供服务。它根据不同区域的产业结构设置学科和专业，采用先进的教学理念和人才培养模式，因此被誉为培养芬兰工程师和企业家的摇篮。这一模式的成功体现了芬兰高等教育的灵活性和多样性，旨在更好地满足社会的多元需求，培养具备实际技能和科研创新能力的专业人才，以促进地方和国家的发展。

根据芬兰国家法律的规定，坦佩雷应用科学大学在人才培养方面着重响应不断演变的社会需求。它根据区域的产业结构和社会对人才的需求，科学设置各类学科和专业，确保学科专业设置与地区产业需求紧密契合，培养的人才能够满足社会、经济和就业市场的需求。该校的办学宗旨是为学生提供能够在工作和生活中发挥作用的新能力，以高质量的专业高等教育和创新为导向。多年来，坦佩雷应用科学大学一直是芬兰本地高中毕业生的首选，报考该校的人数在芬兰名列前茅。这证明了该校是芬兰最受欢迎的应用科学大学之一。作为一所芬兰的高等教育机构，该校提供卓越的多学科教育服务，涵盖本科、研究生、继续教育、资格证书等各个教育阶段，强调应用导向，通过领先的教学方法和广泛的校企合作，培养出各领域的专业人才。

（二）专业和课程设置

坦佩雷应用科学大学是一所国际化、多学科的大学，下设7个学院，分别是建筑环境与生物经济学院（Built Environment and Bioeconomy）、商贸管理学院（Business）、健康护理学院（Health）、工业工程学院（Industrial Engineering）、媒体、音乐与艺术学院（Media, Music and Art）、教育学创新学院（Pedagogical Innovations），以及社会福祉与健康科技学院（Well-being and Health Technology）。该校提供超过40个学位项目，包括17个学士学位项目和15个硕士学位项目。这些学位项目中有13个以英语进行授课。坦佩雷应用科学大学拥有超过1万名在校学位学生，每年约有2 000名学生毕业。该校的本科学位课程符合欧洲质量框架（EQF）第六级标准，硕士学位课程则达到了EQF第七级标准。坦佩雷应用科学大学拥有大约700名教职员工，年度预算为7 400万欧元。①

（三）招生方式和入学资格

芬兰《应用科学大学法》规定了申请资格的要求，包括从芬兰高中毕业或入学考试所需的学习；国际学士学位（International Baccalaureate，简称IB）；欧洲学士学位（European Bachelor，简称EB）；德国高中毕业考试（Reifeprüfung，简称RP）文凭或德国国际高中毕业证书（Deutsche Internationale Abitur，简称DIA）文凭；包含120个学分的芬兰基础职业学位或180分的技能分数或包含至少

---

① Tampere University of Applied Sciences, "Tampere University of Applied Sciences (TAMK)," https://www.tuni.fi/en/about-us/tamk，查询时间为2023年9月10日。

80个学分的相应早期芬兰职业学位；芬兰大专或更高职业水平文凭；芬兰职业高中及以上资格，或基于能力的专业职业资格，或类似的先前资格；提供在相关国家接受高等教育学习资格；学士学位或硕士学位。这些要求确保了学生在申请时具备必要的背景和学术水平。

坦佩雷应用科学大学提供多样化的录取程序，以支持不同类型的学生。除了应用科学大学的证书录取和联合入学考试外，还有其他方式来录取。这些多样化的录取程序有助于吸引和录取更广泛的学生群体。以下是一些录取方式：

面试：学生可能需要参加面试作为录取的一部分，这可以帮助招生委员会更好地了解学生的动机和适应能力；

开放路径申请：学生可以通过完成开放式应用科学大学的研究项目来获得学习资格，这为那些希望以非传统方式学习的学生提供了机会；

学位教育录取程序：学生可以根据入学课程或提前作业申请网络学习和能力学位课程，这些课程旨在满足学生的需求，并可以通过灵活的方式完成。

此外，坦佩雷应用科学大学的内部转学申请程序使学生更容易转到不同专业。该校还为有特殊需求的申请人提供单独入学考试的安排，例如额外时间、安静的考场或提供助理参加入学考试。坦佩雷应用科学大学非常注重便利性，提供了便捷的在线申请过程，并允许学生在几乎任何一所芬兰应用科学大学完成学士水平入学考试。总的来说，坦佩雷应用科学大学致力于确保各种类型的学生都有机会获得高质量的教育。无论学生的背景或需求如何，学校都提供了多种方式来满足他们的学术和职业发展目标。①

---

① Tampere University of Applied Sciences, "Applying to TAMK Bachelor's Degrees," https://www.tuni.fi/en/study-with-us/apply-to-tamk/applying-to-tamk-bachelors-degrees#eligibility，查询时间为2023年9月10日。

（四）教学方法与教学发展计划

为了培养学生的实践操作能力和技术应用能力，芬兰应用科学大学采用工作场所学习模式开展教学，坦佩雷应用科学大学常用的教学法包括项目式教学法、教练式教学法、团队学习法等世界前沿的教学方法。

1. 项目式教学法（Project-Based Teaching）

项目式教学法就是在老师的指导下，将一个相对独立的项目交由学生自己处理，信息收集、方案设计、项目实施及最终评价，都由学生自己负责，学生通过该项目的进行，了解并把握整个过程及每一个环节中的基本要求。项目式教学法最显著的特点是"以项目为主线、教师为引导、学生为主体"，具体表现在：目标指向的多重性；培训周期短，见效快；可控性好；注重理论与实践相结合。项目式教学法是师生共同完成项目，共同取得进步的教学方法。芬兰应用型本科高校以职业为导向，在教学中采用项目式教学法，可以有效帮助学生在项目实践过程中理解和把握课程要求的知识和技能，体验创新的艰辛与乐趣，培养分析问题和解决问题的思想和方法。

2. 教练式教学法（Coaching）

从教师到教练的教练式教学法主要是教师转换角色，在教学中采用教练技术，通过完善被教练者的心智模式来发挥潜能，以激励的手段建立希望，提高学生的学习效果。它使被教练者在一定的挑战中，向内挖掘潜力，向外发现可能性，不受思维的限制，不断突破自我，不断创新，有效地表达和沟通，实现目标，它是将激励理论与积极心理学理论在实践中加以运用的有效工具。如在坦佩雷应用科学大学护理学院，教练式教学法可以帮助学生摆脱传统的思维束缚，在轻松自由的环境中积极参与并完成教学任务，那些表现优秀、思维活跃的学生可能会随时转变角色成为教练，帮助其他同学一起挖掘潜力。教练式教学法不仅可以锻炼职业技能，还能培养学生的创新精神。

3. 团队学习法（Team-Based Learning，简称 TBL）

团队学习法是由美国教育学家拉里·迈克尔森（Larry Michaelsen）于 2002 年提出的一种教学模式，以小组为团队，学生为主体，教师为主导进行教学，已成为国际医学教育中广泛采用的一种教学模式。该教学模式强调团队协作，有利于学生知识、能力的互补，调动学生的积极性，促进学习者的团队协作精神，是一种兼具实践特点的新型教学模式。

坦佩雷应用科学大学非常关注教学技能的发展，该校的教学发展计划（2022—2024 年）支持提高该校的教师、教师团队和学校发展教学能力，主要由以下几部分组成：（1）教学原则，指导学位课程、其他教育、学习模块和课程的教学决策的教学原则（2022 年）；（2）以徽章驱动的能力发展，建立在教学原则、战略重点领域和高等教育教学法未来愿景的基础上；（3）课程改革团队教学指导（2023—2024 年）；（4）教学指导/数字指导（2023—2024 年）；（5）教学管理发展（2022—2024 年）。[①] 该教学发展计划基于如下四份文件而发起：坦佩雷大学社区的教育战略、芬兰坦佩雷应用科学大学与教育文化部 2021—2024 年协议、芬兰应用科学大学校长会议的联合权限以及教学中心的教学原则。

（五）师资建设与管理

1. 芬兰高等教育师资质量保障体系

芬兰应用科学大学教师有完善的质量保障系统，这一质量保障体系包含三个层面：国家、大学和学院。国家层面主要分为高等教育评

---

① Tampere University of Applied Sciences, "TAMK Pedagogical Development Programme," https://www.tuni.fi/en/about-us/tamk/key-information#expander-trigger--412977，查询时间为 2023 年 9 月 10 日。

议会和教育部。高等教育评议会的主要责任是对大学有国家性的问责、质量保障系统的审计、其他评估。教育部的职责是管理、决策、接收评价（问责、协商、发布报告）。大学层面的主要职责是高等教育的质量保障，保障大学的教育质量。大学负责参与外部评估和高等教育评议会的评估；负责高等教育机构内部评估及外部对教学，研究的评估；大学层面的反馈。在学院层面有一套策略性计划，包含教师教育学院，数学和科学学院、人文学院、社会科学学院、艺术学院、体育学院，进行课程发展、反馈系统、教师内部发展。[1]

2. 芬兰应用科学大学教师要求

芬兰《应用科学大学法》规定，应用科学大学可以自行聘任享有终身教职的高级讲师或者讲师职位的教师，但是同时也可以根据实际需要聘任非终身教职的教师，专家以及其他相关领域的专业人员。在芬兰，为保证应用科学大学的教育教学质量，其对所聘任的教师要求很高，规定应用科学大学教师不但需具备硕士或博士学位或相关领域的执教资格证书（相当于博士），所聘任的讲师也必须具备相应专业的硕士学位，高级讲师则必须具备博士学位或执教资格证书（相当于博士学位）。此外，应用科学大学的校长不但要具有博士学位且在教学语言上还要具有一定的专业性，其要求远远高于教师聘任。同时，应用科学大学还会聘请企业人员担任学校的兼职教师，且非常重视所聘教师的实践工作经历。芬兰应用科学大学也十分注重教师队伍与时俱进，要求一线任课教师每隔几个学期就要到与所授专业领域相关的企业单位工作，与企业员工一样真正参与企业生产，这样不仅帮助教师及时更新、拓展知识，而且通过加强与企业的联系，使教师及时了解该领域中的问题，防止理论与实际相脱节。应用科学大学还十分注

---

[1] 李玲、周钧：《芬兰职前教师教育质量保障制度研究》，《比较教育研究》2018年第10期。

重对教师的培养，定期会组织教师进行在职培训、进修及深造。同时，在芬兰应用科学大学开展教师交换项目，使教师能够通过国际交流、访学等形式开阔视野、交流经验、更新知识，保持教师队伍的生机与活力。[①]

3."三师型"教师

在芬兰，人们认为高素质的教师是优质教育的基础。芬兰的学前教育、基础教育早就闻名世界，芬兰的高等教育和职业教育也不断为社会输送高素质的劳动力，以保证科技创新和社会发展。在芬兰，除了基础教育教师准入要求极高，在职业教育和高等教育阶段也对教师有着高要求。芬兰应用科学大学的教师均为"三师型"教师，即拥有本专业硕士学位、业界工作经验三年以上、完成60 ECTS[②]学分的专业教师教育资格证。为了保障职业教师、高等教育教师的教学水平，并不断开展教育学研究，芬兰教育部授权全国五所应用科学大学开办专业教师教育学院（Professional Teacher Education）。坦佩雷应用科学大学就是其中之一，该校的专业教师教育学院承担了教育科研创新、培养高质量教师队伍、提供在职培训进修等一系列的师范教育使命。"三师型"教师所必备的60 ECTS学分专业教师教育资格证就由其提供。此外，专业教师教育学院还为芬兰当地和国际合作伙伴提供教师在职培训，如STEAM教学法培训、学前教育教师资格证培训、数字教学法（digital pedagogy）培训、教练教学法培训等，可以说是地区高水平师资的保障。针对教育从业者和管理者，该学院提供教育领导力硕士学位项目（Educational Leadership），通过两年的线上及线下混

---

① 郑晶：《芬兰应用技术大学师资队伍建设研究及启示》，《天津职业院校联合学报》2019年第4期。

② ECTS（European Credit Transfer and Accumulation System）为欧盟高等教育中的学分互认体系，1 ECTS学分 =27学习小时。

合式学习，帮助学员加深对国际教育大趋势的了解，建立国际职业联络网，成为更具竞争力的教育决策者和管理者。

（六）应用型科研

从组织合法性视角来看，坦佩雷应用科学大学的科研发展可以分为如下四个阶段（见表6-2）。

1. 科研萌芽阶段（1992—2000年）

坦佩雷应用科学大学初建于1992年，1996年获得永久办学资格。根据1995年的《应用科学大学法》，其主要职责是教学和服务于地方发展，不涉及科研功能。政府、社会并未期待该校开展科研活动。创办初期，坦佩雷应用科学大学内部从组织结构和人员配备上并没有强调与科研相关的要素。由于地处坦佩雷地区，且具备近100年的工程技术专科学院的背景，与企业有密切合作传统，该校长期与企业合作开展研发与测试工作，被视为企业的"测试车间"。这种测试、开发以及学生论文被校内成员认为是科研的初级形式。这一时期促进坦佩雷应用科学大学科研发展的关键利益相关者是企业。

2. 科研的初起阶段（2000—2003年）

这一时期，一些非正式的消息透露国家将要求应用科学大学参与科研发展，高校管理层认为有必要着手提升该校教师的科研能力，学校成员也意识到科研可能会成为应用科学大学的功能。但传统综合性大学的学术同行依旧不认可坦佩雷应用科学大学的科研能力水平，他们一方面认为该校没有合格的人员和设备做科研，只配做测试；另一方面又担心公共科研经费会流向该校。

3. 科研功能确立及发展阶段（2003—2010年）

这一时期，作为重要的利益相关者及规制机构，2003年芬兰颁布了《应用科学大学法》。该法规定应用科学大学需"开展应用研究和开发活动，为教学、企业和区域发展服务"。在组织正式结构上，坦佩

表 6-2　坦佩雷应用科学大学的科研发展[①]

科研发展时期	主要利益相关者	合法性类型	主要制度要素	学校内部的变化
1992—2000 年 萌芽阶段	教育与文化部、坦佩雷市政府、皮尔卡卡省政府、企业	技术合法性、认知合法性	《应用科学大学法》(1995 年)、《绩效协议》、《科研战略规划》	科研形式：测试、论文；科研队伍：兼职教师；科研组织：无；科研经费：无
2000—2003 年 初起阶段	坦佩雷大学、坦佩雷科学大学、企业	认知合法性、管理合法性	无	科研形式：测试、论文、小型研发项目；科研队伍：引进专职科研人员；科研组织：设立专职科研经理岗位；科研经费：无
2003—2010 年 发展阶段	教育与文化部、坦佩雷市政府、皮尔卡卡省政府、教育研究评估中心、国家技术研究中心	管理合法性、技术合法性	《应用科学大学法》(2003 年)、《教科发展规划》(2003—2008 年)、《绩效协议》(2007—2009 年)	科研形式：测试、论文、教育与 RDI 的结合、小型研发项目（企业、公共）；科研队伍：引进专职科研管理人员；科研组织：设立科研处、组建全校科研小组、聚焦科研领域；科研经费：外部经费

[①] 井美莹、杨钋：《芬兰应用技术大学科研功能发展的制度分析——以坦佩雷某应用技术大学为例》，《国家教育行政学院学报》2018 年第 6 期。

续表

科研发展时期	主要利益相关者	合法性类型	主要制度要素	学校内部的变化
2010—2016年加强阶段	教育与文化部、皮尔卡省政府、坦佩雷市政府、坦佩雷科学大学、欧盟、国家技术创新局①	管理合法性、技术合法性、认知合法性	《教育发展规划》(2008—2012年)、《地平线2020计划》、《应用科学大学法》(2014年)、《绩效协议》(2010—2016年)	科研形式：测试、论文、教育与RDI的结合，小型研发项目（企业、公共）； 科研队伍：科研带头人； 科研组织：与皮尔卡技术大学合并，形成横跨院系的科研矩阵结构； 科研经费：外部经费（企业、公共、欧盟政府）

① 国家技术创新局（Tekes）：隶属于芬兰就业与经济部，是芬兰研究与开发的国立机构，主要为企业和研究机构、大学的科研项目提供资助，以促进芬兰企业创新和竞争能力。国家技术创新局属于非营利公立机构，经费全部来源于国家预算，不从资助中获取利润及知识产权。

雷应用科学大学必须满足这一合法性需求，因此从 2003 年开始，坦佩雷应用科学大学设立了科研处，并从当地一家科技研发中心聘请一位资深科研管理人员担任科研处处长。科研处负责统筹及管理全校科研事务。教育与文化部作为规制机构，在与坦佩雷应用科学大学签订的《绩效协议》中，要求其明确定位，聚焦优势领域。

4. 科研发展的加强阶段（2010 年至今）

这一时期，坦佩雷应用科学大学确立了跨学科和院系的矩阵型科研团队，科研队伍不断壮大。在这个过程中，两大国家政策发挥了主要作用。一方面，《教科发展规划》（2010 年）要求应用科学大学在教育、研发的基础上，增加创新功能；另一方面，《应用科学大学法》（2014 年）要求所有应用科学大学注册为有限公司，并启用新的经费资助模式。无论是校级领导、学院院长还是作为研究带头人的研究人员，都表示"获取更多的经费"是其发展科研、改进科研管理模式、提升科研水平的原因之一。

在坦佩雷应用科学大学，研究、开发和创新（RDI）将多学科专业知识、现代学习、创新环境与合作伙伴、社会的需求相结合。社会视角在该校的 RDI 中至关重要，它支持坦佩雷地区的教育、商业生活和区域发展。开放的创新生态系统以及测试和学习环境是多学科 RDI 的重要组成部分。RDI 的重要资金来源是 Erasmus+、欧洲社会基金（ESF）、欧洲区域发展基金（ERDF）、各部委的计划和商业芬兰（Business Finland）。①

值得一提的是，2019 年初，坦佩雷应用科学大学与坦佩雷大学共同组建了一个芬兰最多元的国际化高等教育社区，也是芬兰第二大大学联盟。坦佩雷高等教育社区共有教职员工近 5 000 人，学生

---

① Tampere University of Applied Sciences, "Explore TAMK's RDI Activities," https://www.tuni.fi/en/research/research-and-development-tamk/explore-tamks-rdi-activities，查询时间为 2023 年 9 月 10 日。

35 000 名，其中 10% 为国际学生。三所芬兰顶级高等学府教学和科研资源的整合，建立了卓越的教育中心与科研平台；鼓励跨领域和交叉学科的合作，为学生提供更多职业发展轨道；加速从基础科研到应用科技领域的成果转化率；提升了国际竞争力与国际排名。①

五、总结与启示

芬兰应用科学大学是芬兰高等教育的重要组成部分，成立至今已取得预期成功，不仅满足了社会发展对应用型技术人才的需求，在推动区域经济发展上也做出了巨大贡献。梳理芬兰应用科学大学的产生背景、发展历程、办学模式与特色，研究优秀案例芬兰坦佩雷应用科学大学的办学背景、定位目标、专业设置、招生方式与入学资格、教学理念与方法、师资建设与管理、应用与科研等，总结办学特色与成功经验，能够为我国发展本科职业教育和建设应用型本科高校提供借鉴与指导。

（一）制度保障：注重顶层设计，通过法律法规提供制度保障

芬兰应用科学大学的健康发展离不开各种保障制度的施行。1991 年，芬兰颁布《中等和高中职业教育法》，提出重视发展高等职业教育；1995 年，芬兰通过《应用科学大学法》，以法律形式确立了与综合大学并行的应用科学大学教育体系的地位；2003 年，芬兰修改法律赋予应用科学大学享有职业技术教育学士学位授予权；2005 年，芬兰再次修订法律，赋予应用科学大学硕士学位授予权，通过立法和修改法律明确了应用科学大学的地位、使命和层次，为应用科学大学的设立和运行提供了法律保障。

---

① Tampere University of Applied Sciences, "Strategy of the Tampere Universities Community," https://www.tuni.fi/en/about-us/key-information，查询时间为 2023 年 9 月 10 日。

与芬兰相比，我国在高等职业教育立法方面相对滞后。缺乏清晰的法律法规指导可能导致高等职业教育陷入法律空白、制度无保障、体系不完整、管理不规范、投入不足、质量难以确保、社会认可度不高的尴尬境地。因此，我国急需建立和完善高等职业教育的法律体系，以提升其地位并规范学校的运作，确保其健康发展。同时，需要加速建立有效的经费制度保障。首先，各级政府应为高等职业教育的发展提供政策和经费支持，平衡在高等教育体系的两个构成部分之间的投入比例，并设立专项资金以促进高等职业教育的发展；其次，应建立多元化的投入机制，拓宽资金来源，通过税收制度鼓励社会各界参与高等职业教育的投资，同时通过深化校企合作增加相关行业企业的投入。

（二）专业设置：以市场需求为导向，科学设置专业课程

芬兰应用科学大学注重学科专业设置与区域产业结构对接，人才培养与社会、经济和就业市场需求对接。教育部出台了应用科学大学专业设置目录，规定了8个学科领域：人文与教育，文化，社会科学与商业管理，自然科学，技术与交通，自然资源与环境，社会服务、卫生和体育，旅游、餐饮和家政服务。各个学校根据区域产业结构和社会对人才的需求设置学科和专业。

我国本科职业教育在专业设置方面，可以学习如下几点。首先，专业设置应该考虑社会产业和区域发展对人才的需求，同时确保符合学生的职业需求。由于地区发展不平衡，各地的资源情况、产业结构、发展方向也存在差异，因此专业设置应要根据不同地区的产业发展需求和技术人才需求灵活调整，以市场为导向，促进高等职业教育稳健发展。其次，专业设置应该做到"宽窄并举"，兼顾专业的综合性和针对性。既注重培养专业综合性，同时又保持专业特色，助力学生提升就业竞争力和职业迁移能力，以满足社会对各类专业应用型人

才的需求。再次，专业设置应该具备一定的灵活性和前瞻性。由于社会的快速发展和产业结构的不断变化，人才培养也需要一定时间，因此在设置专业时需要密切关注产业动态和未来趋势，及时调整专业设置以适应社会产业结构的变化。通过与企业合作，淘汰滞后专业、更新现有专业、引入新兴专业，使应用型本科高校的专业设置更贴近社会需求。

（三）人才定位：以实践为导向，着力培养技术技能人才

芬兰应用科学大学的特色在于它的培养目标定位明确，旨在培养理论与实践相结合、具有综合素质和国际视野的技术技能人才。芬兰创办应用科学大学的思想最早来自 1981 年经济合作与发展组织的报告，该报告建议芬兰建立有别于传统大学的多科技术学院以培养应用型人才。1995 年芬兰议会通过《应用科学大学法》，以法律形式确立了应用科学大学与传统综合性大学并行的地位。2003 年及 2005 年的法律修订使应用科学大学获得职业技术教育学士和硕士学位授予权。层次的不断提升大大增强了职业技术教育的吸引力，适应了社会经济发展需要。政府规定了应用科学大学的培养标准，要求学生具备实践知识和技能、了解专业发展、能将所学应用于实际工作、具备终身学习和国际交流能力。此外，校企合作培养人才是芬兰应用科学大学办学的一条成功经验。四年课程中设置一个学期实习，由企业导师指导参与生产或技术项目，培养学生实践能力、软技能和工作态度。

芬兰应用科学大学的成功经验为我国本科职业教育提供了一些借鉴。首先，明确的培养目标和定位能够为学生提供明晰的职业发展路径，强调理论与实践结合、具备国际视野的技术技能人才培养。其次，考虑引入多元化的教育模式，建立与传统大学不同的应用型本科高校，以更好地培养应用型人才。再次，培养过程中要加强校企合作，培养学生的实践动手能力和解决实际问题的能力，以更好地服务社会经济的发展需求。

（四）招生方式：生源多样化，准入资格设计科学合理

芬兰应用科学大学生源来源多样，旨在满足终身学习和教育国际化发展需求。学士学位课程通过联考不仅招收普通高中毕业生，还对职业高中毕业生开放，在大学的前两年教育中，教学计划有针对性地弥补两类生源知识基础和结构上的差异，普高生源适当加强专业基础课学习，而职高生源则适当加强文化课学习。此外，应用科学大学采用自主入学标准，并自行安排入学考试，入学要求因层次不同而异。在本科阶段，申请学生只需满足入学要求中的一项即可入读：通过大学安排的入学联考的普通高中或职业高中毕业生；经过至少三年的初级职业教育培训，通过初级职业资格认证考试并获得相应资格认证的成人学生；或在国外接受过相应课程学习的本土或国际学生。硕士研究生阶段更加注重学生的实践能力，要求申请者具有一定工作经验。申请硕士阶段学习的学生需满足以下条件之一：取得本校技术学士学位并有至少三年相关工作经验；或获得综合性大学应用型专业本科学士学位并具有三年以上相关工作经历，这一阶段招生时更注重专业学习的一致性及工作经验。

我国应用型本科高校在招生方面可借鉴如下几点。首先，引入多元化的招生标准，面向普通高中、职业高中毕业生以及具有职业教育背景或工作经验的成年人，尽可能扩大生源范围，从而满足终身学习和教育国际化的需求。其次，针对不同背景的学生，制订差异化的教学计划，通过补充基础知识或专业课程，弥合知识差异，确保各类学生在大学教育中均衡发展。例如，职高毕业生可以增加文化基础课程的学分，普高生则可以加强专业基础课程的学习。此外，在本科阶段要重点培养学生的实践能力，通过实践项目、实习和实验课程，提升学生的就业竞争力和解决实际问题的能力。最后，在硕士研究生招生时，应更加注重申请者的工作经验，特别是与所学专业相关的实践经历，以提高研究生教育的实践性和应用性。这些措施将有助于推动我

国应用型本科高校在招生和教学上的多元化与针对性，提升应用型本科教育质量，培养更符合市场需求的应用型人才。

（五）师资建设：加强专兼结合的"三师型"建设

芬兰应用科学大学的教师均为"三师型"教师，即拥有本专业硕士学位、业界工作经验三年以上、还要完成 60 ECTS 学分的专业教师教育资格证。为了保障职业教师、高等教育教师的教学水平，并不断开展教育学研究，芬兰教育部授权全国五所应用科学大学开办专业教师教育学院。

我国职业本科师资建设方面可借鉴以下几点：首先，建立完善本科职业教育教师资格与准入制度，强调教师选聘标准，注重专业实践能力，签订明确权利与义务的书面合同；其次，拓宽教师引进渠道，引入实践经验丰富的专业技术人员或管理人员作为兼职教师，以缓解教师数量不足的问题，促进师资结构的改善和实践教学能力的提升；再次，完善教师进修制度，定期派遣教师进行行业实训，聘请行业专家为其进行专业理论和实践培训，帮助提升实践经验和专业技能；最后，健全考核评价和奖惩制度，以保障师资队伍的稳定。将技能考核作为评价主要指标，明确专门针对高等职业教育教师的职称评定标准，并实施合理的考核办法；通过激励政策和奖惩制度，提高高等职业教育教师的职业吸引力，确保高等职业教育的有序进行。

（六）注重办学区域布局，服务区域社会经济发展

芬兰几乎在每一个地区都设立了应用科学大学，保证办学布点的地区分布。例如，坦佩雷应用科学大学在 4 个城镇设有 8 个校区，赫尔辛基城市应用科学大学设有 20 个校区；米凯利应用科学大学主要服务于芬兰东部地区，设有 3 个校区，主校区设在米凯利市，每个校区则有不同的专业侧重。多校区制度方便学生就近学习，有助于促进

机会公平分布。此外，芬兰应用科学大学以开展应用研发与创新活动为使命，为区域社会经济发展提供服务。大学在国家创新体系中扮演关键角色，通过建立发展网络，与地方政府、企业、组织及国内外高等教育机构形成稳定伙伴关系，促进区域发展研发项目与教学和人才培养的融合。大学还通过国际合作网络和项目，培养具有创新能力的国际化人才。

我国应用型本科高校可借鉴芬兰经验，推行多校区制度以满足地方需求，建立紧密的产学研合作网络，促进地方经济发展与高等教育紧密结合，培养具有国际竞争力的创新型人才。

（七）推动终身学习发展，助力构建学习型社会

芬兰国家教育发展战略将终身学习发展从理念转化为现实，应用科学大学通过开放、多样的学习形式履行着促进终身学习的重要使命。例如，赫尔辛基城市应用科学大学设有开放学校，坦佩雷应用科学大学则通过多种形式实施开放高等教育，包括大学基础学位课程和短期专业化学习课程。短期专业化学习课程可在1—2年内完成，是已取得本科学士学位或职业学院本科学士学位人员进修学习的途径。课程采用灵活的模块循环教学，每月开设一个教学模块，方便学员灵活入学开展学习培训工作。

芬兰应用科学大学在构建学习型社会中发挥了关键作用，为企业人员提供定制培训，推动终身学习的发展。我国应用型本科高校可以借鉴芬兰经验，依托开放式、多样化的学习形式，强化短期专业化课程，提高学习的灵活性，以助力个体职业发展和适应社会需求。

（本章作者李雪云，
上海外国语大学上海全球治理与区域国别研究院）

第七章
葡萄牙应用型本科高校的发展路径分析
——以波尔图应用科学大学为例

自 20 世纪 80 年代开始，葡萄牙的高等教育体系经历了显著的扩张。这一扩张体现在多个方面，包括高校学生人数的迅速增加、教学领域的多元化，以及各种学习周期为主的高等教育机构的数量增加。根据经济合作与发展组织的报告，2000—2021 年，葡萄牙 25—34 岁年龄段接受高等教育的人口比例从 13% 上升到 47%。[①] 这一教育普及趋势与葡萄牙引入应用型本科高校密切相关。

一、葡萄牙应用型本科高校发展概况

葡萄牙的高等教育体系自 1986 年后正式确立双元制，包括大学教育子系统和高等职业教育子系统。高等职业教育子系统强调实用性、应用性、技术性或专业性的高等教育，覆盖传统大学高等教育之外的领域。[②] 随着葡萄牙在 2005 年启动博洛尼亚进程，教育体系经

[①] OECD iLibrary, "Education at a Glance 2022: OECD Indicators," https://www.oecd-ilibrary.org/education/education-at-a-glance-2022_75a5b3e9-en，查询时间为 2023 年 1 月 20 日。
[②] E. Lucas, N. Mangas, and J. Marques, et al., "A importancia do ensino superior politécnico em Portugal para o desenvolvimento regional - o caso do Politécnico de Leiria," https://eventos.aforges.org/wp-content/uploads/sites/63/sites/64/2023/05/11-ELucas_NMangas_JMarques_ANicolau_A-import_ncia-do-ensino-superior.pdf，查询时间为 2023 年 1 月 20 日。

| 转型与超越

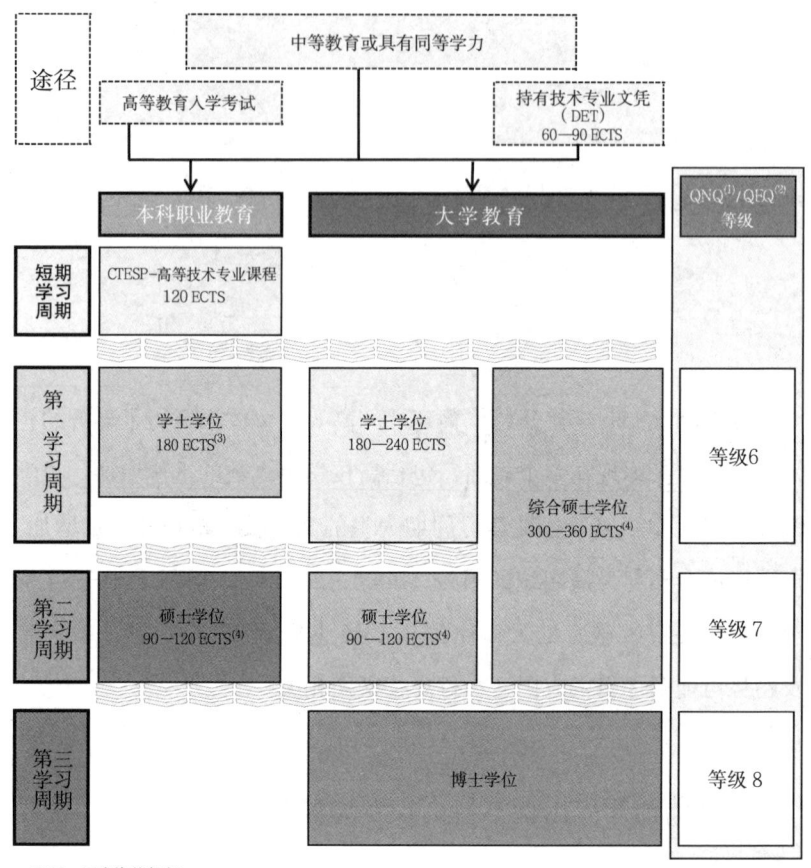

```
途径:
  中等教育或具有同等学力
    ↓                    ↓
  高等教育入学考试      持有技术专业文凭
                        (DET)
                        60—90 ECTS
```

	本科职业教育	大学教育	QNQ⁽¹⁾/QEQ⁽²⁾等级
短期学习周期	CTESP-高等技术专业课程 120 ECTS		
第一学习周期	学士学位 180 ECTS⁽³⁾	学士学位 180—240 ECTS	等级6
		综合硕士学位 300—360 ECTS⁽⁴⁾	
第二学习周期	硕士学位 90—120 ECTS⁽³⁾	硕士学位 90—120 ECTS⁽⁴⁾	等级7
第三学习周期		博士学位	等级8

(1) QNQ：国家资格框架。
(2) QEQ：欧洲资格框架。
(3) 若是从事某种专业活动，需要210—240 ETCS的教育和培训。
(4) 在特殊情况下，某些专业领域的硕士学位的学习周期可以是60 ECTS，该学分是由于该特定领域在国际层面上有稳定的实践活动。
(5) 在完成综合的周期学习后也可以授予其硕士学位，以获得进行相关专业活动的机会，其学习时长：a）由欧盟法规规定；b）根据欧盟内部的常规和综合实践确定。在这种情况下，获得180 ECTS（即3年，6个学期）的学生将被授予学士学位。

图7-1 葡萄牙高等教育体系

历了改革，引入了欧洲学分互认体系，并对学习周期、学分转移机制以及文凭补充等方面进行了调整。因此，葡萄牙的高等教育现在主要包括三个学位授予学习周期，即可获得学士学位、硕士学位和博士学位，以及一个颁发文凭的短期学习周期，即专业高等技师文凭。应用型本科高校目前有资格授予学士学位、硕士学位以及专业高等技师文凭。在过去的四十年里，葡萄牙的高等教育格局发生了巨大的变革，特别是本科职业教育的兴起，使得葡萄牙高等教育迈入了一个全新的"新应用型本科高校时代"（Nova Era Politécnica）。根据葡萄牙高等教育局的数据，目前葡萄牙拥有 61 所应用型本科高校，提供了共计 5 256 门不同的课程。① 这些应用型本科高校围绕着新的职业教育培训模式，积极展开各种新的行动和选择不同的发展逻辑。

（一）发展历程

葡萄牙的高等职业教育可以追溯到 20 世纪 70 年代之前，当时的中等教育体系包括商业学院、工业学院、初级教育学校和农业学校等教育机构。20 世纪 70 年代初，葡萄牙政府就认识到高等教育对经济发展的重要性。然而，当时高等教育的入学率非常低（1971 年仅为 3.2%），高等教育的分布不均，某些技术领域缺乏中高级专业人才。这些问题共同促成建立了一个具有专业化特色的高等教育子系统。② 韦加·西芒（Veiga Simão）是当时的葡萄牙教育部长，为促进高等教育的民主化和大众化发展，他决定对高等教育进行改革，并将高等教育改革纳入葡萄牙的政治议程。③ 1973 年颁布的《教育体系改革法》（Lei de Reforma do Sistema Educativo）是葡萄牙高等教育发展的重要里程碑，该法案引入了短期高等教育（Ensino Superior de Curta

---

① DGES, "Ensino Superior em números," https://www.dges.gov.pt/pt/pagina/ensino-superior-em-numeros?plid=371, 查询时间为 2023 年 1 月 20 日。

② E. Lucas, N. Mangas, and J. Marques, et al., "A importância do ensino superior politécnico em Portugal para o desenvolvimento regional - o caso do Politécnico de Leiria," https://eventos.aforges.org/wp-content/uploads/sites/63/sites/64/2023/05/11-ELucas_NMangas_JMarques_ANicolau_A-import_ncia-do-ensino-superior.pdf, 查询时间为 2023 年 1 月 20 日。

③ S. R. Stoer, "A reforma de Veiga Simão no ensino: projecto de desenvolvimento social ou «disfarce humanista»?," Análise Social, Vol. 19 (1983), pp. 793-822.

Duração），即职业教育的前身，并将其纳入高等教育体系，使其与大学等高校机构一同构成了高等教育的一部分。

尽管韦加·西芒提出了高等教育改革的计划，但由于 1974 年 4 月 25 日的康乃馨革命，这些改革未能完全得以实施。直到 1979 年 12 月 26 日，一项法令明确将"短期高等教育"更名为"高等职业教育"，赋予了它"与大学同等的尊严"以及特定的高等教育目标。进一步的法规出台包括了 1986 年颁布的《教育基本法》(A Lei de Bases do Sistema Educativo)，它被认为是葡萄牙高等教育二元结构的法律里程碑，明确规定了应用型本科高校的使命："提供坚实的高等教育文化和技术培训，发展创新和批判性分析的能力，提供理论和实践性的知识及其运用，以便开展专业活动。"当时的应用型本科高校可以授予高等教育专科学位，直到 1997 年本科职业教育也开始授予学士学位，之后高等职业教育专科学位便被废除。通过当时的立法框架，可以清晰地看到两个高等教育子系统之间的差异[①]：

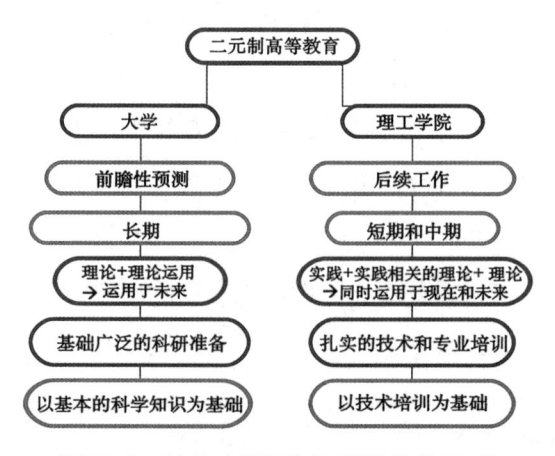

图 7-2　法律中双元制高等教育的区别

---

① Cláudia Urbano, "O Ensino Politécnico–(re)definição e (re)posicionamento no panorama da formação superior em Portugal," *Mundos sociais: saberes e prácticas* (2008), p. 132, https://associacaoportuguesasociologia.pt/vicongresso/pdfs/469.pdf, 查询时间为 2023 年 6 月 5 日。

第二个重要的法律里程碑可以追溯到葡萄牙参与博洛尼亚进程后的 2005 年。在这一年，葡萄牙对《教育基本法》和高等教育机构融资法律进行了修改，允许应用型本科高校授予学士学位和硕士学位。同时，博洛尼亚进程的各种公约和宣言，受到了不同社会、政治、国家和国际经济背景的影响，从某种程度上改变了整个高等教育，特别是应用型本科高校教育的组织、定义和使命。尽管大学和应用型本科高校两个子系统之间在法律上仍然存在正式的区别，但博洛尼亚进程的影响导致它们之间开始出现更多的相似之处。[1]

（二）办学特点

葡萄牙应用型本科高校自产生以来，就表现出鲜明的地区扎根特点。在 1979 年的法令中，明确规定了应用型本科高校的使命，其中包括"为社区提供服务，解决社区存在的问题，尤其是区域性的问题"，以及"与其所在地区的文化发展领域进行直接的合作"。在 1980 年的法令中，还要求在葡萄牙建立理工科高等教育网络。葡萄牙应用型本科高校的使命一直都非常清晰，即提供与生产和社会活动相关的培训和研究，为社区提供服务，并通过合作来解决问题，所有这些使命都体现了浓厚的地区特色。此外，鉴于不同地区的主要经济活动类型不同，应用型本科高校的培训领域也需要与每个地区现有的劳动力需求相适应。[2]

随着经济的开放和发展，葡萄牙应用型本科高校越来越具有国

---

[1] Cláudia Urbano, "Lógicas diferentes de instituições de ensino superior num mesmo sistema: os perfis das instituições de ensino politécnico em Portugal," *Revista Iberoamericana de Educación Superior,* Vol.11, No. 32 (2020), pp. 149-162.

[2] E. Lucas, N. Mangas, and J. Marques, et al., "A importância do ensino superior politécnico em Portugal para o desenvolvimento regional - o caso do Politécnico de Leiria," https://eventos. aforges.org/wp-content/uploads/sites/63/sites/64/2023/05/11-ELucas_NMangas_JMarques_ ANicolau_A-import_ncia-do-ensino-superior.pdf, 查询时间为 2023 年 1 月 20 日。

际化特色。近年来，外国学生注册和参与高等职业教育课程的数量不断增加。这些学生包括来自葡萄牙语国家共同体（Comunidade dos Países de Língua Portuguesa，简称 CPLP）成员国以及其他非葡语国家的学生，他们多数是基于双边和多边协议、特殊制度和交流计划而来的。自 2008 年以来，外国学生在葡萄牙应用型本科高校中的比例有所增加。以 2015 年为例，布拉干萨理工大学和波尔图应用科学大学是葡萄牙高等教育机构中注册国际学生数量最多的五所高校之一。据葡萄牙教育和科学统计局的数据显示，截至 2020 年，国际学生占公立应用型本科高校新生总数的 44%（详见表 7-1）。

关于学生的国际交流，数据显示，从 2012 年开始，参加国际交流项目的学生人数逐年增加。2012 年，有超过 1 万名学生参与国际交流项目，其中约有 17% 来自应用型本科高校。到了 2015 年，有超过 13 000 名学生参与国际交流项目，其中每 5 名学生中就有 1 名来自应用型本科高校。在 2016 年，国际交流规模继续扩大，超过 22 000 名学生参与，其中 22% 来自应用型本科高校。[1] 此外，应用型

表 7-1　2014—2020 年葡萄牙应用型本科高校新招收国际学生人数

单位：人

学校类型＼学年	2014/2015	2015/2016	2016/2017	2017/2018	2018/2019	2019/2020
公立应用型本科高校	161	452	821	1 183	1 757	2 398
私立应用型本科高校	44	69	64	120	133	222
总　计	205	521	885	1 303	1 890	2 620

---

[1] Cláudia Urbano, "Lógicas diferentes de instituições de ensino superior num mesmo sistema: os perfis das instituições de ensino politécnico em Portugal," *Revista Iberoamericana de Educación Superior*, Vol. 11, No. 32 (2020), pp. 149-162.

本科高校也在国际化方面取得了进展，许多机构提供外语课程或设立国际课程。同时，葡萄牙应用型本科高校也积极与其他高校合作，参与国际研究资助计划，组织国际周等活动，促进国际化发展。

葡萄牙应用型本科高校教育体系呈现出多样性。尽管其高等教育旨在培养学生具备应对就业市场需求的实际能力，但应用型本科高校并没有停止提供理论课程，而是将理论与实践相结合。应用型本科高校开设的专业领域多种多样，包括教育、艺术与人文学科、行政与法律、自然科学、数学与统计学、信息与通信技术、工程、制造与建筑、农业、林业、渔业以及兽医科学等。这种多样性有助于满足不同领域学生的需求，培养具备广泛技能和知识的毕业生。

二、葡萄牙应用型本科高校的重要意义及现存挑战

葡萄牙应用型本科高校在解决高等教育领域之前存在的民主化和多样化不足问题方面发挥了巨大作用。在建立双元制高等教育体系之前，高等教育往往被视为国家"精英"的特权，这一点在努内斯的统计数据中得到了明确反映（见表7-2）。[1]数据表明，绝大多数大学生来自社会中地位较高的"社会职业群体"。这种现象突显了高等教育的不平等性，葡萄牙应用型本科高校的出现扭转了这一格局。应用型本科高校的建立使更多来自不同社会背景的学生有机会接受高等教育，促进了高等教育的民主化。这不仅有益于个人的职业发展，还有助于社会的多样性和包容性的提升。应用型本科高校通过提供实用的技能培训和多样的课程，满足了更广泛学生群体的需求，进一步推动了高等教育的多样化。

随着双元制高等教育体系的建立和葡萄牙高等教育网络的扩展，

---

[1] A. Sedas Nunes, *A situação universitária portuguesa*, Livros Horizonte, 1969, p. 50.

表 7-2　1963—1964 年各社会职业群体学生在三所大学中的占比（%）[1]

社会职业群体	科英布拉大学	里斯本大学	波尔图大学
总　数	100.0	100.0	100.0
第一组	3.9	5.2	2.0
第二组	9.4	12.3	10.4
第三组	44.2	39.3	45.4
第四组	41.9	42.5	41.5
其　他	0.6	0.7	0.7

高等教育机构现在分布在全国各个地区。这一变化导致了来自社会金字塔的最低阶层，如农民、体力劳动者和非技术工薪阶层的学生数量不断增加，不同社会阶层的群体都有了更多接受高等教育的机会。

同时，葡萄牙的应用型本科高校对于促进区域经济发展和推动企业的技术创新也具有重要意义。由于这些高校地理上的分布以及与地区和商业结构的密切联系，它们成为对于当地企业和其他机构的重要经济合作伙伴，刺激了区域经济的活跃。例如，在 2014 年，葡萄牙理工高等院校协调委员会（Conselho Coordenador dos Institutos Superiores Politécnicos，简称 CCISP）推动的一项研究发现，葡萄牙应用型本科高校对其所在地区经济的直接影响在 2 700 万至 1.71 亿欧元之间，它们在地区国内生产总值中的平均比重在 5%—11% 之间，同时这些高校的就业人数占各市活跃人口的 12% 以上。这项研究还指出，国家在资助这些机构方面，每投资 1 欧元，就有 4.22 欧元的平均回报，最高回报甚至可以达到 8.07 欧元。此外，这些高校一直在改善人力资源的培训，这些人力资源被纳入生产系统，并一直在为

---

[1] 第一组：工人；第二组：企业雇工或协助人员，低级国家官员；第三组：小工业家和商人，农村土地所有者，教师和普通官员；第四组：高级国家官员，城市土地所有者，工业家或批发商人，企业董事和高级员工，自由职业者和艺术家。

巩固企业结构和各个活动部门的技术创新做出贡献。[①]这进一步强调了应用型本科高校在促进地区经济增长和社会发展方面起到的重要作用。

将职业教育纳入高等教育体系虽然缩小了大学教育和高等职业教育之间的距离，但也增加了两者之间的模糊性。特别是对于应用型本科高校教育，它通常通过使用二元的定义，即应用型本科高校被定义为"不是"大学，而大学则被定义为"是"大学。这导致了两种学术漂移的观点。一些人认为应用型本科高校发生了学术漂移，因为它们创设了原本存在于大学中的课程。另一种观点则是"大学向应用型本科高校的漂移"，即大学开始创设一些更加技术性和实践性的课程，这本来是应用型本科高校的领域。因此，有必要明确定义和区分这两个教育子系统。[②]

波尔图应用科学大学（Instituto Politécnico do Porto，简称 P.Porto）作为葡萄牙应用型本科高校的典型代表，具有悠久的发展历史和完善的组织架构与学科设置。它是葡萄牙最大的公立应用型本科高校，也是葡萄牙公立高等教育的典范。因此，将波尔图应用科学大学作为研究案例，从其办学目标、专业课程设置、师资建设等多个方面深入探讨葡萄牙应用型本科高校的发展模式和路径，有助于我们发现对我国应用型本科高校发展具有借鉴意义的经验和做法。

三、波尔图应用科学大学的案例

波尔图应用科学大学拥有悠久的历史，创立于 1985 年，其前身可

[①] Jorge Carvalho Arroteia, "A rede de formação do ensino superior e a democratização do ensino," *Didaskalia*, Vol. 33, No. 1-2 (2003), pp. 605-618.

[②] Cláudia Urbano, "Lógicas diferentes de instituições de ensino superior num mesmo sistema: os perfis das instituições de ensino politécnico em Portugal," *Revista Iberoamericana de Educação Superior*, Vol. 11, No. 32 (2020), pp. 149-162.

以追溯到 1852 年成立的波尔图工业学院（Escola Industrial do Porto），后来更名为波尔图工商学院（Instituto Industrial e Comercial do Porto）。在 1918 年，工业学院和工商学院正式分离成为独立的机构。20 世纪 70 年代，韦加·西芒改革引入了短期高等教育，波尔图工业学院于 1975 年更名为波尔图高级工程学院，并被纳入高等教育体系。同样，工商学院也在 1976 年更名为波尔图高级商业和管理学院，也融入高等教育体系。最终，1985 年波尔图应用科学大学正式成立，将高等教育学院、高等音乐学院、波尔图会计与行政高等学院、波尔图工程高等学院等多个机构整合为一体。

（一）办学目标和定位

1. 定位及其愿景

根据《波尔图应用科学大学章程》，波尔图应用科学大学是一所为社会转型和经济发展提供高等教育的葡萄牙公立应用型本科高校。其自我定位是作为城市、地区和国家文化转型的引擎，以培养学生获得专业实践的核心能力为导向，努力满足当代需求，并在学术界、专业实践和社会之间建立紧密联系的桥梁。波尔图应用科学大学不仅专注于职业技术教育，还积极追求学术和应用型知识与技能的平衡。因此，该校的使命是创造和传播知识、科学、技术和文化，培养学生具备技术、科学、艺术以及将知识与实践相结合的综合能力，使他们能够在国内和国际舞台上成为引领者，为社会的知识发展做出贡献。

此外，波尔图应用科学大学承担着社会责任，致力于培养高度专业、科学、技术和艺术能力的公民，积极参与科研和知识传递，创造和传播文化，以及推动所在地区的可持续发展。它以卓越为目标，视自己为国家的杰出机构，积极推动社会转型和资格认证。该校通过创新、差异化的方式组织培训课程，将知识与实际操作融合，以满足新需求和受众。同时，它强化研究能力，积极参与国际合作网络，并倡导负责任、参与和团结的精神，通过资源共享和创业文化促进知识领域的协作，以更加明确自身的身份和定位。

2. 优先发展领域和战略目标

在教学方面，波尔图应用科学大学积极计划创建创新的课程和多样化的学习模式，旨在为学生未来的职业生涯提供有力支持。该校致力于确保学生能够获得实际应用的知识和技能，以胜任不断发展和变化的职场需求。教学方法的创新和课程的多样化是波尔图应用科学大学的教育承诺的一部分，旨在培养具备创新和解决问题能力的学生。在研究方面，波尔图应用科学大学拥有广泛的研究议程，旨在回应社会和产业界的创新需求。该校鼓励学生积极参与研究活动，以培养他们的研究技能和批判性思维。这有助于学生不仅在理论知识方面取得进展，还能够在实践中应用这些知识，为社会和经济的进步做出贡献。作为一家公共机构，波尔图应用科学大学以相对较低的成本提供高质量的教育资源，同时保持较高的教育价值。该校将自身定位为葡萄牙学生和社会的高投资回报率（ROI）之一。这意味着波尔图应用科学大学在教育领域的目标是为学生提供高质量的教育，使他们能够在未来的职业生涯中取得成功，并为社会的持续发展做出贡献。

根据其定位和愿景，波尔图应用科学大学明确了一系列优先发展轴心和相关的战略发展目标，以确保其在教育和研究领域继续取得进展。这些目标将有助于大学实现其使命，同时为学生和社会创造更大的价值。

（二）招生方式和入学资格

波尔图应用科学大学因其课程和院系多样，其招生方式也较为多样化。对于普通高中毕业生来说，可以直接申请高级专业技术课，通过参与全国高等教育入考试（Concurso Nacional de Acesso，简称CNA）申请波尔图应用科学大学的大部分院系的学位课程；由于某

表7-3　波尔图应用科学大学战略框架

优先发展领域	战略目标
教学培训	将培训课程的务实性作为学校的隐形资产； 将不同学院的知识和学科进行合理整合； 主动响应高等教育和终身学习的新需求并进行积极调整
科研和知识转让	巩固波尔图应用科学大学在国际公认的科学研究排名中的地位； 强化波尔图应用科学大学的知识转移与应用
国际化	增强对外国学生和研究人员的吸引力； 促进提供培训的外部市场多样化； 提高教师和研究人员在国际研发和合作网络中的地位
治理和战略管理	按照合理协作的组织模式，使之成为以问责制为指导的公共机构； 塑造波尔图应用科学大学的公共形象，使之成为体现世界多元性的机构； 坚持自信的沟通策略
人民、文化和公民意识	教师、研究人员、员工和学生作为实施波尔图应用科学大学战略的积极参与者； 教师、研究人员、员工和学生作为波尔图应用科学大学参与和影响地区社会经济和文化发展的积极推动者

些高等教育课程需要特别的体质或职业性质的条件，还需要符合一些先决条件才可申请，如高等音乐和表演艺术学院（Escola Superior de Música, Artes e Espectáculo，简称ESMAE）提供的音乐和戏剧学位课程首先申请人需持有国家中等教育学历或法律上的同等资格并且参与全国入学考试，之后还需参加学校的特定入学考试（Provas específicas da ESMAE，简称PAESMAE）并在取得相应的成绩后才能通过申请；23岁以上的学生可通过参与特殊竞赛申请相关课程；国际学生通过国际学生特别竞赛（Concurso Especial para Estudantes Internacionais，简称CEEI）申请波尔图应用科学大学的学位课程。

波尔图应用科学大学目前可授予学生专业高级技术文凭、学士学位以及硕士学位，根据不同的学位项目，其入学要求也可分为以下几个类型：

1. 高级专业技术课程（Cursos Técnicos Superiores Profissionais，简称 CTeSP）：

（1）持有中等教育学历或同等学力的学生；

（2）持有技术专业文凭或高级职业技术文凭，甚至是高等教育学位的人若希望进行专业再认证；

（3）年龄在 23 岁以上，通过了旨在评估接受高等教育能力考试的人。

2. 本科课程：

（1）已完成高等中学教育，即拥有高中毕业文凭或同等学力的葡萄牙学生可通过参与全国高等教育入学竞赛并选择波尔图应用科学大学的院系和本科课程；

（2）国际学生可以通过国际学生特别招生计划申请波尔图应用科学大学提供的课程。

3. 硕士课程：

（1）持有学士学位或法律同等学力者；

（2）在遵守博洛尼亚进程的国家中，根据博洛尼亚进程的原则组织的本科课程后授予的外国学士学位的持有者；

（3）持有外国学士学位且该学位被所申请的高等教育机构的法定主管科学机构认可；

（4）拥有学术、科学或专业履历者，被所申请的高等教育机构的法定主管科学机构认可为有能力进行硕士课程学习。

（三）专业课程设置和教学理念

波尔图应用科学大学是一所由 8 个学院组成的高等教育机构，分布在三个校区，分别位于波尔图、波瓦迪瓦尔津和塔梅加苏萨。以下是各个校区的学院和课程提供情况。

波尔图校区：

高等教育学院（ESE）：提供多种教育相关的课程；

波尔图高等工程学院（ISEP）：专注于工程科学和技术领域的课程；

波尔图高等会计和行政学院（ISCAP）：开设会计和行政管理方面的课程；

高等音乐和表演艺术学院：提供音乐和表演艺术相关的课程；

高等卫生学院（ESS）：专注于卫生学领域的课程。

波瓦迪瓦尔津校区：

媒体艺术和设计学院（ESMAD）：开设媒体艺术和设计方面的课程；

酒店和旅游学院（ESHT）：专注于酒店管理和旅游业的课程。

塔梅加苏萨校区：

高等技术与管理学院（ESTG）：提供多种技术和管理领域的课程。

总体而言，波尔图应用科学大学提供多元化的课程，包括高等专业技术课程、本科课程和研究生课程。这些课程覆盖了广泛的知识领域，包括工程、商业科学、教育、艺术、管理和技术、酒店和旅游，以及媒体艺术和设计等。此外，学生还有机会在萨拉曼卡大学、圣地亚哥德孔波斯特拉大学和维戈大学攻读博士学位。

波尔图应用科学大学还提供不授予学位的多样化课程，包括研究生培训、研究生预科培训和持续培训课程，以满足不同学生的需求。此外，该校还灵活地提供不同学制的课程，包括全日制和非全日制课程，以满足在职学生的学习需求。这种多样性的课程设置使学生能够根据自己的兴趣和职业目标选择适合的学习路径。

波尔图应用科学大学目前拥有众多学生，总人数达 20 294 名。[①]

---

① Paulo Pereira, *No P.PORTO o compromisso com o futuro é partilhado e em rede*, Somos P.PORTO, 2022, pp. 4-7.

该校之所以备受瞩目，主要归因于其成功培养出拥有必要知识和技能的年轻人，使他们能够迅速融入就业市场，并以高度的社会责任感为国家的经济发展做出积极贡献。波尔图应用科学大学以其跨学科的特点而著称，拥有的8个学院覆盖了广泛的学科领域，包括社会科学、自然科学、工程技术、管理、教育、卫生、音乐和戏剧等。这种多样性使该校成为知识交汇和创新的重要场所。该校提供的课程涵盖了多个领域，旨在为学生提供高度专业化的技术和职业培训。波尔图应用科学大学注重提高培训质量，强调理论与实践相结合的教学方法。该校配备齐全的实验室，许多实践课程都在这些实验室进行，旨在使学生更快、更有效地适应现代劳动力市场的需求。此外，波尔图应用科学大学积极参与国家和国际的科研项目，并与众多国内外机构建立合作协议。该校还与多家公司保持广泛的合作关系，为学生提供专业实习机会，同时提供创新服务。这种密切的产学合作不仅有助于学生的职业发展，还促进了科学研究和创新的发展，为社会和经济做出了重要贡献。

1. 基于项目的学习模式

随着知识呈指数级增长，新领域的涌现和知识前沿的不断扩展，高等教育机构必须积极响应各类公众对高等教育和差异化培训的需求。在这个背景下，波尔图应用科学大学积极进行教学创新，确保提供高质量的教育，以满足学生和劳动力市场的不断变化的需求。博洛尼亚进程的一个核心目标是将传统的基于知识传授的被动学习模式转变为基于能力发展的主动学习模式。这意味着需要明确定位和培养学生的核心能力，制订相应的教学方法，并将新的教育模式付诸实践。波尔图应用科学大学的一些学院采用了基于项目的学习模式（Problem-Based Learning），这是一种以学生为中心的教学方法，侧重于学生实践能力和横向知识的培养。这种方法鼓励学生进行研究，将理论与实践相结合，并运用知识和技能来解决实际问题。这意味着这种模式下的教学过程不是围绕主题构建的，而是围绕具体问题讨论（例如临床案例）的课程模块构建的。[1]

此外，波尔图应用科学大学在其战略计划中明确了教学方面的准则[2]，包括：在所有课程中为实验性和综合性教学创造机会，这有助于学生实践和应用他们所学的知识；重组培训项目，以满足不同受众的需求，这有助于提供更多选择，适应多样化的学习需求；为富有创造力的学生和教师提供机会，以实施他们的想法，这有助于促进创新和创造性思维；将学校定位为一个终身学习中心，鼓励学生和教师持续学习和提升自己的技能；加强与企业和协会的联系，以确保教学与实际工作的紧密结合，为学生提供更好的职业发展机会；为第三周期课程（博士）的教学创造条件，以培养高水平的研究人才。这些准则和战略目标有助于波尔图应用科学大学不断提升教育质量，以满足不断变化的学生需求和社会的挑战。

2. 教育创新：教学创新中心及远程教学

波尔图应用科学大学着眼于教育的不断发展和创新，因此特别设立了教学创新中心（Centro de Inovação Pedagógica），旨在促进新的教学、学习和培训方式的研发和实施。该中心为教师提供专门的培训课程，分为中长期课程和短期课程两大类，以满足不同需求。中长期课程旨在提高教师运用技术辅助教学的能力，短期课程更注重不同学院之间创新教学实践和策略的分享与发展。此外，该中心还设立了一系列激励机制，以鼓励教师和课程开发者积极参与教育创新：

---

[1] A. M. Santos, A. Salgado, and J. F. Barreto, et al., *Problem-Based Learning e suas implicações: Breve revisão teórica. In I Congresso Internacional da Saúde Gaia-Porto*, Instituto Politécnico do Porto. Escola Superior de Tecnologia da Saúde do Porto-Politema, 2010.

[2] Politécnico do Porto, *Plano Estratégico do Politécnico do Porto 2020-2024*, https://www.ipp.pt/apresentacao/qualidade/sigaq/PlanoEstrategico_PPORTO_2020_2024.pdf, 查询时间为 2023 年 2 月 9 日。

优秀教学实践奖"Pratica+"：该奖项每年颁发一次，一等奖获得者将获得 2 500 欧元奖金，二等奖和三等奖分别奖励 1 000 欧元和 500 欧元；

创新课程奖"Inova+"：该奖项每 6 个月更新一次，获奖课程名单将公布在教学创新中心以及各院系的网页上，以鼓励创新教学方法的应用和分享；

创新项目奖"Promove+"：每年颁发一次，最多奖励三个项目，每个项目最高可获得 5 000 欧元的奖金，以支持项目在教育领域的创新实践。

波尔图应用科学大学也积极进行数字化转型，以适应不断变化的教育环境。该校将远程教学作为战略行动和发展路线之一，以促进使用信息与通信技术进行教学、学习和研究的发展。为了满足葡萄牙教育现实和监管机构的新要求，波尔图应用科学大学成立了"波尔图应用科学大学的线上学习和教学创新部门"（网址为 http://e-ipp.ipp.pt/），该部门的主要目标是支持远程教学，以确保教育服务的质量。远程教学的推广也有助于扩大其目标受众，包括跨境教育。这一举措有望为更多元的学生提供教育机会。

（四）师资建设与管理

1. 师资要求及其构成

首先，依据葡萄牙职业技术高等教育教师职业章程（Estatuto da Carreira do Pessoal Docente do Ensino Superior Politécnico，简称 ECPDESP），应用型本科高校的教职人员主要分为以下几个类别：助理教授、副教授和教授。这些职位在教育和研究领域有着不同的职责和资格要求[1]：

---

[1] Federação de Educação Nacional, "Estatuto da Carreira do Pessoal Docente do Ensino Superior Politécnico (Ecpdesp)," https://fne.pt/uploads/rte/ecd/ECPDESP_versao_consolidada.pdf，查询时间为 2023 年 2 月 9 日。

助理教授：这一类教师在相关学科或科学领域内与教授合作，通常需要持有博士学位或具备相关领域的专家职称，方可竞争助理教授职位；

副教授：副教授负责某一学科领域的教学和研究活动，只有在相关领域取得五年以上的博士学位或专家职称者才有资格申请副教授职位；

教授：教授的要求则更为严格，需取得博士学位并且至少拥有五年以上的相关领域经验，同时具备综合职称或法定同等职称。

这些教师与学校签订的合同通常没有固定期限，也就是说，他们可以长期在该校任教。除了上述三个类别，还有特聘教授和特聘助教。这两类教职人员与学校签订的合同通常是固定期限合同，一般不超过四年，而且相较于前三个类别的教师，特聘邀教授和特聘助教的学历和背景要求有些许灵活性：

特聘教授：通常需要具备博士学历或相关领域的专家职称，但在某些专业领域，如卫生或表演艺术，也可考虑拥有丰富实践经验但不符合上述学历规定的个人；

特聘助教：一般要求持有硕士学历或学士学历，但在招募时会优先考虑在所申请学科或课程的专业领域具有专业经验的个人。

根据职业章程规定，全职教授组必须至少占该高等教育机构教师人数的70%。特聘教授和特聘助教的人数必须至少占教师人数的20%。在特聘教授中，副教授的比例不能超过50%，教授的比例不能超过15%。波尔图应用科学大学的教师队伍构成相当均衡，包括学术性的职业教师和专业性的职业教师。他们将实践经验融入教学，拥有丰富的学科知识和职业技能。波尔图应用科学大学目前约有1 500名教职员工，综合了学术和技术或商业领域的知识和技能，这一多元性得到了国内外研究机构的认可和支持。

2. 师资管理——定期绩效考核

同时为确保师资力量，波尔图应用科学大学实行定期的教师绩效考核，绩效评估过程由波尔图应用科学大学的教学绩效评价协调委员会（Conselho Coordenador de Avaliação do Desempenho Docente do IPP，简称 CCADD.IPP）负责监督和管理。教师的绩效考核每三年进行一次，具有明确的评估维度和标准，主要包括以下三个方面[①]：

（1）教学方面：包括教学活动的质量、学生管理和监督、自我评价以及教学评价调查的结果，还包括教学材料的制作、教学项目的协调和参与以及与教学活动相关的创新和非学术性专业经验；

（2）技术、科学和艺术：包括科学和艺术界的认可度、科学和艺术作品的质量和影响力、协调和参与科学和艺术项目、领导和推动科学和艺术活动、创建和推动实验室或其他研究基础设施建设，以及技术、科学和艺术推广活动，还考虑知识的经济和社会价值化，包括参与或合作规范建设进程、代表本校或所属院系服务社区和提供专业培训及咨询等；

（3）管理职能方面：此部分评估涵盖波尔图应用科学大学或所属院系中行使的管理职能，以及参与管理机构分配的属于职业技术高等教育教职人员的活动和相关专业任务。

教师绩效评估委员会在每个评估期内确定每个部分的权重，并根据对应的得分将教师评价分为四个级别。绩效评估的结果将影响教师的薪酬和职位变化。对于教师来说，良好的绩效评估是签订无固定期限的助理教授合同以及续签未纳入事业编制的教师的定期合同所必须满足的条件之一。这种绩效评估制度有助于激励教师提高其教学和研究质量，从而提供更好的教育服务。

（五）科研发展和校企合作

研发是任何高等教育机构的基本活动之一。波尔图应用科学大学

[①] Instituto Politécnico do Porto, "Despacho n.º 1037/2016, de 21 de janeiro," *Diário da República*, Vol. 2, No. 14 (January 21, 2016), p. 2319.

认为在这一领域,该校必须认识到其自身的能力,并为其持续不断的发展创造条件。作为领导者或合作伙伴参与项目,是确保研究资金和支持研究人员的根本,提供向社会转让知识的必要手段,确保机构和研究人员的知识产权,也是至关重要的。其行动的核心是发展先进的科学研究活动和将研究成果应用于社会和技术发展。波尔图应用科学大学对科研方面也制订了相关准则:参与对社会有重大影响、具有较高经济价值和全球利益的研究领域;完善支持结构,促进卓越研发;推动知识转移价值的增值;创建跨学科的结构,发挥本土社区的特点;加强创新空间和网络;重视雇用科学方面的高素质人才。①

目前波尔图应用科学大学有 25 个科研中心和团体,分布在其 8 个学院,参与了许多研发项目,其科学生产和对环境的影响得到了从公司到社会组织的认可。它有几个由科技基金会(Fundação para a Ciência e a Tecnologia,简称 FCT)认可的自主研发单位和参考研究小组,并与相关实验室和其他研究单位相结合。在一个越来越多的多学科和合作研究的背景下,波尔图应用科学大学的各中心和团体在不同但相互交叉的领域进行干预,如工程、商业科学、教育、艺术、技术和管理、卫生、酒店和旅游以及媒体艺术和设计。

此外波尔图应用科学大学有专门的波尔图应用科学大学基金会(Fundação de IPP),是一个非营利性的私人机构,其使命是在波尔图应用科学大学的能力基础上,支持技术、管理、艺术和文化领域的发展和创新,作为该校与商业领域和社会的接口。为推动其知识成果转化,波尔图应用科学大学也一直积极与企业进行合作。

1. 保持与社会以及商界的持续关系,进行校企合作

波尔图应用科学大学一直以来寻求促进、简化和支持与外界建立

---

① Politécnico do Porto, "Manual da Qualidade versão 2017," https://www.ipp.pt/apresentacao/qualidade/sigaq,查询时间为 2023 年 2 月 10 日。

表 7-4　波尔图应用科学大学研究中心与小组及其数量

领域	工程领域	商业领域	教育领域	艺术领域	科技与管理领域	健康领域	酒店与旅游领域	媒体与设计领域
研究中心与小组数量	10	2	4	3	1	3	2	1

项目和伙伴关系，特别是与在区域、国家和国际范围内运作的商业机构为知识经济和创业领域提供支持服务，因此波尔图应用科学大学也在以下领域开展相关活动，即为公司或财团研发创新项目；识别和评估研发过程中产生的具有创新或商业化潜力的产品和服务，并为其分别确定适当的合作伙伴；与外部实体即公司开展联合项目；管理创新领域的伙伴关系，支持创建创业企业和衍生企业；管理创新和知识转让领域的国家和国际伙伴关系；支持公司管理工业产权；研究、确定和传播可适用于创新、知识转让和研发领域的公司发展项目。①

波尔图应用科学大学通过开展科研活动，为社区提供服务和与公司建立伙伴关系的同时，积极与社会进行互动，其主要方式之一就是以股东和资本参与的形式参与实体机构的经营，包括私人的非营利协会、公共有限公司、商业有限公司甚至基金会。这些机构的经营范围主要包括研发项目的开发、专业培训、企业孵化、创业、产品和服务的生产和交易。②

---

① Politécnico do Porto, "Plano Estratégico do Politécnico do Porto 2020−2024," https://www.ipp.pt/apresentacao/qualidade/sigaq/PlanoEstrategico_PPORTO_2020_2024.pdf，查询时间为 2023 年 2 月 9 日。

② Politécnico do Porto, "Transferência de Tecnologia e Conhecimento," https://www.ipp.pt/inovacao/transferencia-de-tecnologia，查询时间为 2023 年 2 月 9 日。

波尔图应用科学大学参与不同的企业和实体机构的经营，在加强对学生的吸引力，增加培训机会和促进科研能力和就业水平方面都有重要意义。

2. 波尔图研究、创新与技术开发中心

为推动波尔图应用科学大学的科研发展，该校于2019年12月建立了波尔图研究、创新与技术中心（Porto Research, Technology and Innovation Center，简称PORTIC），该中心旨在将多个科研中心和波尔图应用科学大学的相关团体聚集在同一个物理空间，形成一个致力于研究、技术转让、创新和创业的上层建筑，同时加强科研中心与公司、初创企业之间的协同作用，以及促进在不同领域进行跨界合作。目前该中心获得竞争性资金约300万欧元。

为了支持培训、创新和创业活动，它还从一开始就整合了波尔图应用科学大学的波尔图全球中心，其作用领域包括：为教学模式和培训创新创造条件，与公司合作；知识和技术的转让；与商业部门互动的空间；促进创业；为社区提供服务。该系统强化了鼓励协同作用的环境理念，知识领域之间的丰富交叉，促进合作和联合项目的形成。[1] 波尔图研究、创新与技术开发中心包括多个知识领域的知识和创新链的不同阶段开展活动的单位和团体，包括网络安全、医疗技术、生物技术、创业孵化、商业创新等多个领域。

3. 科研成果

波尔图应用科学大学每年在科学杂志上发表文章超过700篇，在研究项目上，从小型的本地项目到大型的洲际项目，波尔图应用科学大学的研发单位率先行动，整合了能够设计未来的合作伙伴的战略网络。[2]

---

[1] Porto Research, Technology, and Innovation Center, "About Portic," https://www.portic.ipp.pt/about.html，查询时间为2023年2月10日。

[2] PORTIC, "Porto Research, Technology and Innovation Center," https://www.portic.ipp.pt/，查询时间为2023年2月10日。

国际合作的研究典型例子是 3P（Public-private Partnership）项目，该项目涵盖了纳米材料和癌症检测的生物传感器领域，是欧洲研究理事会授予葡萄牙的少数几笔启动资金的项目之一；P-SOCRATES 项目解决了并行计算的关键实时系统；DREAM-GO 是 2020 年玛丽-居里计划的一项 RISE 行动，涉及智能电力网络领域；GMOSensor 是该校与巴西和阿根廷合作的项目，涉及环境和食品领域的生物传感器；VISIR+ 是另一个与巴西和阿根廷合作的项目，旨在巩固远程实验室的网络。①

（六）实习与就业保障

为了保障学生的就业和未来职业发展，波尔图应用科学大学专门设立了学术和职业一体化办公室（Gabinete de Integração Académica e Profissional，简称 GIAP），该办公室以帮助学生提升就业能力和进行职业生涯管理为目标，提供专业指导和相关心理辅导等。此外，在学生求职过程中，波尔图应用科学大学也提供相关帮助，在帮助学生草拟有效的简历和求职信以及面试准备方面提供免费的服务。波尔图应用科学大学还提供个人咨询，求职讲习班和研讨会以提升学生的就业能力，也会对学生进行模拟专业面试、小组测试和心理评估。此外还会提供毕业生与在校学生的交流活动，让在校学生学习就业经验。为了便利学生的求职过程，波尔图应用科学大学还建立了专门的就业门户网站（网址为 https://jobboard.universia.net/empregoipp），学生可以在网站内寻找相关求职信息，企业和公司也可直接在该网站发布相关的职位要求，该网站为波尔图应用科学大学的学生提供大量的就业和实习机会。此外，波尔图应用科学大学还与 180 家国内和国际公司合

---

① Porto Research, Technology, and Innovation Center, "Projects," https://www.portic.ipp.pt/projects.html，查询时间为 2023 年 2 月 10 日。

作发起的了一项举措，即波尔图应用科学大学暑期实习计划，为学生提供暑期实习的岗位。

四、结论与启示

葡萄牙高等职业教育系统与大学教育系统并行，形成了葡萄牙高等教育的双元制体系，经过三十多年的发展以及博洛尼亚进程的推动，如今的葡萄牙高等职业教育体系已经日臻完善，葡萄牙的高等教育也迎来了"新应用型本科高校时代"。目前葡萄牙应用型本科高校具有鲜明的地区化、国际化和多样化的特点，应用型本科高校的发展对于推动葡萄牙高等教育的民主化和地区的经济发展都有重要意义。通过对葡萄牙应用型本科高校的典范——波尔图应用科学大学的办学定位和目标、招生方式和入学资格、专业和课程设置、教学理念与教学方法、师资建设和管理、教学科研质量保障、科研发展和校企合作、实习与就业保障以上几个方面的分析，也可发现葡萄牙应用型本科高校的发展模式对于我国的职业教育和应用型本科高校发展具有重要借鉴意义。

（一）重视地区特点，适应市场需求

应用型本科高校需要根据时代发展不断明确自身定位以区分大学教育和高等职业教育之间的不同，防止出现学术漂移的现象。应用型本科高校要坚持以技术培训为基础，重视对职业技术课程的发展，课程不应过于单一，学科和专业设置要根据所在地区社会经济发展需求，及时调整学科结构；需要立足于市场需求设立涉及多个领域的课程，推动课程多样化使得其课程和学生能力都能适应社会发展；需要扎根于地区，以充分凸显不同地区应用型本科高校的地区特色，利用自身的地区资源，挖掘属于自身的办学优势和特色路径，以提升应用型本科高校的核心竞争力和市场认可度。①

此外，应用型本科高校也需要补充大学教育的不足，重视终身教育以提升高等教育的平等性，为不同类型的学生提供更多和更适合的选择，如葡萄牙应用型本科高校提供不同的学位的课程，既包括专业高级技术课程、本科课程，还提供硕士课程。此外，应用型本科高校的招生范围应当广泛且根据不同类型的学生课程设置需要灵活调整，波尔图应用科学大学其招生类型丰富，且规章制度明确，23 岁以上的公民也可通过特殊竞赛继续进行课程学习，而且课程的学习方式便非常灵活，既有全日制课程，也有非全日制课程供在职学生或因其他特殊原因无法进行全日制课程的学生选择。

（二）均衡师资力量，保证师资质量

作为以职业教育为主的高等院校，应用型本科高校需注重其师资力量，既要保证其师资质量水平，也需确保师资力量的均衡以防止学术漂移。应用型本科高校要明确对教师的学历以及资质的要求，确保教师的教学能力和水平较高，同时教师也需要具备职业技能，将教学和实践相结合，为市场培养应用型人才。

应用型本科高校也要积极打破壁垒，在一些教学领域可以尝试打破学历和资历的限制，积极引进人才，从国内外招募优秀的技术人员和教师作为特聘教授。为了保证师资质量，我国的应用型本科高校也需重视对教师的考核，定期对教师进行绩效考核并确定相关标准，以推动教师的教学积极性，提升学校的软实力。

（三）提升学生就业能力，积极开展校企合作

就业市场一直在变化和发展，应用型本科高校要适应市场的变化

---

① 张方方、庞若洋：《葡萄牙职业教育体系的现状、挑战与改革》，《职教论坛》2022 年第 5 期。

就需要重视学生就业能力的提升,提升学生就业能力则需要注重教学方式的改良以及教学过程中学生的实践运用。高校需要在教学过程中为学生提供丰富的实践机会,课程当中不仅仅需要有老师教导传授理论性知识的过程,也需要给予学生自己独立进行思考并实践的机会,因此,我国应用型本科高校或许可以借鉴波尔图应用科学大学所采取的基于项目的学习模式,以学生为中心去进行教学内容和教学结构的建构,以实现真正在实践中提升学生的职业技能。

此外,应用型本科高校要积极开展与企业的合作,在各项合作中推动学科的发展,确定学科的发展方向和人才培养标准,如与大型企业合作开展研发项目,推动知识转化。应用型本科高校也需要及时为学生提供实习和就业支持,如提供就业咨询等等,以及为学生整合就业信息,和企业及时对接人才需求。

(四)重视科研能力发展,提升影响力

应用型本科高校也需要重视自身的科研能力的提升,充分发挥自身的实践优势向社会共享知识,激发创新活力,以此来推动应用型本科高校的转型。应用型本科高校的不断发展和国际化都离不开创新,波尔图应用科学大学重视创新与科研并成立专门的创新中心并积极与各大高校开展科研项目合作,都可为我国应用型本科高校借鉴。例如,可根据所在地区的产业特色,建立科技园,将社区和企业项目作为研究课题,加快科技成果的转化,为地区和企业做出实际贡献,真正做到为学术知识、专业实践和社会之间架起桥梁。此外,应用型本科高校也可充分利用自身学科优势,通过跨国或跨校与其他国内外院校进行相关科研合作,进一步提升自身的科研实力和社会影响力。

(本章作者彭旭琪,
上海外国语大学上海全球治理与区域国别研究院)

第八章

丹麦应用型本科高校研究

——以达尼亚应用科学大学为例

在丹麦的高等教育体系中，应用型本科高校是短期高等职业教育的重要组成部分。这些高校不仅强调理论与实践的结合，还通过灵活的课程设置与企业合作，培养市场急需的高素质应用型人才。达尼亚应用科学大学（Erhvervsakademi Dania）作为丹麦应用型本科高校的典型代表，其发展历程和教育模式具有很高的研究价值。该校在组织结构上保持高度独立性，与企业紧密合作，采用"交替培训模式"，注重学生实践能力的培养。通过探索达尼亚应用科学大学的办学模式与教学特点，本章将揭示丹麦应用型本科教育在高技能人才培养中的关键作用，及其对中国高等职业教育改革的启示。

一、丹麦职业教育体系概况

丹麦的职业教育具有悠久的历史，可以追溯到中世纪的行会学徒培训活动。在19世纪末期，随着经济发展对劳动力素质提出更高要求，丹麦政府开始接管学徒培训。丹麦于1889年、1912年和1937年相继颁布了三个《学徒培训法》，逐步完善了职业教育的管理体系，为今后的发展奠定了坚实的基础。1977年，丹麦议会颁布了《职业基础教育法》，决定在全国各地推广职业基础教育这一新的教育形式。20世纪90年代至今,丹麦的职业教育逐步形成了结构完整的体系,将职前教育与职后培训相衔接,为学生提供更加灵活的学习选择,有力支持了终身学习理念的实施。职业教育和培训(Vocational Education and Training,简称VET)在丹麦的终身学习战略以及应对全球化和技术变革的挑战中发挥着至关重要的作用。目前,丹麦的职业教育和培训系统涵盖了从义务教育到高等教育博士学位阶段的各个层次的资格,同时还包括成人教育和继续职业培训(Continuing Vocational Education and Training,简称CVET)系统。[1] 这两个系统在不同层次提供相等的资格,实现了水平上的渗透性,为学生提供了多样性的学习和职业发展路径。

在丹麦,职业教育可分为基础职业教育(Initial Vocational Education and Training)、职业继续教育(Continuing Vocational Education and Training),以及第三级职业教育。[2] 基础职业教育和职业继续教育被称为长期职业教育,第三级职业教育被称为短期高等教育。目前,丹麦的职业教育主要分为以下四大学科领域:护理、健康和教学,行政、贸易和商业服务,粮食与农业,技术、建筑和运输。[3] 这些学科领域旨在培养受训者获得被劳动力市场广泛认可的职业资格,同时也注重培养个人素养、终身学习能力以及作为公民的基本素质。

丹麦拥有大约140所职业院校,这些院校根据不同的产业领域可分为四类:技术学院(涉及工艺技术、工业、技术服务等行业)、商业学院(涉及贸易和管理等领域)、农学院以及社会与医疗学院(涉

---

[1] CEDEFOP, "Vet-in-europe," https://www.cedefop.europa.eu/en/tools/vet-in-europe/systems/denmark-u2,查询时间为2023年4月8日。

[2] Danish Agency for International Education, *The Danish Education System*, Copenhagen: Ministry of Science Technology and Innvoation, 2010, pp. 4-5.

[3] Børne- og Undervisningsministeriet, "Hovedområder og fagretninger," https://www.uvm.dk/erhvervsuddannelser/uddannelser/overblik/hovedomraader,查询时间为2023年4月8日。

公共社会和医疗服务等领域）。总的来说，丹麦的职业教育和培训体系介于德国的双元制学徒培训体系与北欧国家的学校本位职业教育与培训模式之间。它继承和发扬了学徒制培训的理念，但相对于德国的职业教育与培训计划，丹麦的体系中理论教学的时间更长，学生在学校学习的时间更多。相对于瑞士的职业教育与培训体系，丹麦的学生可以接受更多的企业内培训，企业内培训时间占比较高，大约占总培训时间的 60%—75%。[1]

二、丹麦应用型本科高校宏观报告

（一）发展与现状

有研究指出，在丹麦的高等教育体系中，职业技术教育占据主导地位，绝大多数的高等教育机构都是职业技术院校，与我国的大专和职高相当。这一体系的特点是高度融合了教育与劳动力市场的需求，培养了大量实用型人才，为丹麦的经济发展和社会进步做出了重要贡献。[2] 如今，丹麦采用双元制的高等教育体系，与荷兰、比利时、德国、瑞典、挪威、爱尔兰、希腊、葡萄牙、芬兰和瑞士等国家类似。这一体系的建立主要出于政府希望建立一个明确而独特的"大学"类型，以满足劳动力市场的需求，同时促进地区经济的发展。通过合并小型和专门化的机构，丹麦创立了更大规模的多用途学院，提供广泛的职业教育项目，从而建立了更具成本效益和更易于管理的体系。[3]

丹麦的高等教育体系包括多种不同类型的教育机构，主要分为

---

[1] 张燕：《丹麦职业教育师资培养模式的特点及问题》，《职教论坛》2011 年第 3 期。
[2] 贾建军：《丹麦的职业技术教育介绍》，《上海金融高等专科学校学报》2000 年第 4 期。
[3] S. Kyvik, "Structural Changes in Higher Education Systems in Western Europe," *Higher Education in Europe*, Vol. 29, No. 3 (2004), pp. 393–409.

大学、学院和专门机构三大类。具体而言，大学部门（University Sector，简称 LVU）由大学或与大学同类型的机构组成，其中包括 7 所大学、1 所药学院、2 所商学院和 1 所教育研究学院。这些机构侧重于提供学术教育和开展研究，强调理论性的知识和学术成就。非大学部门（Non-university Sector，简称 KVU & MVU）包括大约 12 所学校、学院和专门机构。这些机构的教育重点通常放在专业领域，提供更实际和职业导向的教育。[1] 非大学部门中有许多机构得到了政府的资助，同时地方政府也在资助高等职业教育相关学校方面发挥了重要作用。总的来说，丹麦的高等教育体系具有多样性，各种类型的机构各司其职，以满足不同领域和学生群体的需求。大学部门注重学术研究和理论知识的传授，非大学部门则更专注于实际应用和职业技能的培养。中央政府和地方政府的资助确保了这些机构的运营和发展。[2]

丹麦的高等教育还可以分为短期高等教育（即高职教育）、中期高等教育和长期高等教育。高等职业教育主要由丹麦的应用型本科高校（Academies of Professional Higher Education）提供，其中包括 10 所商业和技术学院（Erhvervsakademier）。这些学院的教育内容更注重实践，以职业任务为基础，强调将理论知识与实际工作环境相结合。在本书中，我们将重点研究丹麦应用型本科高校，这些学校代表了第三级短期高等职业教育阶段的商业和技术学院，符合欧洲应用科学大学的普遍定义。

这类商业和技术学校的起源可以追溯到职业学校，最初是在 19 世纪中期建立的商人学校和手工艺学校，后来演变成了贸易学校和技

---

[1] J. Huisman and F. Kaiser, *Fixed and Fuzzy Boundaries in Higher Education. A Comparative Study of (Binary) Structures in Nine Countries*, Adviesraad voor het Wetenschaps-en Technologiebeleid, 2001, pp. 47-52.

[2] Huisman and Kaiser, *Fixed and Fuzzy Boundaries in Higher Education*, pp. 47-52.

术学校。经过多年的发展，这些学校经历了多次合并和教育改革，不断变化和壮大。大约在 1980 年前后，各个职业学校进行了试验，引入了一种新的高等教育交替培训模式。这种模式的灵感来源于德国的经济学院和高等专科学校，也借鉴了几个世纪以来一直存在于丹麦、德国等欧洲国家的传统学徒制度。然后，于 2007—2008 年，丹麦议会通过了一项新法案，要求将商业和技术学校建立为独立于学术导向大学机构之外的独立实体，鼓励相关部门、学院组织以及社会合作伙伴加强协作，以创建一个具有独立性和可持续性的职业教育环境和专门学校体系。

丹麦安博集团（Ramboll）是一家全球性的工程建筑咨询公司，成立于 1945 年，于 2012—2013 年为高等教育和科学部编写了一份独立报告，题为《对商业和技术学校结构的评估》（Evaluering af erhvervsakademistrukturen）。报告指出，商业和技术学校已经完全具备了独立提供以研发与实践为导向的中短期专门职业课程的能力。该报告的结论显示，商业和技术学校为其相应领域的显著增长做出了积极贡献。与以往相比，这些学校变得更加稳固，获得了必要的管理权力来执行其具体任务。企业界对与商业和技术学校的合作也普遍表示满意。此外，经合组织相关的报告高度评价了丹麦商业和技术学校与企业界以及劳动力市场的紧密合作，认可其作为以实践为导向的教育部门自独立以来取得的丰富成果。同时，该报告还指出，这些学校的独立发展有助于减少与学术导向的大学机构的融合，避免了不当的学术漂移现象，保持了其高度的实践性。[①]

目前，这类商业和技术学校的主要教学模式是结合学校理论学习和企业实践培训，学生在工作场所进行实际培训，然后返回学校进行

[①] Danske erhvervs akademier, "Vores historie," https://dkea.dk/sektoren-0/vores-historie，查询时间为 2023 年 4 月 8 日。

理论学习，两者相互交替，通常以 2∶1 的比例进行。学生在完成课程后被授予专业学位（Erhvervsakademigrad，简称 AK），其中大多数毕业生（约 65%）选择直接进入劳动力市场，开始他们的职业生涯，其余部分可能选择在继续教育方面深造。截至 2020 年，共有 13 609 名学生在应用型本科高校（Erhvervsakademiuddannelser，简称 KVU）就读。这一数字相较前几年显著增加了 50% 以上。需要注意的是，参加应用型本科高校课程的学生总数大致占 2020 年参加职业教育和培训课程的学生总数的 4.5% 左右。[1]

（二）办学特色

1. 在组织结构上保持高度独立性

不同于荷兰、瑞典等国不同教育部门机构之间合作较为密切（如在联合编制课程、协调不同部门课程之间的互认和利用彼此的基础设施等），丹麦的高等教育系统中不同组织机构之间几乎没有任何互动。[2] 在该阶段，丹麦职业教育的主要领域大致可分为技术学院、商业学院、农业学院以及社会和卫生保健学院四类。其中，技术学院、商业学院和农业学院都是教育部下属的独立机构，社会和卫生保健学院由地方政府机构运营。[3] 在一定程度上，丹麦应用型本科高校的强势发展及其与综合性大学较少的合作抑制了学术漂移的发生。

2. 多元利益相关者的共同治理

丹麦政府鼓励各利益相关方（主要包括国家、社会伙伴、学校、公司、教师和学生等）共同参与。教育部门、职业教育与培训咨询委

---

[1] CEDEFOP, "Vet-in-europe," https://www.cedefop.europa.eu/en/tools/vet-in-europe/systems/denmark-u2，查询时间为 2023 年 4 月 8 日。

[2] Huisman and Kaiser, *Fixed and Fuzzy Boundaries in Higher Education*, pp. 47-52.

[3] 林晶：《综述：实践导向、终身学习——丹麦职业教育的特色和启示》，http://www.xinhuanet.com/world/2021-04/24/c_1127369254.htm，查询时间为 2023 年 4 月 8 日。

员会、商业委员会、本地培训委员会、学校、企业、教师和学生等各利益相关者共同参与治理,并且责任明确,相互之间分工协作促进整体发展。这不仅是各利益相关者的自发行为,更是丹麦国家政策意志的体现,也正是丹麦职业教育和培训体系高度参与性的核心所在。[①]管辖权属于教育部,学校与社会合作伙伴共同负责开发课程,以满足当地劳动力市场的需求。利益相关者与国家贸易委员会合作,在就总体政策向教育部提供建议以及确定其领域内培训计划结构和总体框架方面发挥着关键作用。丹麦尤其在高校教育与企业教育相结合方面有着丰富而成熟的经验。职业学校董事会通常由行业工会代表、企业代表和学校代表三方组成。董事会组织三方单位进行职业学校的办学体制与课程设置认定。其中,企业方负责提供企业人才需求及标准,校方负责按照企业要求开展教学与培训,行业工会负责对教学质量进行考核与验收。其所有的职业教育与培训计划也都是与劳动力市场相关组织密切合作的,充分体现与适应社会、企业和学生三方利益关切,增强了丹麦职业教育的适应性。[②]多方利益主体的充分参与与协同治理可以有效保证丹麦职业教育紧跟需求趋势,为市场供应最需要的定制化人才。

3. 在专业与课程设置上的"三明治"原则

正如上文提到的,商业和技术学校的教学形式是校本学习与企业实践交替进行,其专业与课程设置呈现出层叠交替的特征,每一所学校的每一个专业设置都是将在学校的理论和实践教育与公司企业和工商部门的实习结合起来,并且二者交替进行,各自有明确规定的课时,排列起来可以看出理论教育和实习实践是一层层叠加起来的。以

[①] 郭达、张瑞:《丹麦职业教育与培训体系的特征及其启示》,《职教论坛》2018年第1期。
[②] 林晶:《综述:实践导向、终身学习——丹麦职业教育的特色和启示》,http://www.xinhuanet.com/world/2021-04/24/c_1127369254.htm,查询时间为2023年4月8日。

商业学校为例，所有完成基础阶段教育的学生都可以自由入学，学生一般可以选择以下两种不同的学习方式：（1）首先在学校学习1—2年，然后在公司带薪实习2—3年，在带薪实习期间学生必须定期返校接受理论教育，如果实习期为3年，期间返校教育的时间必须达到17周，如果实习期为2年，返校教育必须达到7—15周；（2）首先在实业部门带薪实习，在第二和第三年中必须有三次在学校接受理论教育。①"三明治"原则使学生在不脱离校本学习的基础上时刻保持对市场的感知与敏锐度，更好地将理论知识与专业实践相结合，有效培养在理论与实践层面同时符合学校标准与市场需求的应用型人才。

4. 以人为本、个性化、灵活性及终身学习的先进理念

丹麦通过创立高度个性化职业教育体制，学生可以灵活制订个人教育计划，确立个人发展目标，认定学生先前学习，设立多种半职业资格认证途径或更实用的资格认证，开放多样化入学途径等措施，构建出全纳的、辍学率低、可持续性强的丹麦应用型本科高校培养体系。②相继通过开发职普融通项目、改革职业教育入学考试、实施职业启蒙与桥梁课程等职业教育与各级教育衔接项目等举措，有效提升了丹麦职业教育的融通性、发展性、适切性与可及性。③这些措施有效提升了丹麦职业教育的价值与吸引力，也成分体现出其以人为本、富有灵活性、可供个性化发展及终身学习的先进理念。

三、丹麦达尼亚应用科学大学

丹麦达尼亚应用科学大学是一所非营利性公立高等教育机构，

---

① 贾建军：《丹麦的职业技术教育介绍》，《上海金融高等专科学校学报》2000年第4期。
② 唐云富、武学超：《改革中的丹麦VET体制特征》，《中国职业技术教育》2006年第5期。
③ 杨蕾、谭进欧：《丹麦职业教育吸引力提升政策的动因、举措与策略》，《比较教育研究》2023年第7期。

由7个独立院校合并而成，于2009年1月1日正式成立。该校受到国家资助，隶属于丹麦高等教育和科学部。达尼亚应用科学大学在丹麦开设了8个校区，分别位于维堡（Viborg）、兰讷斯（Randers）、格雷诺（Grenaa）、海斯滕（Hadsten）、霍布罗（Hobro）、霍森斯（Horsens）、斯基沃（Skive）和锡尔克堡（Silkeborg）。该校拥有约2 500名全日制学生，其中包括320名国际学生，同时还有众多非全日制学生。达尼亚应用科学大学的教育重点主要集中在高等教育阶段的学位项目上，涵盖科技、信息技术、商业、健康等应用学科领域。作为丹麦高等教育领域的重要组成部分，该校为培养未来的专业人才发挥重要作用。此外，该校也提供成人继续教育和培训课程，以满足社会不断变化的需求。通过提供这些课程，达尼亚应用科学大学为学生提供了广泛的教育和职业发展机会。

（一）办学定位目标、教学理念与方法

丹麦达尼亚应用科学大学主要提供应用型高等教育。学生通过专科学位课程以及专升本衔接学位课程，最终获得专业学士学位（Professional Bachelor Degrees）。这些学科覆盖了一系列应用性强、与市场新兴趋势契合的专业领域，包括服务工程、生产技术、多媒体设计、物流管理、信息技术、财务管理、能源技术、计算机科学、商业管理、汽车管理、自动化工程、酒店与旅游、行政管理、营销管理等。[①] 达尼亚应用科学大学的教学理念与方式具有以下主要特征。

1. 高质量的小班教学

作为博洛尼亚进程的一部分，达尼亚应用科学大学严格遵循欧洲高等教育质量保障标准和指导方针（European Standards and Guidelines

---

① Erhvervsakademi, "Uddannelser," https://eadania.dk/uddannelser/，查询时间为2023年4月15日。

for Quality Assurance in the European Higher Education，简称 ESG）。达尼亚应用科学大学还具有完善的内部质量保障体系，持续致力于提升学术标准，为学生提供高质量的教学。确保和提升教育质量是达尼亚应用科学大学的重要任务，达尼亚应用科学大学认为高质量的教学必备以下要素：劳动力市场需求的技能型学生、良好的学习环境、合格的教师、有组织的教学、满意度高的实习实践、优秀的教育领导力与管理体系。达尼亚应用科学大学通过让学生、企业、教师及相关利益方共同参与教学效果的评估与教育方案的制订，进一步提升优化教育质量，同时定期针对学生、教职工、教学环境、就业去向企业进行满意度调查评估等发现问题，及时改进。该校的高质量教学成果体现在其学生的高就业率、企业对于毕业生的高满意度。此外，达尼亚应用科学大学坚持实施小班教学，较少的人数使得以学生为中心的课堂得以实现，大大提高了学生的参与度与体验感。[1]

2. 前沿知识与实践相结合

达尼亚应用科学大学提供的课程高度结合理论与实践，重视团队和项目制教学与实践的结合，并与业界紧密合作，定期邀请公司企业在该校开设讲座并时常安排学生进入公司与企业访问体验，为学生提供众多真实情景案例教学与广泛实习实践的机会。以学生为中心，学生高度参与，契合前沿市场的发展需求，达尼亚应用科学大学为学生技能发展和职业道路提供了强大支持。

3. 体现可持续性发展理念

达尼亚应用科学大学秉承教育各方为可持续发展负有重要责任，致力于建设可持续性教育系统。该校与相关领域专家共同开发以可持续发展教育理念为核心的相关课程，如可持续性与绿色转型、可持续

---

[1] Erhvervsakademi, "Uddannelser," https://eadania.dk/uddannelser/，查询时间为 2023 年 4 月 15 日。

性商业战略、可持续价值链与循环经济等。①

4. 国际化战略

达尼亚应用科学大学十分重视国际交流与合作，鼓励学生走出去，也欢迎来自世界各国的留学生。每年有超过 170 名国际学生参与达尼亚应用科学大学的英语学位课程，目前共有约 320 名国际学生就读于达尼亚应用科学大学。该校积极参与伊拉斯谟＋计划下的国际交流项目如创新指南 2.0（Inno Guide 2.0）、游戏孵化器（Game Biz）、游戏中心（Game Hub）等，在越南为学生提供为期两周的暑期学校，在西班牙提供为期两周的冬季学校，并与各个国家应用科学大学展开广泛合作，如芬兰东南应用科学大学、德国柏林技术与经济应用科学大学、荷兰埃文斯应用科学大学，以及我国上海师范大学天华学院等，开展交流与合作。②

达尼亚应用科学大学在 2022—2025 年的战略目标有以下四个重要方向：与企业和社会密切合作、坚持可持续性发展和绿色转型、提升学生学习及职业体验与福祉、建立基于共同价值观与发展愿景的专业学习社区。此外，达尼亚应用科学大学在提供在线教育方面有着丰富的经验，多年来，达尼亚应用科学大学持续扩大数字教育的覆盖范围，有相关需求的学生均可以申请线上学习。因为疫情等因素，达尼亚应用科学大学近年来还投资建设了大量数字化设备用于改善教学环境。

（二）招生方式和入学资格

达尼亚应用科学大学建议学生与家长首先基于前期了解，通过调查达尼亚应用科学大学及其专业课程，明晰入学标准，与教职工及学

---

① Erhvervsakademi, "Baeredygtighed," https://eadania.dk/uddannelser/，查询时间为 2023 年 4 月 8 日。
② Erhvervsakademi, "Internationale-muligheder," https://eadania.dk/internationale-muligheder/，查询时间为 2023 年 4 月 8 日。

生代表交流沟通以及参观学校等方式考虑判断学生自身是否适合达尼亚应用科学大学的学习。

达尼亚应用科学大学正式申请入学资格要求学生通过入学规定的相关考试或取得相应文凭，如欧洲国家的高中毕业证书和其他与欧洲国家高中毕业同等学力。对于来自世界其他国家的申请学历证书认证的要求略有不同，如美国学生在高中毕业后，还需在大学或学院相关专业科目进行两年学习。从升学路径上看，相关职业院校的毕业生在职业教育路径下可直接凭相关文凭材料申请入学，而普通教育路径下普通高中毕业的学生则需在相关领域的专业学院额外进修才可获得申请资格。值得注意的是，达尼亚应用科学大学有着相对灵活的录取制度，如果学生没有获得上述要求的毕业证书或通过相应的考试，仍有机会通过申请额外个人评估的途径获得部分要求豁免以获取入学资格，如先前参与过相关领域的专业培训或企业工作的经验，经过达尼亚应用科学大学录取团队的评估与认证后可以作为录取考虑的重要条件。

此外，申请入学的国际学生还必须通过国际认可的英语语言测试并达到或超过相应分数或获取的相关证书：雅思 6.5 分、托福 550 分、多邻国英语测试 105 分、剑桥高级英语证书、牛津大学分班考试每部分 75 分及以上。达尼亚应用科学大学还将通过 Skype 软件对国际申请者进行一次线上面试。具备上述申请入学资格后学生进行线上申请，需要在每年 2 月 1 日至 3 月 15 日间提交规定的申请材料，包括申请表、所有官方证明文件及说明自身学习目标与兴趣的自我阐述。达尼亚应用科学大学录取团队将依据申请者以往学业成绩与个人综合条件选择性录取，该校期望录取的学生是学术成就、个人才能、社会参与、创造力等特质并存的优秀、有潜力的学生。其专科学位对欧盟国家学生免学费。①

---

① Erhvervsakademi, "Admission Requirements," https://eadania.com/admission/admission-requirements/，查询时间为 2023 年 4 月 16 日。

（三）学制与学位

达尼亚应用科学大学提供多种学位项目，包括实践导向的专业学位（Academy Professional Degrees，简称 AP）、专升本衔接学位（Professional Bachelor Top-up Degrees）、专业学士学位项目，此外还为已经步入职场的成年人提供继续教育阶段的短期培训课程（如图 8-1 所示）。

专业学位是一种学制为两年的高等教育阶段学位课程，由丹麦的应用型本科高校提供。这些课程将理论学习与实践相结合，致力于培养学生在特定领域获得实际技能和知识。与综合性大学相比，达尼亚应用科学大学的学生数量相对较少，因此，该校提供的专业和课程种类较为有限。然而，这也使得学生与当地企业雇主之间的联系更为密切。该校与企业合作开发专业学位项目，以确保毕业生具备符合行业标准的资格和技能，满足劳动力市场和社会的需求。

专业学位项目采用欧洲学分互认体系，其中 60 ECTS 学分相当于一年的全日制高等教育阶段学习。因此，专业学位课程通常为两

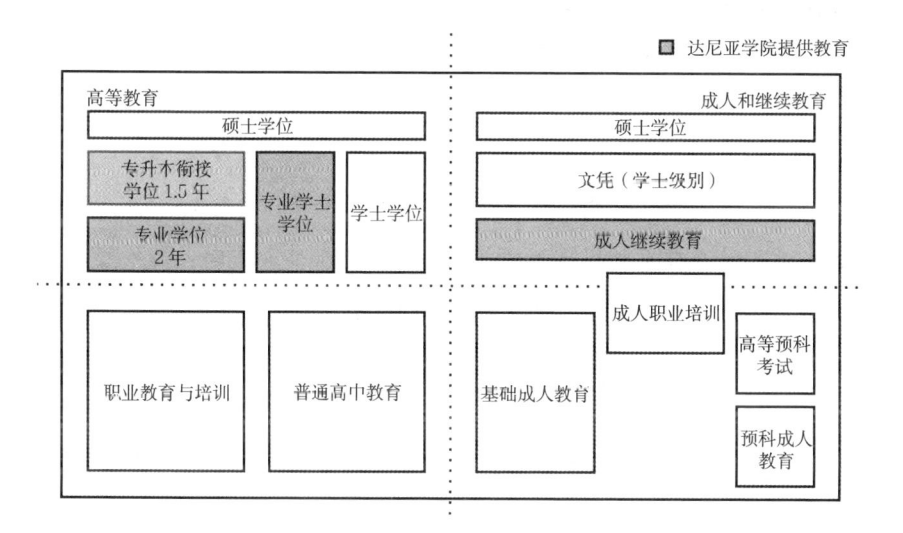

图 8-1 达尼亚应用科学大学在丹麦教育系统中提供的学位项目

年，相当于 120 ECTS 学分。这两年的学习包括多个方面：一是理论学习，学生将获得深入的理论知识，这为他们的实际工作提供了坚实的理论基础；二是专业实践，课程注重将理论知识应用到实际情境中，通过项目和案例研究等方式，培养学生的实际技能；三是职场体验，学生有机会在外部企业进行为期 3 个月的实习，这使他们能够在真实工作环境中应用所学。专业学位可以被视为学士学位课程的前两年，毕业生也有机会选择进一步深造，例如在丹麦或国外的大学攻读学士学位课程的后续部分。达尼亚应用科学大学与许多丹麦和欧洲大学建立了合作关系，允许该校的毕业生继续深造，获得与其专业相关的补充学士学位。这为学生提供了广泛的升学和职业发展机会。①

专升本衔接学位的学制为一年半，在欧洲学分互认体系中相当于 90 ECTS 学分，适合已经完成专业学位课程或类似课程的学生。通过完成专业学位课程和补充课程，学生将获得专业学士学位。达尼亚应用科学大学的学位项目为学生建立了衔接融通的就业与深造渠道。学生通过专业学位和专升本衔接学位的学习后可获得相应领域的专业学士学位，这也体现了该校学制设置的个性化与灵活性，学生可以根据实际情况自主选择学习的阶段与程度。

（四）专业与课程设置

达尼亚应用科学大学的专科学位课程涵盖了三大主要领域，分别是商业、信息技术和科技。商业领域提供以下专业方向：行政管理、商务管理、财务管理、物流管理、市场营销、酒店与旅游管理。信息技术领域包括：计算机技术（包括游戏开发）、多媒体设计和信息技术。科技领域涵盖了以下专业领域：服务工程、自动化工程、能源技术、汽车技术和生产技术。这些专业分支覆盖了多个关键领域，为学

---

① Erhvervsakademi, "Uddannelser," https://eadania.dk/uddannelser/，查询时间为 2023 年 4 月 8 日。

生提供了广泛的选择，以满足不同职业和行业的需求。此外，达尼亚应用科学大学还提供专升本衔接学位课程，这是为已完成专业学位或类似课程的学生设计的。通过这些课程，学生有机会进一步深造，获得相应的本科学士学位。值得一提的是，无论学生选择哪个专业领域，都要接受企业项目管理方面的必修课程。这种设置强调了该校与商业界的紧密联系，使学生不仅能够掌握专业技能，还能够具备企业经营和项目管理方面的能力，为未来的职业生涯提供了坚实的基础。①

(五)师资建设与管理

达尼亚应用科学大学现有大约200多名全职教职工。为了不断提升教育质量和教职工满意度，达尼亚应用科学大学实行定期的满意度调查机制。每两年，该校会对教职工进行工作满意度调查，以了解他们对工作环境和条件的看法。此外，每年秋季学期，该校也会开展学生满意度调查，重点关注课程、教学质量以及教师表现等方面，以获取学生对教育体验的反馈。这些反馈信息有助于该校了解教学与研究等方面的情况，并根据问题提出相应的改进措施。

达尼亚应用科学大学的教师团队呈现出多样性的特点，涵盖了技术、商业、人文等各种不同专业和学科领域。有些教师还具备跨学科背景，例如计算机科学和人文专业的交叉学科经验。该校高度重视教师的多元化和跨学科的教育背景，以促进知识和经验的交流。在教师管理方面，达尼亚应用科学大学注重透明度，并强调分享和交流的重要性，倡导通过数据和经验不断改进教学。各部门共同承担学校发展的责任，积极参与学校事务，并提高工作透明度，以增强解决问题的能力。教师之间也被鼓励分享教学实践，通过展示和开放的方式提高交流互动和教学技能，形成一个共同的专业学习社区。此外，该校还

---

① Erhvervsakademi, "Uddannelser," https://eadania.dk/uddannelser/，查询时间为2023年4月8日。

定期举行教育实验、同行监督和反思性对话，以分享教育实践中的成功案例。

在教学方面，达尼亚应用科学大学非常重视不断发展的技能。因此，该校采用了"教师学徒制"模式，新教师在最初的四年内可以获得教师培训，成为"学徒"，并向"导师"学习如何更好地进行教学。[①] 这种培训模式有助于新教师更好地适应教育环境，提高他们的教育水平。

（六）科研

达尼亚应用科学大学的科研工作主要围绕以下三大目标展开：应对当前问题、将成果应用于教学、并将知识转化为企业应用。这一科研方向旨在确保该校的教学基于学科领域中最新和最相关的知识与理论。该校遵循经济合作与发展组织主导设定的国际标准《弗拉斯卡蒂手册》(Frascati Manual)作为研究的准则和规范。在弗拉斯卡蒂框架内，所有的科研与发展项目都建立在专业领域的知识基础上，为教育机构和企业创造实用价值。这些项目集中于应用和解决实际问题，通常以行业面临的具体挑战、问题或教学问题为出发点，注重研究、教育和实践的有机融合，构建了一个强调学术研究与教育实践相结合的氛围环境。

达尼亚应用科学大学目前拥有的研发中心包括：丹麦旅游和体验研究中心(Danish Research Centre for Tourism and Experiences)、丹麦游戏开发研究所(Institute for Danish Game Development)、丹麦零售研究协会(Danish Institute of Retail)、牧场孵化中心(The Ranch Incubator Centre)、验光研究项目(Optometry Programme Research)。[②] 这些研发

---

① Erhvervsakademi, "Vores-kernefortaelling," https://eadania.dk/om-os/vores-kernefortaelling/，查询时间为 2023 年 4 月 8 日。

② Erhvervsakademi, "Forskning-og-udvikling," https://eadania.dk/forskning-og-udvikling/，查询时间为 2023 年 4 月 8 日。

项目是达尼亚应用科学大学日常教研工作的重要组成部分。它们注重将专业领域的知识与社会前沿趋势紧密结合，同时与国际接轨。通过深度研究产生的最新相关知识有助于反哺学术与教学领域。该校鼓励教师积极参与各研究项目，并与企业等商业伙伴建立紧密的合作关系。

达尼亚应用科学大学的研究项目主要分为以下三类：（1）与具体行业合作实施的面向应用的项目，旨在开发和转化新兴实用知识；（2）在伊拉斯谟+国际合作协议框架内与国际区域组织等合作开展的发展和创新研究项目；（3）跨机构、跨领域的创新项目，旨在增加不同领域知识与成果的融合。[①] 这些研究项目的开展有助于将知识应用于实践，为学校、企业和社会创造更大的价值。同时，它们也为学生提供了与实际问题和行业挑战相关的学习机会，促使他们在学术和职业发展方面取得更大的成功。

（七）质量保障

丹麦达尼亚应用科学大学十分注重办学质量的保障与提升。对外，该校严格遵循欧洲高等教育质量保障标准和指导方针的标准与要求。在校内，它建立了完善的、贯穿整体的质量保障体系，并持续致力于提升教育质量，从而为学生提供高质量的教育。达尼亚应用科学大学将高质量教学定义为：培养劳动力市场需求的技能型学生、构建良好的学习环境、选任合格的教师群体、有组织的教学、提供满意度高的实习实践以及优秀的教育领导力与管理体系。其质量保障体系主要体现在五个方面：（1）质量政策与战略，该校明确定义了质量目标，并制订了相应的策略，以确保教育始终符合最高标准；（2）质量

---

① Erhvervsakademi, "Forskning-og-udvikling," https://eadania.dk/forskning-og-udvikling/，查询时间为2023年4月8日。

管理与组织,该校采用 PDCA 质量循环模式,即计划(Plan)—执行(Do)—审查核验(Check)—行动(Act),以支持系统和持续的质量提升;(3)教学知识,该校关注教职工的教育水平和知识储备,以确保他们能够提供高质量的教育;(4)教育课程标准与内容,该校审查课程标准和内容,以确保它们与市场需求和最新知识保持一致;(5)教育相关性,该校通过诸多关键指标来评估教育的相关性,如学生辍学率、延迟毕业率、平均绩点等。[1]

此外,该校定期进行学生、企业、教职工、教学环境以及毕业生就业去向的满意度调查评估,以及时发现问题并进行改进。该校还设立了教育委员会,其成员拥有教育和就业领域的经验与领导力,由学生代表、企业雇主、相关组织代表以及校外达尼亚应用科学大学毕业生等内部和外部成员组成。这些委员会定期讨论社会和劳动力市场的需求、学生就业情况以及教学计划的调整,以确保教育的时效性与相关性。[2] 这种质量保障体系确保了该校的教育始终符合高标准,有力地支持了高质量的教育提供。

(八)产教融合与实训

丹麦达尼亚应用科学大学办学的宗旨之一就是以实践为导向,贴近劳动力市场需求,因此该校与丹麦的大小型企业进行密切合作,在学校专业教学、研究项目和实习实践中积极推动产教融合,其在产教融合与实践方面的主要特点与措施体现在以下三个方面。

1. 建立校企互通的专门网站

为促进学生与企业雇主的交流互通,达尼亚应用科学大学在其官

---

[1] Erhvervsakademi, "Kvalitet," https://eadania.dk/om-os/kvalitet/,查询时间为 2023 年 4 月 8 日。
[2] Erhvervsakademi, "Uddannelsesudvalg," https://eadania.dk/om-os/uddannelsesudvalg/,查询时间为 2023 年 4 月 8 日。

网为学生和企业建立了专门的门户网站。学生可以创建个人简历信息，根据自己的专业背景查看市场上的职位空缺，寻求相关实习实践与工作机会；企业雇主可以在网站上实时发布空缺职位相关信息与招聘启事，更加方面快捷地获取候选人。门户网站中的职位包括丹麦国内与国外的全职工作、企业项目工程与实习，目前95个岗位正在开放招聘。

2. 三类实习项目

达尼亚应用科学大学鼓励学生在校方与企业的合作基础上积极开展企业实习活动，当前达尼亚应用科学大学学生参与的实习实践主要分为三类：（1）短期项目，这是达尼亚应用科学大学所有专业课程的必修实践部分，一般持续2—4周，通常由1—4名学生针对企业的具体问题进行探索实践；（2）普通实习，这是学生可以在学业之余同时在企业进行的实习活动，通常持续3个月左右，每周10—15小时，该类实习可由企业雇主与学生自行商定，无须经由达尼亚应用科学大学审批；（3）长期项目，这是达尼亚应用科学大学与企业雇主在较大规模的提前规划好的项目中进行的长期合作，通常是由一整个学生团队进行实操，长期项目数量较多，受到企业雇主的广泛欢迎，企业可以通过联系达尼亚应用科学大学企业顾问来与该校建立相关合作。[①]

3. 强调创新创业精神的培养

达尼亚应用科学大学在教学与实践中十分注重创新与创业精神的培养。该校认为社会面临着发展失衡、能源危机等一系列严峻的挑战，可持续性发展和绿色转型需要新的思考，行动力和解决方案的正确导向。与此同时，应该鼓励更多人，特别是即将步入职场的年轻人积极改变他们的工作生活方式，通过创造具有未来价值的创新方案，以解决当今社会面临的困境与挑战。因此达尼亚应用科学大学致力于

---

① Erhvervsakademi, "Praktik," https://eadania.dk/karriere/praktik/，查询时间为2023年4月8日。

为教育提供良好和专业的教育框架,将创新创业精神融入其中,激励学生创造更美好的社会,并且在未来几年,达尼亚应用科学大学仍将加强在可持续发展和绿色转型方面的努力。

因此,达尼亚应用科学大学申请并获得了 24 万克朗(折合人民币约 15.4 万元)的项目支持,以启动该校围绕创新创业整体战略,以可持续发展及绿色转型为主线,构建学校专业与课程,让所有学生都有机会接受并参与相关教育与实践。达尼亚应用科学大学将这一整体战略拆解转化为以下三个主要目标:(1)重新制订和协调现有教学计划,并支持具体教学课程的开发和进一步发展,让教师、学生和管理层共同参与,一起在实践中围绕创新创业的战略努力;(2)达尼亚应用科学大学将通过建立一个创新创业中心为创新创业相关教学与实践活动建立组织基础,为所有在达尼亚应用科学大学学习的学生创造在学习期间从事创新创业工作的平等机会;(3)营造一个激励性强、专业度高的创新创业环境,为在读学生和毕业生提供良好的学习实践条件,为其开创自己的企业,或者成为创新型企业员工奠定基础。①

(九)经费来源

在财政收支方面,达尼亚应用科学大学的年营收情况整体呈现上升趋势,其年总收入由 2017 年的 1.561 亿克朗(折合人民币约 1.6 亿元)增加至 2021 年的 1.87 亿克朗(折合人民币约 1.9 亿元),年净收入由 320 万克朗(折合人民币约 331 万元)上升至 620 万克朗(折合人民币约 650 万元)。达尼亚应用科学大学办学获得了丹麦政府的大力支持,国家补贴资金是其重要的收入来源,占其全年总收入的 73%。在支出方面,达尼亚应用科学大学重视在教育教学上的投资,

---

① Erhvervsakademi, "Entreprenoerskab," https://eadania.dk/karriere/entreprenoerskab/,查询时间为 2023 年 4 月 8 日。

表 8-1　2017—2021 年达尼亚应用科学大学经费状况

收支（百万克朗）	年份	2017	2018	2019	2020	2021
收入	国家补贴	122.4	124.0	131.3	138.8	137.8
	其他补贴	/	/	/	4.4	5.4
	商品和服务销售	/	/	/	0.6	1.3
	其他收入	33.7	41.8	41.0	36.0	42.6
	总收入	156.1	165.8	172.3	179.8	187.1
支出	教育支出	112.5	125.9	132.0	136.0	134.5
	研究与开发	4.0	4.6	4.6	4.7	5.7
	一般公共支出	18.8	17.6	19.7	14.8	19.3
	建筑与设施运营	17.0	17.2	16.6	15.8	20.7
	总支出	152.3	165.3	172.9	171.3	180.2
年度收支情况（含不计入财务项目）		3.2	0.1	-1.7	7.8	6.2

2021 年达尼亚应用科学大学共有 1.345 亿克朗（折合人民币约 1.4 亿元）用于教育支出，占其年总支出的 75%。①

四、结论与启示

当前，我国应用科学大学的发展仍不完善，存在职业教育与本科

---

① Erhvervsakademi, "Officielle dokumenter," https://cadania.dk/om-os/officielle-dokumenter/，查询时间为 2023 年 4 月 8 日。

的断层，应用科学大学定位不明确，新建地方本科院校仍采取与研究型大学评价标准区别不明显的普通高校评估标准等问题。[①]达尼亚应用科学大学高度契合市场需求、以实践为导向、坚持可持续发展理念的高质量建设可以为我国应用科学大学的建设与发展提供一定的有益借鉴。

(一)促进人才培养的纵深专业化与横向多样化

在人才培养方面，我国应用科学大学在明确自身定位的基础上应加大专业化、精深化的纵向发展力度，构建应用型人才培养的独特优势与向高水平技术人才发展的纵深路径，为学生提供专业度高、发展前景清晰明确的规划与指引。在专业技能外，也需培养其适应新兴就业市场、促进可持续发展等多方面的能力，为职业教育路径中的学生构建全面发展的人才培养模式。此外，通过积极开展国际交流与合作，对标国际市场人才评价机制与认证，有助于进一步提升我国应用技术型人才的国际竞争力。在横向上，我国应用科学大学也应借鉴丹麦职业教育的成熟经验，通过设置一定的过渡课程或衔接课程，丰富学生多样化、更具灵活性的求学选择，力争实现高质量、专业化、个性化培养，提升我国应用科学大学及职业教育对公众的吸引力及认可度，让该种发展路径不再是中国家长为学术表现不佳孩子安排的"无可奈何之路"。

(二)多元主体协同治理形成高质量发展合力

丹麦应用科学大学的稳步发展离不开多元利益相关方的共同投入与协同治理。在学校管理与运行方面，我国应用科学大学应加强校企合作力度与深度，促进多元主体参与共建。政府与相关机构应当增加

[①] 李婉：《欧洲应用技术大学国别研究分析及借鉴》，《职业教育研究》2014年第12期。

资金的投入与政策的支持与引导，为校企深度合作营造良好的社会市场环境，提供必要条件与宏观层面的支持；企业应尽可能为学生提供相应的实习实践机会与就业及职业引入方面的指导与帮助；学校应提升办学质量，为学生提供清晰完善的专业化培养与职业规划相关指导与丰富的就业途径。

政府、企业、学校与学生个人共同参与学校治理，在课程设置、专业革新、人才评价、实习实训、就业创业等各方面形成协同合力，在应用科学大学教育的相关性、实用性与保障性等各个层面实现发展与提升。与此同时，全面完善教育质量保障体系，为我国应用科学大学提供有据可依的发展框架是实现其有序运行的关键。要实现高质量的教学，除了在学校培养模式、课程设置、管理机制等方面做出努力以外，还需要从学生入手，提升生源质量，形成完善而规范的入学标准与分级教育，并打造高质量、专业化的"双师型"教师团队，具备理论教学能力的同时，有丰富的相关实践经验，能积极带领学生深入企业和产业一线进行实践教学。

（三）紧跟新时代发展，坚持可持续发展理念

丹麦应用科学大学紧跟市场需求，始终以实践为导向，培养出受到各领域各产业欢迎的实用技术型专业化人才。达尼亚应用科学大学坚持可持续发展、与前沿国际化接轨、鼓励创新创业精神的先进发展理念值得我国应用科学大学学习。我国应根据当今社会需要及国内外发展形势，因地制宜，发挥不同地区与行业领域之优势，在为学生提供充分理论与实践双线专业化培养的基础上，鼓励学生创新创业，促进实践成果的积极产出与转化，建设具有中国社会发展特色的应用科学大学。

（本章作者兰茗懿，上海外国语大学国际教育学院）

第九章

挪威应用科学大学的发展

——以西挪威应用科学大学为例

随着经济全球化和国内外产业转型升级的加速，现代社会对高层次技术技能型人才的需求日益增长。然而，这一类型的人才供应严重不足，导致了就业难和人才供需矛盾突出的问题。在欧洲范围内，挪威的应用科学大学一直备受好评。这些院校培养出的人才不仅推动了挪威产业的转型，以及满足了经济发展的需求，还不断为挪威的职业教育模式注入新的生机与活力。

一、挪威应用科学大学的宏观情况

（一）挪威应用科学大学的内涵

挪威应用科学大学（Universitetet for anvendte vitenskaper）因其独特的课程体系、培养框架和学校定位，在挪威的高等教育体系中占据着独特的地位。与一般定义下的应用科学大学相似，挪威应用科学大学强调技术的发展、研究和传承，属于应用型本科高校的范畴。然而，它们也具备挪威特色，兼具职业教育和技术大学的特点。事实上，许多挪威应用科学大学起初是挪威非大学部门（Norwegian non-university sector）和挪威地区院校（Norwegian regional colleges）的前身。这些地方专门职业类院校，挪威语中称为"distriktshøgskoler"，正是它们的兴办、合并和发展，催生了今天各类挪威应用科学大学。[①] 这一历史背景为挪威应用科学大学赋予了独具特色的教育理念和发展道路。

挪威非大学部门与研究型大学的定位有所不同，其主要任务是提供广泛的职业教育，或为特定职业资格或职业领域做准备的专门技术教育。这些机构以实践为导向，理论知识为辅助，旨在满足研究型大学无法完全满足的经济福利国家的具体需求。这些学院提供的教育和培训强调的不是通用的知识，而是专门的职业技能。[②] 此外，它们还致力于满足特定地区劳动力市场的需求，为当地的发展和技术进步做出实际贡献。特别是在 20 世纪 60 年代后期，建立这些新的高等教育机构以补充传统大学的职能，为各地区的居民提供平等的教育机会，创造新的就业机会，对推动地方经济发展和技术提升具有重要的现实意义。

（二）挪威应用科学大学的历史沿革

与许多北欧国家相似，挪威的大学教育也呈现出了典型的双元制特征，由研究型大学和应用科学大学组成。最早的双元制构想以及对应用科学大学的发展愿景可以追溯到 1965 年，当时挪威政府成立了一个高等教育委员会（Ottosen Committee）[③]，旨在评估挪威未来对高等教育的需求和发展方向。这次评估的结果导致政府认为有必要建立一个双元制的高等教育体系，并采取了一系列措施，包括设立地方大

[①] S. Kyvik, "The Merger of Non-University Colleges in Norway," *Higher Education*, Vol. 44 (2002), pp. 53-72.

[②] R. Geiger, "The Institutional Fabric of the Higher Education System," in B. R. Clark, *The Encyclopedia of Higher Education*, Oxford: Pergamon Press, 1992, pp. 1031-1047.

[③] S. Kyvik, "Decentralisation of Higher Education and Research in Norway," *Comparative Education*, Vol.19, No.1 (1983), pp. 21-29.

学学院等。

具体而言，教育部提议将地方大学设立为与其他研究型大学相区别的自治大学，以便独立进行职业教育和技术培训等领域的研究和人才培养。1969年，国会决定试行设立地区大学学院，此举开始于1974年。从1975年开始，地区大学学院成为高等教育体系下的一个永久性机构。为确保这些地区大学学院的整体规划、建设和发展，挪威政府于1976年为17个地区的机构设立了联合管理委员会，次年成立了非大学高等教育地区委员会。这些委员会的主要任务是协调和推进管辖区域内所有短期高等教育的规划和发展。然而，由于成立之初，各机构在行政、教育和财政方面仍然相互独立，因此大多数机构对区域委员会持相当消极的态度。这些区域委员会通常被认为是介于各个院校和教育部之间的"官僚"和"多余的组织"。因此，在有限的权力范围内，一级高等教育体系在委员会成立之前仍然保持着分散的状态。[1]

在高等教育机构整合的背后，关键时刻可追溯至1977年，该年教师培训学院、技术学院以及社会工作者学院统一升格为高等教育机构。这一举措使得挪威的大学和其他高等教育机构数量从1960年的不到10所迅速增加到了1977年的大约70所，其中大约有25所是全新的院校。1981年，挪威的卫生人才教育学校也经历了升格，正式成为高等教育机构，学生总数达到了令人瞩目的7 000人。升格后的统计数据表明，到了1982年，挪威拥有约150所高等教育机构。此后，挪威的高等教育体系在10—15年中不断改革。这一改革进程始于20世纪80年代末，当时许多政治家似乎认为大学和学院是缓

---

[1] S. Kyvik, "The Merger of Non-University Colleges in Norway," *Higher Education*, Vol. 44 (2002), pp. 53–72.

慢适应的机构,几乎没有能力适应新的社会需求。普遍的不满促成了 1987 年皇家委员会(Royal Commission)的成立,该委员会几乎讨论了高等教育所有的方面,包括非大学高等教育的组织。其主要任务是评估高等教育和研究的目标、组织以及优先级,以重新梳理和明确重组的问题。该委员会的成立为后续地方学院大学的合并重组提供了组织基础。到了 1993 年,政府做出了决策,将每个地区的现有学院合并为全新的单位,这些新单位被命名为州立大学(statlige høgskoler)。[①] 这一决策标志着挪威高等教育体系的进一步整合,为更好地满足社会需求和提升教育质量奠定了坚实的基础。

自 20 世纪 90 年代以来,挪威高等教育体系经历了两次主要变革。第一次重要改革始于 1991 年,政府基于皇家委员会依据国家高等教育和研究的结构与组织、教师教育以及挪威外国学生情况的三份报告,提交了一份高等教育白皮书。这份白皮书奠定了挪威高等教育未来发展的基础。特别值得一提的是,白皮书提出了合并重组高等教育机构的建议,并支持建立连接所有大学和学院的"网络挪威"计划。1994 年,挪威非大学高等教育机构经历了一次重大重组,这次重组在挪威各州立大学的形成上产生了深远的影响。98 所职业学院合并为 26 所新的州立大学,其中包括以前的教师培训学院(25 所)、工程学院(15 所)、健康教育学院(27 所)和社会工作学院(3 所),以及地区学院(14 所)和提供各种专业教学方案的其他机构(14 所)。[②] 这 26 所州立大学的建立,标志着挪威高等教育体系二元系统的正式建立。这些新机构中的大多数是多学科和多课程的学院,包括以前的教

---

① Ole-Jacob Skodvin, "The Reorganisation of Non-University Higher Education in Norway: Problems and Potentials," *Tertiary Education and Management*, Vol. 3, No. 4 (1997), pp. 317-324.

② Ole-Jacob Skodvin, "The Reorganisation of Non-University Higher Education in Norway: Problems and Potentials," *Tertiary Education and Management*, Vol. 3, No. 4 (1997) pp. 317-324.

师培训、工程、健康教育和社会工作专业学院，以及提供专业教学课程的地区学院和其他各种机构。① 总之，重组后的州立大学主要提供职业的教育，强调实践与理论的结合。

然而，在具体实施时，也突显了一些问题。白皮书中拟定的政策是基于挪威高等教育系统由大学部分（主要从事研究和授予学术学位的本科和研究生教学）和学院部分（从事研究并提供广泛领域的1—4年特殊职业学位和一般学位的学习专业）两个相互作用的部分构成的双元制。然而，在随后的几年中，挪威双元制高等教育体系由于议会在一系列决议中赋予学院建立硕士学位、雇用教授、培养研究人员以及开展应用基础研究等方面的权力，以及大学开设大量职业性专业两个原因遭到了侵蚀。到20世纪90年代后期，挪威高等教育体系中大学与学院之间的界限变得十分模糊。② 在这种情况下，如何重新构建挪威高等教育的新体系成为一项迫切需要解决的重大问题。

1995年，议会批准了一项新的《大学和学院法》(Act on Universities and Colleges)，自1996年以来，所有公立高等教育机构都受该法管辖。直到1989年，大多数大学和专业大学机构由单独的法案管理，而非大学高等教育机构则由政府或部级法规指导。在非大学部门，只有教师培训受法律管制。1989年，议会通过了一项涵盖大学部门所有机构的法案。总的来说，该法案通过授予对一些问题的决策权，赋予了大学更多的自主权。③

1998年标志着挪威高等教育的第二次改革的开始，当时挪威

---

① Ole-Jacob Skodvin, "The Reorganisation of Non-University Higher Education in Norway: Problems and Potentials," *Tertiary Education and Management*, Vol. 3, No. 4 (1997), pp. 317-324.

② S. Kyvik, and Ole-Jacob Skodvin, "Research in the Non-University Higher Education Sector-Tensions and Dilemmas," *Higher Education*, Vol. 45 (March, 2003), pp. 203-222.

③ Ole-Jacob Skodvin, "The Reorganisation of Non-University Higher Education in Norway: Problems and Potentials," *Tertiary Education and Management*, Vol. 3, No. 4 (1997), pp. 317-324.

高等教育委员会(也被称为挪威梅耶斯委员会,Norwegian Myers Committee)成立,为挪威的教育体系带来了深刻的变革。在2003年,该委员会向议会提交了一份重要的白皮书,题为《尽你的职责,要求你的权利》(*Do Your Duty, Demand Your Rights*)[①],其中包括以下主要内容。首先,白皮书强调了管理权的进一步下放和高校办学自主权的扩大。这一政策旨在赋予高校更大的自主权,使其能够更灵活地应对时局的变化,并更好地满足教育需求。其次,白皮书提出了改变高校内部管理方式的建议,以扩大校外力量参与学校事务的权利。此外,针对双元制的办学制度,挪威梅耶斯委员会建议授权教育部根据一个认证程序来决定高校的分类。同时,该委员会提出了学院升格为大学的明确标准,要求学院在升格为大学之前应当开设至少五个不同领域的硕士项目,并至少开展四个不同领域的研究人员的培养。另外,白皮书还推动了新的学分系统和学位制度的引入,以更好地满足当代学生的需求,并提高学位的国际认可度。为了提高高等教育的质量,白皮书还强调加强高等教育质量,包括高等教育质量评估和认证。与此同时,为了提升高校的研究水平,白皮书鼓励增加对研究的投入,以促进科研活动的蓬勃发展。最后,白皮书积极推动高等教育的国际合作与交流,以促进高等教育的国际化水平。[②] 这份白皮书标志着挪威高等教育体系的重要改革,为提高教育质量、增强国际竞争力,以及为未来的发展创造更好的条件,提供了全面有力的指导。

---

① S. Kyvik, "The Implementation of the Norwegian College Reform," in Å. Gornitzka, M. Kogan, and A. Amaral, eds., *Reform and Change in Higher Education: Analysing Policy Implementation*, Springer, 2004, pp. 69-82.

② S. Kyvik and J. C. Smeby, "The Academic Workplace. Country Report Norway," in J. Enders and E. De Weert, eds., *The International Attractiveness of the Academic Workplace in Europe*, Gewerkschaft Erziehung und Wissenschaft, 2004, pp. 310-331.

二、挪威应用科学大学的办学模式及特点

（一）注重政校企三方合作

挪威应用科学大学在职业教育中一直秉持三方合作传统，这一合作模式从学徒制时期一直延续至今，深受赞誉。挪威社会伙伴，主要包括企业雇主联盟和雇员联盟，同政府建立了高度协调的合作体系，并且三方合作机制贯穿了高等职业教育管理的各个层面。

政府层面主要成立委员会，以宏观高度指导总体教育发展方向，并以提出建议的方式参与三方合作。这一机制真正将职业教育的决策权下放到地方各州、各郡和各学院。例如，最高级别的国家职业教育和培训委员会（National Vocational Education and Training Council）负责从宏观层面提出职业教育质量发展的建议，各州的职业培训委员会则围绕结构、课程和质量等议题提出特定行业的相关培训计划建议，各郡的郡职业培训委员会则负责对所在郡的职业教育供给、质量、职业指导、区域发展等方面提出建议。[1]

企业在三方合作中扮演着至关重要的角色。他们不仅需要提供学生实习和共同创造的场所，还必须负责实施高等职业教育学徒期的具体实践课程，与教育机构合作开发实践课程。为了确保培训按照课程和法规进行，建立了挪威学徒培训处（Norwegian Apprenticeship Training Agency，简称ATAs）这样的伞状组织，以减轻管理负担。学徒培训处与郡级政府的培训局协作，特别是在学徒制培训方面，由雇主负责实施。[2]

高等教育机构，如学院，则致力于学生技能培养、职业技能教育

---

[1] 挪威教育科研部：《挪威中国官方网站：挪威国家概况》，http://www.norway.org.cn/education/education/general/mariannetest.htm，查询时间为2023年6月7日。

[2] Håkon Høst, ed., *Continuity and Change in Norwegian Vocational Education and Training (VET)*, RAPPORT 6/2010, 2008.

的课程开发和研究。他们必须考虑不同类型的教育产品，同时解决不同教育目标之间的冲突。这些冲突可能涉及教学人员、学生、学生参与和教学方法、组织模式、不同课程的内容、就业情况、转学、学生和毕业生的地理分布、与区域机构的合作以及研究政策等各个方面。地区大学学院的发展还需要考虑行政和财务安排、教师招聘、课程开发、普通教育的衰落和研究的发展等因素。

这种三方合作模式已经在挪威的职业教育中取得了显著成就，确保了职业教育的质量和实用性，使之能够更好地适应不断变化的社会和市场需求。这种合作机制在培养具备实际技能的学生和提高职业教育的质量方面发挥了关键作用。

（二）较为完善的法律保障及宏观政策支持

挪威在职业教育领域一直重视质量保障，并将其明确写入相关法律法规中，以确保职业教育体系的可持续发展。主要法律依据包括挪威的《教育法》和1952年颁布的《学徒法》，以及其他相关法规。挪威的教育法律体现了权力下放的原则，这是挪威高等职业教育（学徒制）的核心管理原则。此外，1995年颁布的《大学和学院法》以及1998年7月17日颁布的挪威《教育法》（最新修订于2015年7月19日）明确规定，州立大学应专注于研究工作，特别关注高等职业教育的技术课程等领域。

近年来，挪威还发布了多部政策性文件，旨在推动应用科学大学和高等职业教育体系的发展。其中最重要的是2017年10月13日颁布的《挪威技能政策战略（2017—2021）》。[①] 这一战略提出了三大目

---

① Norwegian Strategy for Skills Policy 2017-2021, "Direktoratet for Høyere Utdanning og Kompetanse," https://www.kompetansenorge.no/English/statistics-publications/norwegian-strategy-for-skills-policy-20172021/，查询时间为2023年2月16日。

标导向，着重确保政策与实践之间的协同效应，并明确定义了战略实施的多层级受众。此外，该战略强调了技能开发、激活和应用三大支柱，以促进挪威职业教育体系的可持续增长。

通过法律手段来推动改革和管理是挪威应用科学大学办学模式得以向好发展的重要因素。依法改革、依法办学、依法管理是挪威应用科学大学发展的重要经验。在相关法律中增添办学模式和发展路径改革相关的条款，制定颁发专门的相关条令和法律，从法律层面为构建应用科学大学提供保障，并在这些法律中明晰各方利益相关者的权利和义务，设立应用科学大学的办学标准和国家课程标准，明确要求在国家制度层面建立独立的、专业化的队伍，构建严格的能力标准及相关配套指南或建议等，能够从根源上严格把控，真正做到严格教学标准，提升应用科学大学的教学质量。

（三）构建完善紧密的"挪威网络"——双元制

"挪威网络"是根据挪威《高等学校法》而设立的，其主要作用就是促进挪威双元制高等教育体系的衔接与发展。[1] 该体系明确了研究型大学和州立大学在高等教育中的不同角色和职责分工。根据该法，研究型大学被赋予了基础研究的主要任务，包括承担国家基础研究的主要部分，负责研究生教育和科研。与此同时，州立大学承担了多种面向专业和职业的教学项目。此外，它们还在基础教育和本科教育项目方面与研究型大学进行联系，形成一种相互联系、相互促进的网格化教育发展模式。除学校内部网格化结构之外，教育当局、教育机构和社会参与者也进行了深入的网格化合作，构成了覆盖范围更加广

---

[1] Hæge Nore and Leif Christian Lahn, "Bridging the Gap between Work and Education in Vocational Education and Training: A Study of Norwegian Apprenticeship Training Offices and E-portfolio Systems," *International Journal for Research in Vocational Education and Training*, Vol. 1, No. 1 (2014), pp. 21-34.

泛、网络联结更加紧密、互通项目更加多样的"挪威网络"。[1]

双元制在挪威的中等职业教育，即高中阶段的职业教育被首先应用，后来发展至20世纪90年代，一些应用科学大学也开始引入双元制人才培养模式，提供了双元学习课程。与传统的学习方式相比，双元学习的基本特征是将理论与实践相结合，应用科学大学与企业共同培养学生。通过课程改革将学徒制体系整合进学校教育体系中，形成了挪威特色的双元制职业教育体系，而对学生的合法入学权的规定和学生毕业后多种证书的发放则保障了双元制的顺利进行。学徒制与学校教育体系的合一，学生现时选择与未来发展的融合，普通知识与职业知识、知识与技能的合一是挪威双元制职业教育的特点。

应用科学大学的课程改革是挪威双元制的一大重要支柱。在挪威原本的应用科学大学中，普遍开展的基础课程有100多种，学生学习内容繁杂，并且专业化过早，1994年改革使全部的课程分为三大部分：普通核心课程、相关学习领域课程和选修课。这三种课程在给予学生必要知识的同时极大地改善了原先的情况。[2] 普通核心课程中不同科目的学时分散在整个修学生涯，但是整体上看，前两年每周对这些科目的学习时间加起来必须达到35学时，每年修满1 309个学时，第三年每周必须学习20个学时，修满748个学时。将全部三年的学时修满方可毕业。相关学习领域课程具体到某一行业的学习，其课程在挪威称为高级课程。挪威制定了全国统一的课程纲领，高级课程的设置必须在课程纲领规定的框架内。高级课程分为两部分：高级课程Ⅰ和高级课程Ⅱ。高级课程Ⅰ是所有选择职业科目的学生必须学习

---

[1] 刘婕：《挪威特色双元制职业教育体系概述》，《中等职业教育·理论》2010年第4期。

[2] Sveinung Skule, Mark Stuart, and Torgeir Nyen, "International Briefing 12: Training and Development in Norway," *International Journal of Training and Development*, Vol. 6, No. 4 (December, 2002), pp. 263-276.

的，高级课程Ⅱ面向那些不参加学徒制训练的学生。[1] 高级课程作为学校系统与学徒制系统的对接平台，为学生学校学习与企业培训提供了衔接和沟通的保障，具有非常重要的意义。

挪威双元制的一大重要支柱则是现代学徒制的发展与完善。总体而言，挪威现代学徒制的实施，第三方参与者必须为教育当局、教育机构和社会参与者，具体对应即郡政府、学校（包括私立和公立）和企业。其中，郡政府负责审批参与学徒制项目的企业，学徒与企业培训合同的签订、修改和废止，并为没有参与学徒制的学生提供校内的培训机会；学校负责教授学生理论基础，并为没有参与学徒制的学生提供培训；企业则负责具体的培训项目和内容。该部分内容将作为单独特色呈现在下一部分（现代学徒制的组织管理模式）。

"挪威网络"的目的在于通过将各高等教育机构联系在一起，促进它们更紧密地合作、更好地分工，以推动整个高等教育系统在国家综合框架内更进一步地发展。这一法律要求各高等教育机构在教学方案和研究方面进行更密切地协作，以确保高等教育的质量和效率得以提高。

（四）现代学徒制的组织管理模式

现代学徒制是当前国内外职业教育改革的重点议题。在挪威，学徒是指已经签订学徒合同，为了参加某职业领域的职业培训资格考试而进入企业接受学徒培训的人员。21世纪以来，挪威已经构建了一个较为完善的现代学徒制体系，包括"2+2 模式"、"1+3 模式"、"3+1 模式"、"2+2.5 模式"、双元模式、实践证书等实施模式。[2] 这些模式

---

[1] 刘婕:《挪威特色双元制职业教育体系概述》,《中等职业教育·理论》2010 年第 4 期。

[2] Margareth Haukås and Kjersti Skjervheim, "Vocational Education and Training in Europe–Norway," *Cedefop ReferNet VET in Europe Reports* (2018).

的产生与中小型企业(Småog mellomstore bedrifter,简称 SMEs,雇员人数少于 250 人的企业)占挪威国内全部企业的 99% 以上息息相关,与上述特点的三方合作中的校企合作密切联系,在挪威中等职业教育领域,学徒制培训常发生在中小型企业,因而具有一定的典型性,现代学徒制的发展,也经常体现在应用科学大学和中小企业的产学合作中。1981 年挪威颁布的《学徒培训法》,首次以法律的形式认可传统的学徒培训为挪威职业教育体系中的一个重要组成部分。[1]

挪威现代学徒制的实施,必需的三方参与者为教育当局、教育机构和社会参与者,具体对应即郡政府、学校(包括私立和公立)和企业。其中,郡政府负责审批参与学徒制项目的企业,学徒与企业培训合同的签订、修改和废止,并为没有参与学徒制的学生提供校内的培训机会;学校负责教授学生理论基础,并为没有参与学徒制的学生提供培训;企业则负责具体的培训项目和内容。三方利益相关,在相互参与中不断推动深度合作,强化关系,形成紧密的"网络结构"。通过这种网络,校企建立起深度合作关系,三方均有获益:学校获得企业财政支援且能够第一时间掌握行业最新发展动向;学生积累足够多的实习经验且利于日后就业;企业参与并全程跟随技术教学,既能够确保未来员工所具备的实际技能和知识,又能够节省人力成本提前"预订"高水平人才。

挪威现代学徒制的组织管理模式特点主要体现在以下几点。

首先,允许行业参与课程设置,学校主动下放管理权限。根据挪威 1952 年实施的《学徒法》及其他相关条例及教育法律,权力下放是现代学徒制的管理原则。通过上述三方合作机制,社会伙伴提出有关

---

[1] Philipp Emanuel Friedrich, "Organizational Change in Higher Education Ministries in Light of Agencification: Comparing Austria and Norway," *Higher Education Policy*, Vol. 34, No. 3 (2021), pp. 664-684.

现代学徒制各类主题的建议。根据法律规定，在挪威国家和郡的层面，职业教育的所有顾问委员会中，社会伙伴均拥有代表，且常占多数席位，由此保证了挪威现代学徒制广泛的行业企业基础；政府为行业企业提供大力支持（如学徒制专项经费补助）；行业企业在学徒制办学过程中具有高度的责任感和主体意识，并在实践行动中充分体现其主体地位。

其次，打通继续学习路径，确保路径灵活实施。挪威的应用科学大学实施的现代学徒制不同于传统学徒制的一个重要特点就在于其有多种实施模式，既能满足行业企业的发展要求和劳动力需求，也可以根据学生个体进行灵活调整。这种灵活性体现在：学生除了选择完成全程学徒期从而获得行业证书或熟练工证书外，还可选择学习通往各种"补充课程"（supplementary studies）[1]；已经获得行业证书或熟练工证书的学徒制毕业生也可继续参加额外一年的该课程。这些灵活变动，不仅满足了学徒制框架下学生的需求，也增强了现代学徒制的吸引力。

最后，注重师资队伍培养，以求保证教育质量。挪威教育向来十分注重教育质量，且把有质量保障明确写入相关法律条文中的传统，作为挪威职业教育体系重要组成部分的现代学徒制也不例外。三方合作是挪威现代学徒制的质量保障关键机制，师资队伍建设则为核心机制。[2] 学徒制师资人员主要包括职业教育教师、培训主管和培训师等三类。职业教育教师为学生（学徒）提供正规的学校本位教育；培训

---

[1] Jo Hawley and O. Bjørn-Ure, "European Inventory on Validation of Nonformal and Informal Learning 2014 Country Report: Norway," https://cumulus.cedefop.europa.eu/files/vetelib/2014/2014_CR_NO.pdf, 查询时间为 2023 年 6 月 5 日。

[2] Hæge Nore, "Re-contextualizing Vocational Didactics in Norwegian Vocational Education and Training," *International Journal for Research in Vocational Education and Training*, Vol. 2, No. 3 (2015), pp. 182-194.

主管和培训师则提供在企业的培训。挪威法律规定了职业教育教师必须拥有学科资格与教育资格（即通过教育学与教学法课程考试），其学习的主要领域是教育学理论、职业教学法、指导教学法、培训实践。至于培训主管和培训师，接收学徒的培训企业必须任命合格的培训主管和培训师，这两种教师的任职要求也在1998年的《教育法》中被明确提出。[1] 挪威现代学徒制师资队伍素质的高要求及其建设的重视为学生（学徒）的学习质量提供了重要保障。

（五）开拓不同课程模式以满足实际需求

挪威应用科学大学学院提供丰富多样的教学项目，包括2—4年的专业和职业领域课程以及1—1.5年的大学课程。除此之外，大多数学院还提供更高学位的学术课程，部分学院甚至提供特定学科的博士培训。有一半的学院专注于专业领域的课程，而其他学院则同时提供专业和学术领域的课程。此外，15所学院与大学合作，开设更高学位的学术课程。"2+2模式"、"1+3模式"、"3+1模式"、"2+2.5模式"、双元模式、实践证书模式等在应用科学大学中常被采用，不同的应用科学大学可根据不同学校特征、专业设置、校企合作等的不同情况灵活选择，具体课程学习详见表9-1。[2]

其中，挪威大多数的应用科学大学主要实行"2+2模式"，该模式具有相当的灵活性，即两年在校教育，两年学徒培训。第一年这些科目提供职业领域的一般介绍，第二年进入学生具体从事的行业领域。两年的学徒培训时间安排分别是在企业一年的实践培训和一年的实际生产工作。第一年作为实习培训的学徒，企业专注于教学，没有期望

---

[1] Margareth Haukås and Kjersti Skjervheim, "Vocational Education and Training in Europe-Norway," *Cedefop ReferNet VET in Europe Reports* (2018).

[2] 廖国华：《挪威职业教育学徒制的历程、特点及启示》，《现代职业教育》2022年第5期。

获利，挪威政府会给每个招收学徒的企业颁发一定数额的培训奖金。生产性工作的第二年预计将为公司带来盈利。在学校学习两年后，学徒与培训企业和郡当局代表签订了具有法律约束力的学徒合同。根据法律，学徒是企业的雇员，具有其相应的权利和义务。在两年的学徒期间，他们有权获得随学徒生产力增加的薪水。①

除了"2+2模式"为主的标准模式以外，还有多种替代性的学徒模式："1+3模式"需要在校接受一年的职业教育，然后在企业中学习三年，共计四年，在企业的前两年是培训，最后一年需要创造生产价值。"3+1模式"需要在校接受三年职业教育，然后进行为期一年的正式学徒培训。所需科目同"2+2模式"类似。由于职业行业对学徒培训期的要求不同，在"2+2模式""3+1模式"上又衍生出"2+2.5模式""3+1.5模式""3+2模式"等多种学徒模式。此外，还有一种仅适用于部分郡市的特殊学徒模式（Spesiallæremodell，简称YSK），同样是两年在校学习、两年企业培训，但特殊学徒模式理论课程要求比较高，尤其要求学生具备较高的数学和科学素养及能力。

自1994年成立26所州立学院以来，这些学院通过多样的组织结构满足广泛的学科需求。一些学院在负责各种学科的院系中组织教学活动，其他学院采用相对统一的结构，例如专注于护理教育等特定领域。为了满足全国各地的需求，这些学院积极开发独特的课程，有的甚至将大量资源（20%—25%）投入成人和继续教育领域。

（六）注重职业教师的专业培养

挪威的国家核心课程原则和框架为职教教师培养提供了坚实的理论基础。特别值得一提的是挪威胡达尔兰学院（Høgskolen i

---

① 廖国华：《挪威职业教育学徒制的历程、特点及启示》，《现代职业教育》2022年第5期。

表 9-1　挪威应用科学大学常见学徒模式及内容

学徒模式	修学年限	课程内容 学校学习	课程内容 企业实习
"2+2 模式"	4年（学校2年+企业2年）	第1年：职业领域一般介绍； 第2年：从事行业领域具体学习	第3年：企业一年期的实践培训； 第4年：一年期实际生产工作
"1+3 模式"	4年（学校1年+企业3年）	第1年：在校一年职业理论教育	第2—3年：培训； 第4年：参与实际生产工作
"3+1 模式"	4年（学校3年+企业1年）	第1—3年：三年职业理论教育	第4年：正式学徒培训
特殊学徒模式	4年（学校2年+企业2年）	第1年：职业领域一般介绍； 第2年：从事行业领域具体学习	第3年：企业一年期的实践培训； 第4年：一年期实际生产工作

Innlandet，简称 HiIN）职业教育教师培养项目中的"从做中学"课程设计思想，以及他们秉承的八项课程设计原则和五项关键能力要求[①]，使挪威在职业教育教师培养领域独具特色（见表 9-2）。此外，挪威政府于 2015 年 10 月 29 日启动了"国家职业教育教师提升计划"，该计划赋予职业教育教师增加招聘数和资格的优先权。这一举措进一步提升了职业教育教师的社会地位和福利待遇，表明政府对职业教育的重要性和发展的承诺。

---

① Anne-Lise Høstmark Tarrou and Içara da Silva Holmesland, "Technical and Vocational Education and its Teacher Training in Norway," in Philipp Grollmann and Felix Rauner, eds., *International Perspectives on Teachers and Lecturers in Technical and Vocational Education*, Springer, 2007, pp. 185-204.

表 9-2 挪威职业教育教师教育国家核心课程结构

课程内容	学分	课程权重	说明
职业教育学课程	20	1	所有学生都应学习
专业课程（广度）	60	3	提供不同职业的基础课程，含有职业文化成分的课程，不同职业应采取的相应教授法的课程
专业课程（深度）	40	2	对专门职业的基本理论的加深课程；12—14 周的教学实习

此外，分析挪威应用科学大学职教师资课程特色，几大职业方向都表现出并行结构特色，具体体现在职业教育学、职业教学论、职广度课程、职业深度课程、学校实践、职业实践在每个学期并年行进行，学生始终穿插在学校与职业之间，理论与实践环节在每个学期相互结合，表 9-3 以阿克斯胡斯大学学院为例，进行详细说明。

表 9-3 阿克斯胡斯大学学院本科教学"并行结构"的课程设置[1]

第一学年	职业教育学	职业广度课程	职业教学论	学校教学实践	职业岗位实践
第二学年	职业教育学	职业广度课程	职业深度课程	职业教学论	学校教学实践	职业岗位实践
第三学年	职业教育学	职业广度课程	职业深度课程	职业教学论	学校教学实践	职业岗位实践
学分或时间	30 学分	60 学分	60 学分	30 学分	12 周	12 周
总量	180 学分				24 周	

---

[1] 李青霞：《从课程看挪威职教教师的培养特点——以挪威 HIAK 大学学院为例》，《黑龙江高教研究》2009 年第 7 期。

对上述五个方面的理解如下：职业教育学有助于在实践教学中建立解释性和分析性工具，为学生实践经验提供参考框架；职业教育学应该提供学生反思能力；提供学生理解作为人的发展和知识、能力、态度发展方面的能力、理解个人和社会关系的相互作用。职业教学论被认为是诸多职业问题的交集：职业资格、工作任务、技术知识、方法问题、教育心理学评价以及与教学、职业和社会相关的问题。职业广度类课程指学生拥有对他们指导今后教学必要的职业知识课程。职业深度类课程的目的是提高和强化学生的职业能力。学生已拥有的实践经验在他们的教学及培训中起着重要的作用。通过教学和职业的实践学生相当于再次经历职业教育学、职业教学论、职业广度与深度课程。

三、西挪威应用科学大学的办学模式

（一）学校概况

西挪威应用科学大学（Western Norway University of Applied Sciences，简称 WNUAS）成立于 2017 年 1 月 1 日，是由挪威原卑尔根大学学院、海于格松/斯图尔大学学院和松恩－菲尤拉讷大学学院三所高校合并而成的。[1] 它是一所全日制公立高校，合并前的三所高校均专注于应用技术领域。其中，原卑尔根大学学院是由 1994 年 8 月 6 所独立学院合并组建而成，是挪威的国立高等学府之一。该学院的教育侧重于为学生提供面向社会实际工作的专业学习机会。原卑尔根大学学院提供多元化的本科、硕士和博士专业，包括化学工程、土木工程、计算机工程学、电机及电子工程学、环境和水产养殖技术、机械工程、护理学、物理疗法、社会工作学、社会教育学、放射学、职业

---

[1] Gunn Helene Engelsrud, "Western Norway University of Applied Sciences," https://www.hvl.no/en/，查询时间为 2023 年 2 月 26 日。

病治疗、戏剧教育学、历史学、音乐教育学、社区工作、职业和社会发展等。海于格松/斯图尔大学学院位于海于格松，成立于1994年，由海于格松护理学院、斯图尔师范学院和斯图尔护理学院合并而成。该校的主要专业包括护理专业、教育学师范类专业和健康研究专业等。尽管规模较小，但它是挪威最小的大学学院之一。松恩-菲尤拉讷大学学院创建于1994年8月1日，是一所年轻的公立高等学院，分为商业管理学院（松达尔校区）、工程与科学学院（松达尔和菲尤拉讷校区）、健康研究学院（菲尤拉讷和桑纳讷校区）以及教师教育与体育学院（松达尔和桑纳讷校区）等四个学院。这三所高校的合并创立了现今的西挪威应用科学大学，它在应用科学领域的综合实力使其成为挪威最大的应用科学大学之一。

西挪威应用科学大学获得了挪威教育部（Kunnskapsdepartementet）的正式认可，是一所规模较大的高等教育机构，其招生范围通常在15 000至19 999名学生之间。[1] 在2017年1月1日的合并之后，西挪威应用科学大学将原有的三所高校的各个学院整合成了四个学院，分别是教育、艺术和体育学院，健康与社会科学学院，工程与科学学院以及工商管理与社会科学学院。这四个学院下设多个系，共同构成了该校的学术体系。[2]

具体而言，教育、艺术和体育学院由松达尔、卑尔根和斯图尔的大约6 000名学生和550名教职员工组成。该学院拥有四个研究所和四个研究中心，下设多个系及专业，包括体育、食品和自然科学系，艺术教育系，教育学、宗教和社会研究系，语言、文学、数学和口译

---

[1] Statistics Norway, "Statistics Norway, 2016, Statistisk sentralbyrå Statistics Norway," https://www.Ssb.No/En/，查询时间为2023年4月15日。

[2] Western Norway University of Applied Sciences, "Towards FAIR and Open Data Ecosystems in the Energy Research Community," https://www.hvl.no/En/News/Ecradata/，查询时间为2023年4月15日。

系，案例—教育中的创造力艺术和科学，体育主动学习中心。正在进行的研究分为五个研究计划，包括艺术、创意和文化实践，语言、交流和学习，教育研究的实践、专业性和政策，运动、体育活动和食物，可持续性、参与性和多样性。

健康与社会科学学院的使命是通过教育和研究，提供更好的健康和福利服务，满足患者和用户在所有情况和生命阶段的需求。该学院共有五个校区，约有4 900名学生。学院下设四个院系，包括健康与关怀科学系、卫生和运作部、福利和参与部、西区护理研究中心。主要的研究方向包括以人为本的健康研究、公共卫生和福利研究、服务研究、创新与实施以及学习和教育研究等。

工程与科学学院在卑尔根、福尔德、松达尔和海于格松的校区拥有3 000多名学生和约300名教职工。该学院的教师与该地区的工作生活密切相关，与专业领域内的企业密切合作，具有丰富的校企合作经验。该学院下设的系包括土木工程系，计算机科学、电气工程与数学科学系。

工商管理与社会科学学院在卑尔根、海于格松和松达尔的校区拥有约2 300名学生和140名教职工。该学院包括三个系和一个研究中心：工商管理系、海事学系、社会科学系、海于格松海事能力和测试集群。该学院开展多样化的研究项目，涵盖海上安全、可持续发展、城市和区域经济学、营销、旅游和创新、社会变革、流动性、青年、文化和知识、公共部门的创新与治理等领域。

（二）办学定位及目标

西挪威应用科学大学是一所坚定专业和工作生活导向的大学。该校通过教育、研究和开发，致力于创造新的知识和专业，锚定国际视野，并为当地工作生活中的问题提供解决方案。互动、可持续发展和创新是该校的核心要素和办学宗旨。互动不仅涵盖了该校内部各部门的合作，还包括与周围社区的互动。为了解决社会面临的复杂问题，需要跨学科的专业知识和协同合作。在校外，西挪威应用科学大学积极与其他大学、企业和政府机构合作，共同开发新的知识和专业，深入研究新领域，开展创新的研究项目。在校内，该校鼓励学术环境之间、校园内部、教职员工和学生之间的合作和互动。[①]

可持续性不仅是全球共同的责任，也是作为教育机构的必要任务。西挪威应用科学大学积极响应联合国制订的17个可持续发展目标，努力将这些目标融入该校的各个层面。该校致力于成为可持续发展的推动者，在各个学科和院系开展可持续发展方向的研究，并将可持续发展理念融入教育的方方面面。

创新意味着改进产品和服务，不断发展专业知识和技术，创新工作方法和教学形式。西挪威应用科学大学的目标是培养具备专业知识的学生，使他们能够以解决问题和创新为导向，为社会做出积极贡献。创新一直是该校的核心价值观和宗旨之一。

从教育理念与大学信念等角度来看，西挪威应用科学大学提出了三种价值观念：一是具有挑战性的教育，即通过促进果断、批判性思维和反思能力来质疑现状；二是注重分享，西挪威应用科学大学主张知识在分享中增长，通过与社会和彼此之间的对话，有助于产生影响，同时促进新知识的增长；三是建立亲密关系，学术环境之间、校园之间、教职员工和学生之间，都存在着各种类型的亲密关系，与专业领域密切合作，将有助于继续在该地区的最佳利益下开展研究以及进行校企合作。

西挪威应用科学大学旨在培养和教育高素质人才，即学生将成为

[①] Camilla Kvaal, "Knowing Music as Representation or as Operation: Exploring Musical Diversity through Collaborative Music Making in Kaleidoscope," *Nordic Journal of Art and Research*, Vol. 10, No. 2 (2021), pp. 1–25.

创新和可持续发展的负责任的驱动力。目前，开设基于国际背景以及基于经验知识基础上的各类课程，通过课程学习，让学生获得实际经验，并与专业和工作生活膝相接轨。同时激发学生的主动性和好奇心，教育学生对自己的学习负责。通过良好、安全的学习环境，培养出能够茁壮成长的、主动积极的、有能力的学生。教学和评估以成为优秀教师为标准，以面向未来的、以研究为基础的和多样化的工作方法为标杆，实现高质量的教学与研究。

为各个职业提供较理论知识与实践经验同等丰富的优秀人才，通过系统地在各种课程的学术和基于实践的知识之间的联系中开发与专业实践相关的新知识，同时对课程知识库的学术发展和批判性反思，优先发展关于生命、健康和环境的知识，相关主题包括患者和个人安全、数据和信息安全、安全的人际关系、与海上活动和海上作业有关的安全、火灾的预防和处理、关于雪崩和洪水等自然灾害的预警和保护的知识。西挪威应用科学大学通过反思和讨论伦理、人类和器官等，通过将技术与其他形式的专业知识相结合，提出相关问题并找到解决方案。作为未来将会作为员工走向职场的学生，西挪威应用科学大学将培养出能够在涉及数字工具的复杂变革过程中做出贡献的优秀人才。

西挪威应用科学大学拥有五个校区，规模甚大，因而很难以传统的管理方式以及教学模式运作，需要寻求数字化解决方案，以确保有效的知识和信息共享。目前西挪威应用科学大学使用的工具和工作方法将有助于提高质量、健全工作流程以及同校内外合作者的友好互动。日后也将有针对性地进一步发展数码专业知识，提升教职工及学生的智能化、数字化水平，使学生具备数码工作生活的能力和批判性判断的能力。

（三）招生方式及入学资格

挪威的高等教育体系由中央政府主导，主要以公立教育机构为主体，包括大学和专业学院。挪威的高等教育路径通常要求学生首先完成为期三年的高中课程。高中教育分为学术高中和职业高中，提供普通教育和职业教育的综合课程。高中教育的第一年通常是基础班，注重普通学科的教育，为计划升入大学或专业学院的学生提供必要的学科基础。之后的两年，学生可以选择继续学习普通学科，为进一步接受高等教育做准备。同时，其他学生可以根据个人兴趣和职业发展方向，选择其他学科领域的课程，这也需要两年的学习。在挪威，综合中学的课程除了普通学科外，还包括工业、艺术、渔业、航海、体育、商业、驾驶、互联网技术、社会工作、健康教育等不同学科群。学生在接受教育期间，可以根据个人发展需求自由选择学科以及升学计划。[1]

申请挪威的大学通常需要具备学术高中的毕业资格，职业高中的毕业生则需要通过额外的考试来获得资格，以便申请大学教育。尚未有资料显示挪威应用科学大学接受在企业工作或已具备工作经验的社会人士继续入学，其主要录取对象仍然是全日制学校学习的高中毕业生。值得一提的是，挪威所有高等教育机构，除了少数私立学院外，都由国家进行管理，但它们都享有高度的学术和行政自治权。[2]挪威的教育政策基于平等原则，即所有社会成员，无论其社会、文化背景或居住地点如何，都享有平等的教育权利。

（四）新学分系统和学位制度的引入

在挪威，在引进新学分系统之前，本科阶段的学位体系包括以下四种[3]：

---

[1] Western Norway University of Applied Sciences, "Grading and Credit System," https://www.hvl.no/en/hvl-students/grading-and-credit-system/，查询时间为 2023 年 6 月 18 日。

[2] 挪威中国官方网站：《挪威国家概况》，http://www.norway.org.cn/education/education/general/mariannetest.htm，查询时间为 2023 年 6 月 18 日。

[3] Western Norway University of Applied Sciences, "Grading and Credit System," https://www.hvl.no/en/hvl-students/grading-and-credit-system/，查询时间为 2023 年 6 月 18 日。

预备/候选（准）硕士（Candidatus/Candidata magisterii [cand.mag.]，同国内硕士学位）：这是一种由大学和学院提供的普通学位，通常需要进行4年的学习，通过考试获得80 vekttal或240 ECTS学分，学生可以在多种专业中进行选择；

大学毕业学位（Høyskolekandidat [Hgskolekandiat]，同国内学士学位）：这是一种由学院授予的终结性文凭或称号，通常在学生完成2—3年的专业学习后获得，学生还可以选择在学院系统内或进入大学后继续学习以获得预备/候选（准）硕士学位；

职业称号（Professional Titles）：职业学习专业的学生有资格获得职业称号，大多数专业要求学生完成1年的学习；

工程学院工程师学位（Høgskoleingeniør [Hpgskoleingenpr]，同国内大专水平工程学专业学位）：在工程学院学习特定领域3年后，学生可以获得这一学位。

此外，在研究生阶段，研究生学位通常建立在预备/候选（准）硕士学位的基础上，或者通过深化本科阶段的主修专业来获得。一般来说，研究生学位需要完成两年的学习，相当于获得10 vekttal或120 ECTS学分。

新的学分与学制主要依据挪威梅耶斯委员会提出的挪威高等教育学分系统，它基于欧洲学分互认体系，旨在根据国际标准重新构建挪威高校学位结构，引入学士和硕士学位，以缩短学习时间。教育部的白皮书也建议在高等教育的各个阶段引入新的共同学位结构。根据这一新制度，完成三年学习将获得低级学位（学士学位），这是进入高级学位（硕士学位）学习的前提条件。完成两年课程将获得硕士学位，这是进入博士研究的先决条件。议会已经同意政府的意见，支持引入新的学位结构，即在大学和学院设立一个学习期为三年的第一级学位和一个学习期为两年的第二级学位。职业研究可以根据不同的模式进行组织。西挪威应用科学大学已经采用了这一新的学位结构，但各个学院在遵循教育部的白皮书的基础上，具有一定的自主权，可以自行决定学位制度的具体年限。①

（五）教学理念与方法

西挪威应用科学大学坚定地致力于在研究和教育领域开展国际合作。通过积极参与国际项目和外部资助项目，该校为学生、教师和研究人员提供了与世界各地机构合作、交流的宝贵机会。

1. 全球互动

西挪威应用科学大学旨在利用其多学科专业知识与本地和全球的伙伴合作，共同探索应对当今世界挑战的解决方案。该校自视为多个国际网络的一部分，并积极广泛地与世界各地的合作伙伴合作，以促进知识交流和跨文化理解。

2. 可持续发展

可持续发展是西挪威应用科学大学教育和研究的核心理念。该校视可持续发展不仅是全球共同的责任，也是作为教育机构不可推卸的任务。西挪威应用科学大学致力于根据联合国制订的17个可持续发展目标，积极推动这些目标的实现。该校立志成为可持续发展的推动者，在各个领域和学院进行与可持续发展相关的研究，将可持续发展的理念贯穿于教育的各个环节。

3. 注重创新

创造力和提出新颖而实用的想法是西挪威应用科学大学教学的核心。基于研究的教育在培养学生具备突破传统思维框架、实施新想法的技能方面发挥至关重要的作用。因此，进一步发展专业知识和技术、探索新的工作方法和教学形式，一直是西挪威应用科学大学的重

---

① Małgorzata Kuczera, et al., *Learning for Jobs OECD Reviews of Vocational Education and Training*, OECD, 2008.

要教育理念之一。该校鼓励学生积极参与创新和创业，以应对不断变化的世界。

（六）师资建设与管理

1. "一体化"教研团队管理模式的构成

挪威政府通过法律形式确认了国立大学的教研团队的功能。1990年，挪威议会通过了《大学法》，其中详细规定了高校的教研任务、学术管理、课程设置、学术标准、学术规范和学术评价等方面的内容。对于本科生和研究生层次的教育教学活动，西挪威应用科学大学采用了模块化教学模式。①

在西挪威应用科学大学，一个完整的教学单位由同一个专业内不同的主题教学活动组成，每一个独立的主题教学周期被称为一个模块。这些模块的教学通常采用集中授课的方式，每个教研团队成员通常独立负责一个模块的教学任务，其教学周期通常为4—8周，每学期进行一次。教师们在完成模块的集中教学任务后，有更多时间来深入研究与模块教学主题相关的学术前沿热点问题，积极参与学术研究，不断积累知识，更新自己的学术素养，并及时更新、调整和优化模块的教学结构和内容。这种教学和研究的有机结合形成了良性的教学科研互动循环，为下一轮的模块教学提供了更丰富的内容和更高质量的教育。

2. "国际化"发展趋势

在当前全球化的背景下，国际化交流与合作已成为国家高等教育发展的必备条件，也是全球高校发展的主要趋势。西挪威应用科学大

---

① Western Norway University of Applied Sciences, "Interaction Sustainability Innovation," https://www.hvl.no/globalassets/hvl-internett/dokument/strategi-og-plan/hvl-strategy2023_eng.pdf, 查询时间为2023年4月20日。

学高度重视与国外大学和国际教育组织的积极合作，以促进教育、学术和科研合作。该校已经与多所国际知名大学建立了广泛的学术和科研合作关系。西挪威应用科学大学采用欧洲一体化的教学体系，其教育文凭在世界范围内得到广泛认可。在本科及以上学位教育中，英语是主要的教学语言，挪威本地学生与国际学生享受同等的学习机会和待遇，同时获得免费教育。

西挪威应用科学大学还积极参与国际性项目，其中包括"地平线2020"项目。该校参与了三个封闭型项目，包括创作项目（Creations）、活动项目（Move）和诗歌项目（Comes），并且目前正在六个不同领域的正在进行中的"地平线2020"项目中发挥积极作用，这些项目涵盖了能源转型、教育，以及负责任的研究和创新等多个领域。[1] 具体项目包括区域内智能城市、交通和能源的负责任研究和创新生态系统（RRI2SCALE）、低碳能源研究界的公平和开放数据生态系统（EERAdata）、能源转型和社会创新的集体行动模式（COMETS）等。[2]

此外，西挪威应用科学大学还积极参与多个国际组织和网络，旨在推动该校作为高等教育机构的国际化。通过积极参与国际合作，该校不仅保持了国际学术领域的最新动态，还利用这些平台来推动高等教育和相关领域的研究发展。

3. "数字化"促进师资队伍的信息通信技术水平

教师在教育生态系统中扮演着关键的角色，教育生态系统的发展与教师的成长息息相关。信息与通信技术已经对挪威的教育体系产生了深远的影响，对教师的发展也带来了革命性的改变。西挪威应用科

---

[1] Western Norway University of Applied Sciences, "Interaction Sustainability Innovation," https://www.hvl.no/globalassets/hvl-internett/dokument/strategi-og-plan/hvl-strategy2023_eng.pdf，查询时间为2023年4月20日。

[2] Western Norway University of Applied Sciences, "Horizon Europe," https://www.hvl.no/en/research/horizon-europe/，查询时间为2023年5月6日。

学大学在数字化方面的发展旨在帮助教师接触、应用和整合技术，以推动挪威教育的不断进步，创造更加美好的未来。为了提高教师的数字素养和技能，该校制定了一套教师信息技术标准，要求教师严格按照这些标准进行学习和发展。

然而，值得注意的是，教育技术并没有在最初的教师培训中作为一个独立的学科存在，而是被整合到相关的学科中。在教师职业培训项目中，对教育技术的要求并没有法律规定。通常情况下，所有在职培训都是由学校或地方的私立机构以商业方式提供的。[①] 这意味着教育技术的培训和发展在教师的职业生涯中是一个不断学习和适应的过程，需要不断追求数字化教育领域的最新知识和技能。

（七）校企合作的开展

西挪威应用科学大学作为挪威国内著名的应用技术型大学，致力于不断优化教学设计，突出实践在课程学习中的关键作用。该校规定，实践和实验课程应占课程总学分的40%。[②] 这一教学理念以及该校与工业企业的紧密合作构成了该校的独特特色。

与工业界的紧密联系是该校的一大亮点。该校定期邀请工业企业的专家向学生介绍他们自己、企业以及相关专业领域的最新动态，旨在从入学的第一年就培养学生的职业思维和就业意识。此外，工业合作伙伴们还为学生提供了研究和实习的机会，赞助该校感兴趣的研究项目。这一紧密的产学合作模式有助于学生们获得有关客户需求、产品设计等多方面知识，进一步丰富了他们的基础知识、专业知识以及人文素养，为创新打下坚实基础。

---

① 挪威中国官方网站：《挪威国家概况》，http://www.norway.org.cn/education/education/general/mariannetest.htm，查询时间为2023年5月6日。

② 挪威中国官方网站：《挪威教育与科研》，http://www.norway.org.cn/education/education/，查询时间为2023年5月6日。

表9-4 挪威学生信息与通信技术教育水平一览表[1]

技能领域	一级（2年级）	二级（4年级）	三级（9年级）	四级（10年级）	五级（13年级）
跟踪和处理数字信息	阅读超级文本以及简单的互动信息；使用图片以及基于图标的导航	进行简单的数字搜索浏览词设梁来自媒体的信息；利用简单的数字化工具进行信息处理与学习	选择和评价数字资源的搜索策略；利用几种数字化资源和工具进行资源加工和学习	过滤、转化、整合来自媒体资源的信息；使用相关的搜索工具；热练运用具体的搜索策略和资源；负责任心地利用网络和社会媒体	跟踪和组织在线资讯记录体，运用高级搜索策略和资源
创造和加工数字信息	能在电脑上输入简单的文本；制作简单的多模式文本；了解数字媒体的基本体；引用与版权的使用方法	按照简单的设计原则，制作具有不同元素的多模式文本	制作能链接内部外部资源的多模式文本；引用媒体资源，遵循版权法	制作和编辑数字化多模文本；引用和评价和资源	选择和利用基于需要、数字设计原则、工作模式、参与和观众的数字工具；管理自己的产品版权，正确引用数字资源
数字化交流	使用简单的数字工具进行演示和交流	使用选择的数字工具进行演示和交流	使用不同的数字工具和媒体传递信息，一对一交流	使用数字媒体寻找正确的信息和文档	选择和利用媒体进行基于任务需要的交流
数字化判断	遵循基本的数字交互规范；了解互联网隐私的简单规则	具有基本的网络礼仪，知晓网络隐私方面的知识	具有网络礼仪，遵循网络隐私	有责任心地利用网络和社会媒体	道德反思的能力，以及评价互联网作为交流与信息渠道的能力

[1] Western Norway University of Applied Sciences, "Towards FAIR ard Open Data Ecosystems in the Energy Research Community," https://www.hvl.no/En/News/Eeradata/, 查询时间为2023年5月6日。

表 9-5 西挪威应用科学大学的产教融合实践特色[1]

创新型人才培养的维度		特 色
创新基础	基础知识、专业知识、人文素养	教学设计方案优化；在项目环境中实践
创新意识	好奇心、兴趣、热情	与工业企业保持着密切联系；在环境项目中实践
创新思维	联想、推理、发散	与工业企业保持密切联系；为大学和企业构建协同的学习环境
创新能力	实践能力、协作能力、应变能力	为大学和企业构建协同的学习环境；在项目环境中实践

该校还非常注重将学生置身于实验室或项目环境中进行实践学习，以便更深入地理解实践与理论的关系。这种实践导向的学习方式激发了学生的好奇心、兴趣和热情，有助于培养他们的创新意识。学生在负责完成整个项目的过程中，不仅仅完成了科研项目，还积极探索概念，积累资料，从外部获取新知识，与企业设计人员进行讨论并分享测试结果和新经验。这种全面的参与不仅有助于培养学生的创新思维和创新能力，还使他们能够运用整体思维解决实际问题。这一系列教育策略都积极影响着学生的创新能力的培养。

（八）研究的开展与经费来源

科学研究与科技成果转化是评估大学综合实力的重要指标，尤其对应用科学大学而言，研究成果的实际应用和对社会职业发展的推动至关重要，也是大学自身价值的体现。要加强和促进研究活动，除了

---

[1] Western Norway University of Applied Sciences, "Interaction Sustainability Innovation," https://www.hvl.no/globalassets/hvl-internett/dokument/strategi-og-plan/hvl-strategy2023_eng.pdf，查询时间为 2023 年 4 月 20 日。

学校吸引外部资金和与企业合作外，政府的支持至关重要。

挪威政府积极推动加强和促进研究活动，将科学研究视为文化发展、经济增长和社会福利提升的关键前提。然而，多年来挪威的研究经费投入一直低于经济合作与发展组织国家的平均水平。[1] 政府分配给高校的经费也未对教学和研究分开列项，这对高校的科研工作构成了不利因素。

为了提升挪威的研究水平，挪威梅耶斯委员会提出了一系列建议。其中，最重要的是建议增加对研究和创新的拨款，争取在5年内将研究投入提升到每年200亿挪威克朗，相当于25亿美元，以使其达到经济合作与发展组织国家的平均水平。[2] 此外，委员会还主张改变传统的经费拨款方式，将来的拨款应更紧密地与高校提供的教育和研究质量挂钩，确保教学与研究经费有明确的区分。政府也支持在公共预算编制时对教学与科研进行部分区分，以确保资源正确分配。议会接受了这些建议，同意将高校的拨款分为基本部分、教学部分和研究部分，分别占拨款总额的60%、25%和15%。[3] 此外，议会明确表示高等教育质量改革不应占用研究资源，而应确保高等教育建立在牢固的研究基础之上。这些措施旨在加强高校的基础研究，将挪威的研究水平提升至经济合作与发展组织国家的平均水平。

（九）专业与课程

1. 跨学科培养模式的课程与专业介绍

由于前几个学年的课程设置体系允许学生选择近缘学科，甚至是

---

[1] OECD, *OECD in Figures 2021,* OECD, 2021.

[2] Astrid Søgnen, *I første rekke: Forsterket kvalitet i en grunnopplæring for alle*, Oslo: Statens forvaltningstjeneste Informasjonsforvaltning, 2003.

[3] 挪威中国官方网站：《挪威教育与科研》，http://www.norway.org.cn/education/education/，查询时间为2023年4月26日。

远缘学科的课程，学生可以在学习了某个专业的基础课程后申请调换专业，这一培养模式使学生能够掌握不同学科的基本知识，开阔视野，了解学科之间的关联，在解决技术难题时寻求其他学科技术支持。课题组在招收硕士研究生和博士研究生时也注重采用不同学科的成员配置。① 例如，计算机专业硕士或者博士招生会面向数学或者统计学专业毕业生，水利专业项目组会招收计算机专业毕业生进行模型构建和优化等工作。

西挪威应用科学大学的部分课程尤其是专业课程没有指定的教材，教师只是指定一些参考资料和文献，或者借用一些工具书、各种手册和规范等来进行授课；教学方式也有所差异，上课只"点到为止"和"抛砖引玉"，不会做大量的知识灌输。在学习的过程中，需要学生自己去查阅大量的文献，或者进行小组讨论等来丰富和巩固专业知识。这一方式使学生在学习专业知识的同时，锻炼了自学能力、判断能力、组织能力、语言表达能力和团队合作能力。同时，在授课过程中，所传输的知识大部分为最新的研究动态和研究成果，较之于一成不变的教材具有更高的灵活性，但是在基础知识的系统性方面具有一定的局限性。

2. 课后作业配置

西挪威应用科学大学作业时长和教学学时比例一般为3∶1，有时作业时长比例甚至更高。作业的类型基本不包括通常的综述类作业，主要包括小组（Group Project）、试验（Experiment）、家庭作业（Home Assignment）、讨论（Seminar）、辅导（Tutorial）或者项目研究（Project）作业。任课教师会针对所学内容及时布置家庭作业，这一

---

① Western Norway University of Applied Sciences, "Interaction Sustainability Innovation," https://www.hvl.no/globalassets/hvl-internett/dokument/strategi-og-plan/hvl-strategy2023_eng.pdf，查询时间为2023年4月20日。

类作业需要学生完全自主完成。特别强调思考能力和创新能力，学生需要查阅大量资料，进行小组合作才能完成，并且对于直接引用其他资料和网络资源做出了严格规定。

3. 特色专业——数字化及人工智能教育

该专业主要设置于工程与科学学院，并与其他学院进行跨学科合作培养，尤其在信息通信技术与计算机科学方面进行大量培养。该学科点信息与通信技术及计算机科学，一共开设了软件工程，协作、交互和图形，欧洲核子研究中心相关物理和计算机科学，数据科学组，数据驱动的能源系统分析，工程计算，健康信息学，机器人建模和编程，传感器网络和测量技术，结构和材料，隧道消防安全，信息与通信技术安全性和可靠性等分支专业。[1]

（1）机器人建模和编程组

机器人建模和编程组是为应对未来人工智能以及数字化的发展成立的专门研究小组。该小组的研究重点是开发用于异构机器人组建模和编程的框架，采用模拟、验证和形式化方法，对于多级特定领域建模语言的组成、可定制模型修复的框架、软件和系统建模、AI驱动的模型修复、软件和系统建模、可视化调试器工具等领域进行重点研究。

在人机合作方面，该小组致力于估计与机器人一起工作时的人体动作和意图，研究确保关节运动的安全自然交互控制的控制方法，以及机器人和人类学习如何共同执行操作的合作学习。在软机器人方面，该小组致力于如何设计和制造用于在农业中采摘水果和蔬菜的软机器人，将机器人和自动化引入行业，以实现更多生产和服务任务的

---

[1] Western Norway University of Applied Sciences, "Towards FAIR and Open Data Ecosystems in the Energy Research Community," https://www.hvl.no/En/News/Eeradata/，查询时间为2023年5月6日。

自动化，以及人类和自动控制系统的相互补充。除了项目组的理论研究之外，还与当地行业密切合作，以满足他们对自动控制系统的需求，使得研究开发的新技术适用于开发新的健康和护理服务等。

目前，该小组正在进行一个名为松恩和峡湾地区的电梯自动化（Teknoløft Sogn og Fjordane）人工智能项目，该项目旨在通过博士生和与当地企业密切合作，特别是在机器人和大数据方面提升西挪威应用科学大学和西挪威研究所建立数字化和自动化方面的能力和专业知识。该项目为期6年（2018年1月至2024年1月），总预算45 586 578美元，研究类别属于应用研究中的共享成本项目，是西挪威应用科学大学与其他人工智能企业Vestlandsforsking、Sogn og Fjordane知识园和SINTEF Digital之间的合作项目。

该项目主要有两项举措。一是开发中小型企业中机器人更灵活的自动化专业知识，以及在大数据中开发更多面向业务的专业知识，使公司更容易将数据用于创新和重组，因为大多数公司迟早将不得不大幅适应以适应数字化转型。该项目针对松恩和峡湾的各种中小型企业，旨在刺激其中大多数公司推动数字化、机器人化和自动化，使其积极参与数字化转型。如该项目特别强调与处于生产和茶叶供应数字化前沿的IT公司以及松恩和峡湾的制造业和能源行业进行合作。二是该项目还将在改善当地企业劳动力并开发新的教育计划方面发挥作用，开展继续教育课程，进一步扩大设立机器人和数字化硕士学位点，并在行业相关问题上培养一批新的博士研究员，从而加强国内和国际的学术交流。

就研究方法具体而言，该项目将使用小型惯性传感器（Inertial measurement unit，简称IMUar）来测量人体运动在手臂和躯干上的轨迹，然后通过卡尔曼滤波器估计运动的轨迹和意图。通过阻抗调节器精确控制机器人的位置和功率，使得机器人和人类在处理不同产品时密切合作。人工智能也自带一套更新与学习系统，如任务将通过接收来自人类和产品质量的反馈等的学习算法进行学习与提升。

目前该项目下已经完成的项目有"用于物理人机交互的人体运动估计""协同控制""人机协同学习"等。正在进行的项目以及新的发现领域为"UR5 工业机器人在脑卒中后上肢机器人康复中的可行性""挪威农村成功的电子创业的先决条件和障碍研究""使用交互速度更新来减少漂移的物理人机交互的惯性人体运动估计"等。

（2）数据驱动的能源系统分析组

随着市场和电网去中心化的趋势正在加速，燃料的多样性和市场参与者数量的提升，多学科数据分析对于正确理解能源系统和评估能源转型是否遵循可持续路径至关重要。因而，该小组评估可持续发展的方法，从可持续能源转型需要从根本上改革当前能源服务的生产和交付方式，H2020 COMETS 项目建立并分析了欧洲范围内公民主导的能源项目清单，以估计其对能源转型的总体贡献；EERAdata 项目举办系列研讨会，以推进低碳能源研究数据的公平化和开放。

该项目组目前正在进行的研究项目包括：

与世界自然基金会和科学碳目标网络合作，验证城市层面的碳排放目标。世界各地的城市都参与气候行动并寻求指导，以确保其目标根据当地情况和《巴黎协定》的公平性，实现其在全球限制全球变暖的努力中所占的份额。需要提供指导，以审查城市短期和长期目标的有效性并确保其监测和报告方法的环境完整性。

欧盟地平线项目 White Cycle：旨在发展循环经济，将含有塑料纺织品的复杂废物转化为具有高附加值的产品。欧洲公私伙伴关系包括 17 个组织。到 2030 年，White Cycle 的目标是促进每年回收超过 2 万吨的世界第三大广泛使用的塑料。该项目应能够减少约 2 万吨的二氧化碳排放量，并避免每年超过 2 万吨塑料的填埋或焚烧。

H2020 项目 EERAdata："在低碳能源研究界迈向公平开放的数据生态系统"，EERAdata 项目在低碳能源领域开发，探索和测试 FAIR

（Findable, Accessible, Interoperable, Reusable，即可发现、可访问、可互操作、可重用）和开放数据生态系统。共享数据和透明的数据管理为行业开发新的解决方案以及社会选择、监控和实施可持续的转型途径提供了基础。

欧洲绿色新政项目STORIES："欧洲生态系统推进储能设备创新"，该项目将促进欧洲工业和研究机构生态系统的发展，以开发创新概念和具有竞争力且成本更低的储能技术。西挪威应用科学大学作为第三方参与其中。

H2020项目："提高可再生能源能力以积极参与电力和辅助服务市场的技术、业务和监管方法"，旨在开发一个完整而全面的框架，以促进基于可再生能源的分布式发电（太阳能光伏和风能）进入电力市场，并为电力系统提供辅助服务。

（3）传感器网络和测量技术组

该小组的研究活动与仪表和测量有关。应用范围从工业、医药和海洋中的单一仪器到传感器网络和通信。研究内容包括以下三项：

传感器网络和通信：传感器和执行器网络构成了物联网、电子健康、智能电网和工业4.0等概念的基础。无线系统为以前在有线解决方案中不可用的新应用开放，节点外形、更低的成本和网络属性允许扩展数据收集、与流程的交互以及以新的方式与现有系统和服务集成。

状态监测：这将涵盖检测液位、裂缝形成、流量、温度和流体成分等条件的测量，目前关注的内容包括无损检测（Non-destructive testing，简称NDT）和材料、非侵入式液位测量、流体表征、流量测量和制度以及海洋测量。

健康和护理技术：旨在开发应用于卫生部门的新技术解决方案，例如开发应用于医疗保健的技术解决方案，开发新的传感器和测量原理以改进先进的癌症治疗，如分部治疗，以及通过对测量结果的新解释可以指示健康状况的通用传感器。

（十）质量与评价

传统上，挪威没有全国性的质量认证机构。高校新专业和学位点的建立需经教育部或议会批准。挪威高等教育质量控制主要在学校层面进行。在1998年，挪威教育部发起成立了网络挪威理事会，取代原来的两个理事会作为教育部的一般咨询机构，主要就有关高等教育机构之间学科和专业的分布、高等教育质量评估、私立高等教育认可申请评估等事项向教育部提出建议，成立具有独立于教育部和高等教育机构之间地位的高等教育评估和认证中心，负责高校课程和高等教育机构的评估和认证。该中心还应由新高等教育法加以责任认定。[1]

2003年，一个独立的国家机构挪威教育质量保障局正式建立，负责专业和高校质量的评估，并有权对挪威所有高等教育机构进行认证。目前，挪威教育质量保障局已开展了一些机构认证和质量评估工作。按照规定，所有高校的质量保证系统至少每六年要接受一次评估。西挪威应用科学大学也遵从教育部、中心及保障局要求，每六年提交一次教学成果报告、教学改革纲要、师资建设内容、就业就职数据等，以求来自国家层面的监督与检测，从而进一步提高教学质量与办学水平。[2]

四、结论与启示

近年来，挪威社会对职业人才的需求日益迫切，其应用科学大学作为本科职业教育的核心平台发挥了至关重要的作用。该类大学不仅

---

[1] S. Kyvik, "Decentralisation of Higher Education and Research in Norway," *Comparative Education*, Vol. 19, No. 1 (1983), pp. 21-29.

[2] Western Norway University of Applied Sciences, "Interaction Sustainability Innovation," https://www.hvl.no/globalassets/hvl internett/dokument/strategi-og-plan/hvl-strategy2023_eng.pdf, 查询时间为2023年4月20日。

着眼于培养紧密符合社会需求的职业人才，还注重与企业需求的无缝对接，致力于培养兼具卓越职业能力与扎实研究基础的高端专业人才。通过深入分析行业动态与未来发展趋势，挪威应用科学大学在平衡学生的实践技能和学术素养方面形成了独特的模式。其成功经验为我国提供了宝贵的启示，尤其体现在如何培养适应未来职业需求、兼具创新力和研究能力的综合性人才方面。

（一）明确学术使命与职能定位

挪威应用科学大学自成立以来，明确了其学术使命，致力于培养既符合社会需求又具备高度职业素养和研究能力的高级职业人才。这一学术使命既为该类大学的发展提供了清晰的方向，也为学生的成长指明了路径。对我国应用型本科高校而言，明确自身的学术使命至关重要，特别是在转型发展过程中，需要紧密围绕区域经济社会需求，培养具有创新精神和实践能力的高素质应用型人才。因此，高校在顶层设计上必须将学术研究与实际应用相结合，形成独特的办学特色和核心竞争力。

在职能定位方面，挪威应用科学大学展现了多元化的特点。除了教育教学外，它还积极参与区域产业发展和社会服务等多项任务，为我国应用型本科高校的职能拓展提供了启示。我国高校应积极探索将教育教学、科学研究与社会服务有机结合的路径，通过与企业合作开展技术研发、与地方政府合作促进产业升级，以及与社区合作开展公益活动，实现职能的多元化和全面发展。这不仅能够增强高校的社会影响力，还能促进高校与社会的良性互动与共同进步。

此外，挪威应用科学大学在战略规划上注重前瞻性和可持续性，通过紧跟时代发展和社会需求调整学科专业和人才培养模式，这种经验对我国应用型本科高校具有重要借鉴意义。在制订战略规划时，我国高校应当充分考虑国家战略和区域发展需求，并结合自身实际情况，制订具有前瞻性且可行的规划。同时，战略规划应具有动态性，高校要及时调整和优化发展方向，以确保能够持续适应不断变化的社会环境和人才需求。

（二）注重实践教学与产学研合作

挪威应用科学大学非常注重实践教学，借助与企业合作建立的实训基地和项目式教学，为学生提供丰富的实践机会。这种教学模式有效提升了学生的实践能力、创新能力以及职业素养。通过在真实的职业环境中锻炼，学生能够更好地掌握理论知识的应用技巧，同时增强团队合作精神。我国应用型本科高校应借鉴这一经验，进一步强化实践教学环节。可以通过建立与企业的紧密合作关系，设立校外实训基地，邀请企业导师参与教学，并推出创新创业项目，使理论与实践相结合，推动学生的全面发展。

挪威的现代双元制改革为产学研合作提供了范例，特别是在政府、学校和企业三方合作机制上的创新。这一模式通过加强地方一级的合作与责任分担，促进了行业企业，尤其是中小企业的深度参与，确保了学徒培训的有效开展。通过将学徒制体系与学校教育相结合，学生不仅能够在理论上夯实基础，还能在实践中得到全面锻炼。这种产学研合作的模式为我国应用型本科高校提供了重要的借鉴意义。我国高校应积极探索与企业和研究机构的合作模式，推动科技成果的转化，并借助企业资源来提升教师的实践经验，促进科技与产业的共同发展。

此外，挪威应用科学大学高度重视创新创业教育的推广，通过开设创新创业课程、举办竞赛等形式，培养学生的创新精神和创业意识。这种教育模式有效激发了学生的创业潜能，为其未来的职业发展提供了更多可能性。我国应用型本科高校应大力推进创新创业教育，将其融入整个人才培养体系。具体措施包括设立创新创业课程、建立实践基地和组织相关竞赛活动，为学生提供展示创新成果和实践创业能力的平台，进一步提升学生的综合竞争力。

（三）优化课程体系与教学内容

挪威应用科学大学在课程体系建设方面注重整合与优化，调整课程结构、丰富课程内容，确保其科学性与实用性。这种做法值得我国应用型本科高校借鉴。通过对课程体系的全面梳理与优化，高校可以根据行业需求和学生的职业发展需求调整课程设置，特别是增加实践课程和创新课程的比重，使课程更具针对性和实效性。这种优化不仅能提高学生的实践能力，还能帮助他们更好地应对未来职场的挑战，增强职业竞争力。

教学内容的更新与深化是挪威应用科学大学的一大特点，该类大学不仅关注学生的专业技能和就业能力，还注重学生心智的全面发展，旨在帮助他们为终身学习奠定基础。普通核心课程为学生提供广泛的知识基础和文化素养，专业课程则与行业需求紧密结合，确保学生在进入劳动力市场时具备所需的知识和技能。我国应用型本科高校应借鉴这一经验，定期更新教学内容，确保其紧跟行业发展步伐，并通过与企业合作，引入最新的行业知识和实践经验，培养学生应对复杂问题的能力。

在教学方法的创新与改革方面，挪威应用科学大学采用了案例教学、项目教学等多种方式，极大激发了学生的学习兴趣和主动性。我国应用型本科高校同样需要创新教学方法，提高教学质量。具体措施包括推广启发式、讨论式、探究式教学，鼓励学生积极参与课堂讨论和实践活动。此外，利用现代信息技术手段如在线教学和虚拟仿真，能够进一步丰富教学手段和资源，增强学生的学习体验，推动教学方法的不断进步和优化。

（四）重视职业教师素质及专业技能提升，强化职业教师培训

挪威应用科学大学非常重视职业教师的素质提升，通过严格的选拔机制和持续的培训，确保教师不仅拥有扎实的专业知识，还具备丰富的实践经验。这种模式为我国应用型本科高校提供了重要借鉴。在提升职业教师素质方面，高校应制订全面的教师发展规划，注重师德师风建设，并通过提高教师待遇吸引优秀人才。同时，定期组织学术交流和培训活动，有助于教师紧跟学术前沿和行业发展，提升他们的专业素养与教学能力，从而推动职业教育质量的整体提升。

强化职业教师的专业技能培训是挪威应用科学大学的一大特色。该类大学通过与企业合作，开展技术培训并组织教师参与国际学术交流，使教师能够掌握最新的行业发展动态与技术变革趋势。我国应用型本科高校应借鉴这一做法，与企业建立合作关系，设立教师培训或实践基地，确保教师具备行业所需的技能。教师还应参与科研项目和技术开发，提升科研能力和创新意识，进而为学生提供更加贴近行业需求的教育，促进学生在职业领域中的竞争力。

建立双师型教师队伍是挪威职业教育的一项重要策略。通过让教师既具备教学经验，又拥有企业实践背景，该类大学能够有效实现理论与实践教学的有机结合。我国高校应积极引进具有企业实践经验的专业人才，充实双师型教师队伍。同时，高校应鼓励现有教师到企业兼职或进行挂职锻炼，帮助教师积累实际操作经验，提升职业素养和实践能力。这种双师型教师模式不仅能提高教学质量，还能帮助教师从传统角色向学习促进者转变，更好地适应现代职业教育的需求。

（五）提升国际化水平

挪威应用科学大学在国际化方面取得了显著成效，通过与国际知名大学和研究机构建立合作关系，并开展国际学术交流活动，显著提升了该类大学的国际影响力和竞争力。我国应用型本科高校应借鉴这

一经验，加强国际交流与合作，拓展国际合作的渠道和领域。具体来说，高校应积极参与国际学术组织和交流活动，建立与国外知名大学和研究机构的合作关系，共同开展科研项目和人才培养，以提升该类大学的国际化水平和全球竞争力。

挪威应用科学大学注重引进优质教育资源，利用国外先进的教学理念和方法，提升教育质量和教学水平。我国应用型本科高校应同样关注引进优质教育资源，以提高办学水平和国际竞争力。具体措施包括与国外知名大学建立合作关系，或设立联合办学项目，引进先进的教学理念和方法；同时，积极邀请外籍教师和学者来校任教或开展学术讲座，进一步提升高校的教育质量和学术水平。

挪威应用科学大学特别注重培养学生的国际视野和跨文化交流能力，通过开设国际课程和组织国际交流活动来拓宽学生的国际视野。我国应用型本科高校应重视这一点，为学生的未来发展打下坚实基础。具体来说，高校可以开设国际课程，组织国际交流活动，鼓励学生参加国际竞赛，并加强外语能力的培养和训练，以提升学生的国际素养和跨文化交流能力。综上所述，挪威的成功经验为我国应用型本科高校提供了宝贵的启示，我们应结合自身实际情况进行创新和实践，推动学校持续健康发展，为社会经济做出更大贡献。

（本章作者冯帆，中国儿童中心）

第十章

比利时应用型本科高校研究

——以弗维斯应用科学大学为例

应用型本科高校在西欧高等教育中具有特殊地位。除了"University of Applied Sciences"之外，西欧国家还采用"Polytechnics"或"University Colleges"等名称来表示这种类型的本科高校。应用型本科高校的兴起和发展与当地国家的工业化进程以及劳动力市场的需求息息相关，它们在西欧高等教育中的地位逐渐建立并壮大起来。随着时代的演进，政府力求提高国家的职业培训水平，以培养高质量、能够满足知识密集型工作需求的专业人才。在一些欧洲国家，比如英国，应用型本科高校会与综合性大学合并，形成所谓的"旧大学"和"新大学"体系。在像比利时等其他西欧国家，应用型本科高校则与综合性大学并存，各自发挥着不同的角色和功能。这种多样性和灵活性有助于满足不同国家和地区的教育需求，同时也为学生提供了更多选择和机会。分析比利时的应用型本科高校，把握其课程体系的演变进程、基本特点和一般规律，将有助于我国应用型本科大学开设的学习与借鉴。

一、比利时高等教育概况

（一）比利时国家概况

比利时是一个联邦制国家，位于欧洲西部沿海。首都布鲁塞尔是

900多个重要国际机构的总部所在地，包括北约总部和欧盟总部，因此有着"欧洲首都"的美誉。比利时是19世纪初欧洲大陆最早进行工业革命的国家之一，拥有极其完善的工业体系，以及港口、运河、铁路和公路等基础设施。如今，它是世界十大商品进出口国之一，外贸对其经济至关重要，主要出口产品包括巧克力、汽车、钢铁、药品、钻石（成品）和纺织品等。经济的迅猛发展带来了对高效率技术人才的需求，应用型本科高校在这一背景下应运而生，并在其国内蓬勃发展。每一届的毕业生都成为推动比利时外贸发展的关键要素之一。比利时的经济、社会和教育均处于较高的发展水平，国民受教育程度极高。世界经济论坛（World Economic Forum，简称WEF）公布的全球受教育程度国家排名中，比利时排名世界第5位。2019全球国际竞争力显示，比利时居全球第22位。[1]

此外，比利时东临德国，北接荷兰，南与法国接壤，这一地理特点决定了比利时拥有三门官方语言，即德语、荷兰语和法语。日耳曼文化和拉丁文化的并存使得比利时在文化上具有多元性和开放性，这种文化特性深刻地影响了比利时的教育体系。自1993年比利时实行联邦制后，政府结构变得更加复杂。比利时宪法第一条明确规定比利时是由语区和大区组成的联邦制国家。据语言族群，联邦政府下设了三个社群政府，即荷兰语社群、法语社群和德语社群。同时，国家设立了三个大区，包括瓦隆大区（Walloon Region）、佛兰德大区（Flemish Region）和布鲁塞尔首都大区（Brussels-Capital Region）。社群政府和大区政府之间互相覆盖，形成了复杂的政府网络。这种政府制度虽然对当地人来说复杂，但能够确保各种文化的共存，因此受到广泛接受。[2]

---

[1] World Economic Forum, "The Global Competitiveness Report," https://www.weforum.org/publications/global-competitiveness-report-2019，查询时间为2023年7月5日。

[2] Wikipedia, "Belgium," https://en.wikipedia.org/wiki/Belgium，查询时间为2023年7月5日。

表10-1　比利时政府类型及其职责

政府类型	职　责
联邦政府	负责有关国家整体利益的事务，如外交、国防、经济、社会福利、公共安全、运输、通讯等
社群政府	负责语言、文化和教育，如学校、图书馆、戏院等
大区政府	负责当地的土地与财产事务，如地域经济、规划、建屋、交通等

（二）比利时高等教育的发展

从历史上看，比利时曾长期处于动荡不安中。在1831年爆发独立运动并建立国家之前，这片土地曾被德国、法国、西班牙、奥地利和荷兰等国家交替占领和割据。这种地理和历史上的特殊情况深深影响了比利时高等教育的演变，使其在很长一段历史时期内一直在模仿不同国家的高等教育模式。比利时的高等教育历史上经历了多次起伏。例如，比利时天主教鲁汶大学（the University of Leuven）1425年建校后，在1797年法国占领期间被法方废除，导致比利时的高等教育曾陷入一段空白期。1798年，比利时多个城市的医生积极组织医学课程，成为比利时职业高校建立的第一步。医生组织的医学讲座逐渐发展成为当地的专科医学院。同时，政府在布鲁塞尔建立了一所法学院，增加了高等教育机构的数量，之后又有文理科的（预备）学院相继成立。

在比利时独立后，国家内部出现了关于高等教育的争议，主要涉及天主教徒和新兴资产阶级之间的分歧。天主教徒渴望恢复天主教性质的大学，以确保真正的天主教教义能够受到保护和传播，而一些人则担心天主教大学可能陷入极端主义。同时，在教育模式的选择上也存在分歧。应该效仿法国，将教育权集中在中央政府手中，并创建以就业为导向的小型专业高校，还是效仿德国，赋予高校更多自治权，并将其打造成以科学理论为核心的多学科高校,成为19世纪比利时高等教育发展的一个重要议题。此外,比利时还曾关注英美的教育模式,尽管当时这被视为一种乌托邦般的理想。不过,即便进入21世纪,比利时大学也依然在相对自由的社群政府下发展各自的特点。

比利时的两座城市,列日(Liège)和鲁汶(Leuven),似乎成为法国和德国教育模式的结合原型,尤其是在师范教育领域。法国和德国的师范教育模式存在着明显的区别:前者主张将职业培训置于独立的师范学院,后者认为应该将教育与科学相结合,置于大学中。比利时政府选择了一种中间道路,即在大学附设独立的师范学院。最初,师范教育在比利时以职业导向为主,并带有一些法国教育模式的典型特点,如寄宿学校的严格纪律和规定的学生招生人数。然而,从19世纪60年代开始,师范教育逐渐向科学理论化的方向发展,通过增加选修课程、组织研讨会以及规范学生的论文写作等方式实现。医学教育领域也经历了类似的变革。最终,临床实践成为必修课程,并与科学理论教育相融合,但是直到19世纪70年代初,理论教育仍然相对有限。[1]

比利时目前仍保留具有天主教性质的大学,但它们已不再占据主导地位。在高等教育领域,人们更倾向于认为大学应该向年轻一代传授最新的科学知识。比利时人民普遍赞同比利时应该在法国、德国和英国的教育方法之间找到一种中间道路,将这些国家大学的任务结合起来:像法国那样提供优秀的职业培训,像德国那样提供深刻的科学教育,像英国那样提供全面的通识教育。自"二战"后,比利时的教育迅速发展,1958年颁布的《学校公约》标志着比利时职业教育发展

---

[1] Pieter Dhondt, *Un double compromis. Enjeux et débats relatifs à l'enseignement universitaire en Belgique au XIXe siècle*, Academia Press, 2011, p. 14.

开始走向了制度规范化，成为一个相对独立的教育类型。[①]1990 年，比利时实现了高等教育的普及化。比利时的高等教育主要由荷语区和法语区两个语言社群管理。由于政府对教育的大力支持，高等教育的学费相对较低。自 1999 年加入博洛尼亚进程以来，比利时的高等教育采用学士和硕士的培养体系进行教学和管理。早在 1990 年，比利时的高等教育毛入学率就达到了 38.3%。自 2015—2016 学年全面加入博洛尼亚进程后，为了提升学习效果，探索高校与高教机构政策执行与推进进程，比利时高职教育开始实施以学习者为中心，以学习成效为主题，以"学位结构与资格框架""质量保障""教学评估"为三大主线的一体化改革。[②]到 2016 年，高等教育的毛入学率已经上升至 75.89%，使其成为全球高等教育入学率最高的国家之一。

（三）比利时高等教育的类型

比利时采用了双轨制的高等教育体系，为不同类型的中等教育毕业生提供适应性强的课程。比利时的高等教育体系主要分为两条轨道。其一，综合性大学，旨在培养学术型人才，主要接收来自中等普通教育学校的毕业生。学生在该轨道上追求深度的学术知识和研究技能。此外，它也提供了与做学术研究相关的机会，为希望从事科研的学生提供了平台。其二，应用科学大学等包含高等艺术学院在内的应用型本科高校（英语 University of Applied Sciences 或 University Colleges，荷兰语 Hogeschool/Hogescholen，法语 Haute école）。该轨道的主要目标是培养实际应用技能，以满足社会特定职业领域的

[①] Wikipedia, "Belgium," https://en.wikipedia.org/wiki/Belgium，查询时间为 2023 年 7 月 5 日。
[②] 刁瑜：《以简驭繁：比利时高等职业教育课程设计研究》，厦门大学博士学位论文，2018 年，第 138 页。

需求，以就业为导向的技能人才。它主要接收来自中等职业教育学校的毕业生，也有部分来自中等技术教育和中等艺术教育学校的学生。这个轨道强调实用性，为学生提供职业技能和知识。专业学士（professional bachelor）课程仅由包括应用科学大学在内的应用型本科高校提供，与芬兰和荷兰等欧洲国家一样，专业学士的培养目标是培养毕业后有能力立即进入劳动力市场的就业人才。但不同的是在比利时，应用科学大学也可以像综合性大学一样提供学术学士（academic bachelor）课程，以为其申请硕士研究生做准备，也因此该学位的课程的就业导向性会相对弱化。硕士课程有时由综合性大学和应用科学大学合作进行授课，一般是学术硕士课程，但也有专业硕士课程（如医生、工程师、药剂师、口笔译硕士等）。获得学术学士学位是比利时大学生申请硕士研究生的前提，但获得专业学士学位的学生在完成衔接课程（bridging programme）后，也可以申请硕士研究生。[1] 另外，双轨高等教育可以直接转换，即在应用型本科高校学习的学生在完成第一年学业后，可以申请转到综合性大学继续深造。[2] 中等艺术教育的学生也有机会选择转入应用型本科高校和综合性大学，以追求他们的学术和职业目标，特别是在艺术领域。这种双轨制的教育体系允许学生在中等教育后根据个人兴趣和职业目标选择适合自己的高等教育轨道，从而更好地满足不同领域的需求。

比利时大学自 2004 年起按照欧洲博洛尼亚进程要求进行改革，学制分为三个阶段。第一阶段为学士项目，学制三年，需修满 180 个学分；第二阶段为硕士项目，学制一般为两年，需修满 120 个学分，

---

[1] Ulla-Maija Koivula, Esa Ala-Uotila, and Sten Engblom, et al., *R&D Strategies and Activities: Comparing Universities of Applied Sciences in Finland, the Netherlands, Belgium and Germany*, Tampere, 2009, p. 12.

[2] 刁瑜:《以简驭繁》，第 94 页。

但如果已经获得一个硕士学位，也可通过一年修满60个学分，获得高级硕士学位；第三阶段为博士项目，学制三至五年，最长八年。应用型本科高校偏重于应用型专业，可以授予学士学位（学制三年），部分专业也可以授予硕士学位（学制两年）。此外，在荷语区，只有佛兰德政府认可的高等教育机构可以授予学士学位和硕士学位。这类教育机构包括两种，即官方注册机构（Officially Registered Institutions）和私人注册机构（Private Registered Institutions），应用型本科高校主要属于前者。荷语区高教体系主要包括专业学士学位（Professionele bachelordiploma）、学术学士学位（Academisch bachelordiploma）、硕士学位（Masteropleidingen）三大类型。高等教育机构由大学（Universiteit）、应用科学大学（Hogeschool）、高等教育注册机构（Geregistreerde instellingen voor hoger onderwijs）组成。其中，大学提供学士学位课程、硕士课程、高级硕士课程和博士课程；应用科学大学提供专业学士学位课程和高级学士学位课程，专注于特定专业领域的研究；高等教育注册机构则提供可以外语课程和专业学位课程。

在法语区，高等教育机构由大学（Enseignement Universitaire）与非大学的高等教育（Enseignement Supérieur hors Universités）构成。其中，大学提供学术教育（L'Académique），可以授予学士、硕士和博士学位；应用科学大学（Les Hautes Écoles）属于非大学高等教育机构，提供专业教育（Professionnalisant），毕业生可以直接进入专业领域工作，也可以进入大学继续深造以获得更高的学位和资格证书；高等艺术院校（Écoles Supérieures des Arts）提供艺术学习领域的课程，如视觉艺术、表演艺术、音乐和戏剧艺术等。教学语言均为法语。

德语区只有一所高职院校，绝大多数德语区居民都选择进入荷语区或法语区的高等教育机构学习。[1]

---

[1] 刁瑜：《以简驭繁》，第84页。

二、比利时应用型本科高校的发展

比利时的应用型本科高校是为了应对国内经济和社会发展的紧迫需求而创建的。随着经济的不断增长,企业对劳动力的要求不断提高,传统的职业技能已难以满足市场需求。此外,传统的职业教育与培训增长速度开始趋缓。借鉴邻国的教育模式或依赖基本的职业教育已不再足够,确保毕业生能够顺利进入职场。因此,教育体系的改革迫在眉睫,以培养适应企业和行业需求的高水平人才。比利时的高等专业学院提供与应用科学和社会职业需求紧密相关的高质量教育。不同于综合性大学,应用型本科高校注重职业就业,将学术理论知识作为课程的一部分,但更加侧重实际实习和实践。①

(一)基本状况

比利时的应用型本科高校通常是由多个当地的小规模学校合并而成的大学,受到法国的管理模式的影响,其管理相对集中,具备有序的规划、管理单位以及专门的研究机构。比利时拥有多所高等专业学院,提供多样化的高等教育课程。这些大学的特点根据它们位于法语区或荷语区而有所不同。在法语区,有30多所应用型本科高校。其中,艺术类的高校(艺术教育机构[Établissement d'enseignement artistique]和音乐与言语艺术高等教育机构[Établissement supérieur de la musique et des arts de la parole])占比较大的比例,约占三分之一。此外,比较著名的还包括建筑学高等教育机构(Institut Supérieur d'Architecture)。

在荷语区,大约有14所高等应用型本科高校。这些高校大部分

---

① Studyinbelgium.be, "University Colleges in French-speaking Belgium," https://www.studyinbelgium.be/sites/default/files/uploads/Ressources/brochure%20HE%202022_ENG_web.pdf,查询时间为2023年6月5日。

是公立的，但也存在一部分天主教性质的大学。在德语区，只有一所类似的三年制大学。这些应用型本科高校在比利时的高等教育体系中发挥着重要作用，为学生提供多元化的教育选择，以满足不同职业领域的需求。[1]

（二）治理

《比利时高等教育法案》（Act of July on the General Structure of Higher Education）是比利时高等教育系统中的重要法律文件，规定了高等教育的核心框架和体制建设。该法案最早于1990年7月经议会批准通过，随后在高等教育不断演进的过程中，尤其是自1999年博洛尼亚进程以来，经历了多次修订和补充。根据这一法案，联邦政府负责制定高等教育的基本政策，而各语区的教育部门则负责实施和执行教育政策。比利时的高等教育机构主要分布在荷语区和法语区。

在荷语区，高等教育的框架和结构建立在《2003年4月4日关于佛兰德地区高等教育重组的法令》（Decreet van 4 april 2003 betreffende de herstructurering van het hoger onderwiis in Vlaanderen）的基础上。这一法令规定了博洛尼亚进程的实施框架，包括高等教育学位结构的调整，引入了学士和硕士的双阶段模式（Two-cycle Pattern）。该法令还包括了有关学士学位结构、质量保障和认证制度的规定。此外，一些高等教育机构可以在五个不同的协会内进行合作，这些协会是由一所大学和由一所或多所大学组成的非营利组织，包括天主教鲁汶大学联盟（Associatie Katholieke Universiteit Leuven）、大学联盟与安特卫普

---

[1] Wikipedia, "List of Universities in Belgium," https://en.wikipedia.org/wiki/List_of_universities_in_Belgium#Universities; Academie de recherche et d'enseignement supérieur, "Liste des hautes écoles," https://www.ares-ac.be/fr/cooperation-au-developpement/pays-projets/evaluation-des-projets/item/download/20_cb2afa319025723d298617626b27ac84，查询时间为2023年6月7日。

学院（Associatie Universiteit & Hogescholen Antwerpen）、根特大学联盟（Associatie Universiteit Gent）、布鲁塞尔大学联合（Universitaire Associatie Brussel）以及大学联盟与林堡学院（Associatie Universiteit-Hogescholen Limburg）。[1] 该法令的制定旨在规范和管理佛兰德地区的高等教育，以满足博洛尼亚进程的要求和标准。

2004年，佛兰德高等教育紧急措施法令（Flexibiliseringsdecreet, 2004）生效。该法令明确了模块化教学、欧洲学分互认体系、先前学习认定（Validation of Recognition of Prior Learning，简称RPL）等制度的实施。佛兰德高等教育资格框架（Higher Education Qualifications Framework in Flanders，简称HEQF）逐年引入学分制度，以取代以往的教学管理方式，各高校从2005—2006学年开始陆续实施学分制，直至在2008—2009学年全部全面推行。根据该法令，所有高等教育机构都有义务实施先前学习认定流程，以确保技术和职业教育与其他各类教育之间建立密切的协调关系，强调相互之间的联系，重视并承认以往的各种学历，为学生提供通畅连贯的学习途径。同年，佛兰德政府颁布的《关于高等教育登记册格式、更新和管理的决定》（Besluit van de Vlaamse regering betreffende de opmaak, de actualisering en het beheer van het Hoger Onderwijsregister, 2004）开始生效。该决定包含了所有官方认证的佛兰德教育项目和机构，由荷兰-佛兰德认证机构统一管理，并规定了每年必须按法令进行更新。

在法语区，比利时高等教育体系的建设包括了一系列法令和法案，这些法令和法案对比利时高等教育的发展和结构产生了深刻的影响。以下是其中一些重要的法令和法案：

---

[1] The Government of Flanders, "Flanders Investment and Trade," https://www.flandersinvestmentandtrade.com/invest/en/investing-in-flanders/workforce/world-famous-universities-and-university-colleges，查询时间为2023年6月5日。

1970年7月7日颁布的《高等教育总体结构方案》(Loi du 7 juillet 1970 Relative à la Structure Générale de L'enseignement Superieur)：这是比利时首部高等教育法律文件，奠定了比利时高等教育的基本结构和格局；

1995年8月5日颁布的《规定高等学院高等教育一般组织的法令》(Décret du 5 août 1995 Fixant L'organisation Générale de L'enseignement Superieur en Hautes Ecoles)：该法令明确了高等教育中的主要机构，即应用型本科高校；

1999年5月17日颁布的《关于高等教育艺术法令》(Décret du 17 mai 1999 Relatif à L'enseignement Superieur Artistique)：该法令强调对艺术教育和艺术研究的管理和规范；

2004年3月31日颁布的《关于定义高等教育的法令》(Décret du 31 mars 2004 Définissant L'enseignement Supérieur)：该法令推动了比利时高等教育融入欧洲教育体系，并积极筹集高校的运营经费。[1]

（三）管理与资金

比利时的职业教育体系在不同社群政府和学校委员会之间建立了紧密的合作关系。具体而言，瓦隆大区和布鲁塞尔首都大区负责职业培训和就业管理，各大区的公共培训机构负责管理职业培训规定。这种分权的体系需要通过政府间的密切合作和定期协议来确保一致性和协调性。在比利时职业教育领域，社会伙伴在制定政策和决策方面发挥了重要作用。在职业教育领域，学生可以选择通过学校教育或双轨项目(dual programs)来完成中学和高等教育阶段的课程。这些双轨项目通常包括在学校学习两天，然后根据签订的合同在企业实习

---

[1] 刁瑜：《以简驭繁》，第90—91页。

三天。

比利时的研发资金主要来自地区政府的创新部门。应用型本科高校可以根据其学术出版物和会议发言的数量获得政府资金支持。因此，它们的标准与大学相当。这些资金主要分为学术研究和应用研究两类，单个项目的资助金额通常在3万至5万欧元之间。政府对职业教育的投入非常重要，占教育总预算的40.44%。这些投入主要来自联邦政府，同时也有私人投入。政府还设有专项的职业教育经费预算和管理公共就业服务的经费。因此，比利时的职业教育几乎可以说是免费的，受教育者可以充分享受职业培训。

在荷语区，联邦政府鼓励雇主和雇员使用培训券，以增加对职业培训项目的投资。在法语区，根据"马歇尔计划"（Plan Marshall 2.vert），瓦隆大区政府强调职业培训的竞争优势，并制定了相关政策来推动地区经济的发展，2011年，瓦隆大区签发787 424份职业培训教育券（约2 362万欧元）用于投资职业培训。在德语区，政府实行了灵活的财政政策改革，以支持雇主或雇员提出的培训项目。2008年在这方面的投入预算为15.9万欧元。最后，在布鲁塞尔首都大区，政府主要资助找到工作的求职者，尤其是在语言、信息与通信技术等领域的课程培训方面。这些政策和举措旨在提高比利时职业教育的质量和吸引力。[①]

（四）学制与学位制度

法语区应用型本科高校、高等艺术院校最长学制为三年，在高教双轨制的运行模式下，并入综合性大学则最长需要四至八年，直至获得博士学位；荷语区应用型本科高校为三年，并入综合性大学深造的最长学制需三至五年。

---

① 刁瑜：《以简驭繁》，第110—112页。

一般情况下，学生需要获得学士学位和大学毕业证书才能申请硕士研究生阶段的学习。为了让从应用型本科高校毕业的学生也能够顺利申请硕士研究生课程，比利时设置了衔接课项目（bridging programme），顺利结业的学生可以申请。根据博洛尼亚进程的欧洲学分互认体系，修满至少 180 ECTS 学分，即可获得应用型本科高校的学士学位，如若希望继续硕士研究生阶段的学习，一般在本科阶段修 180 ECTS 学分，硕士阶段修 60—120 ECTS 学分。各高校有高度的自主权来决定项目中具体课程的设置，研究型大学同应用型本科高校合作形成的高等教育新结构也使得一种类型的教育转移到另一种类型的教育成为可能。在比利时新的高等教育政策下，应用型本科高校的硕士课程通过认证被纳入高等教育。当下，比利时高等教育发展的重点之一是在应用型本科高校的建设中增加学术和应用研究的数量。

（五）入学资格和专业设置

比利时没有统一的高校入学考试，高中教育文凭是进入高等教育的必要条件。此外再无其他的限制条件和额外要求，如入学考试、年龄限制、高分要求、智商考试、地区等，但医药/牙科、艺术、工程学或管理学学士学位的申请者需要经过格外考核。从应用型本科高校毕业并获得专业学士和双学士学位的毕业生可以进入劳动力市场或继续升学攻读硕士学位。

在比利时，大学和大学学院可以自主编写和设置课程，校董会或理事会为每门课程设置课程方案，包括连贯的课程组成部分。专业学士课程只有应用型本科高校有资质授课，并以专业实践为导向。与芬兰和荷兰的情况相类似，比利时注重专业学士的培养是为了输送能够快速进入并适应劳动力市场的专业人才。但不同的是，比利时应用型本科高校和综合性大学都有资质提供学术学士课程，为学生进入硕士阶段做好准备。进入硕士阶段，应用型本科高校和综合性大学则可以采用联合培养的方式(association faculty)。大部分的硕士课程以培养学术型硕士为主,以培养专业型硕士为辅(如医生、工程师、药剂师、翻译、口译、物理治疗师等)。[1] 近年来,比利时高校主动推进应用研究,在加强与企业界的协作、增强毕业生的就业能力等方面成效显著。

(六) 师资

不同角色的学校承担不同的任务。对于教研人员来说,应用型本科高校强调研发对其自身提升科研能力、获得新知识和技术,以及将这二者与教学有机结合有良好的促进作用。研发也被认为是建立工作生活网络和进一步发展自己事业的一种方式。从学生角度看,在本科阶段,他们的主要任务是学习专业知识和技术本领,在研发方面主要起到的是协助的作用。而在硕士阶段,他们在研发上能发挥的作用会更大,教授会通过研发活动进一步拓展学生的能力。对他们而言,研发活动确保学生成为"创新的专业人员,而不是常规的执行者"。在研发项目中,教学是以最新的知识和技术为基础的,因为它不是或不仅是来源于授课老师的,更多的是由相关领域的专业人士提供的。应用型本科高校的运营模式让学生在学校期间就与企业建立了联系,参与研发也有助于提高他们的就业能力。熟悉项目类型的工作也增加了学生在毕业后从事类似类型工作的潜力。此外,当学生对研发项目更加熟悉时,毕业后进行自主创业可能会成为一个更具诱惑力的选择。

比利时从事职业教育的教师大体分为两大类,即普通职业教育教师与继续职业教育教师(见表10-2)。[2]

---

[1] CEDEFOP, "European Centre for the Development of Vocational Training."
[2] 刁瑜:《以简驭繁》,第116—117页。

表 10-2　比利时职业教师类型汇总表[①]

职业教育中的教师类型	教育水平	工作地点
普通职业教育教师类型		
正规教育		
普通科目教师、技术科目教师、实习教师	初等技术教育、初等职业教育、中等技术教育、中等职业教育与学徒培训、补充性职业教育与学徒培训、特殊中等教育、非全日制教育与学徒培训	中等教育学校
老师、实习老师	第1阶段高等教育	高等教育学院
企业培训者	针对区域的模块式教育	公司的培训中心
继续职业教育类型		
普通科目老师、技术科目老师、实习老师	成人教育（中等）、成人教育（高等）	成人教育中心
实习科目老师、普通科目老师	针对中小型企业的独立的企业培训	与培训中心合作的成人教育
指导者、网络辅导老师	远程学习或网络学习	成人教育中心
指导者或辅导者	成人培训	就业服务中心
企业或工业实地培训者或辅导者	针对中小型企业的独立的企业培训	在公司中
培训者	在农业中的培训	联合管理的培训中心
培训者—培训员工	各行业或企业	联合管理的培训中心
培训者或辅导者—培训员工	在营利或非营利部门中的培训	营利组织或非营利组织
培训者或指导者	残疾人培训	职业培训中心

---

① 刁瑜:《以简驭繁》,第116—117页。

（七）课程质量监控

比利时采用内部和外部结合的质量控制系统来管理高等教育体系。高校内部设有质量监控机制以确保教育活动的质量，同时也进行外部质量检查，由外部专家委员会实地考察。首先，高校进行内部质量检查，然后外部专家组成的委员会进行实地检查。对高校的所有学士和硕士课程进行外部检查，每八年进行一次，可以涵盖特定专业课程或相关课程。这些检查由佛兰德大学委员会（Vlaamse Interuniversitaire Raad，简称 VLIR）和佛兰德高职院校委员会（Flemish Council of University Colleges，简称 VLHORA）协调，在荷语区进行组织。检查结果会公开发布，外部检查团是质量监督体系的重要支柱之一。

2003 年通过的《高等教育改革法案》提出了新的要求，即课程认证，以确保课程达到国际最低质量标准。课程认证是高校提供"高等教育"的前提条件，也是学士和硕士学位的保障。在荷语区，由荷兰－佛兰德认证机构负责认证和授予。该独立机构由专家组成，根据专家委员会的实地检查评估报告来授予认证。认证也可以由经过荷兰－佛兰德认证机构承认的认证机构授予。

因此，自 2004 年以来，高校的质量检查包括三个步骤：内部质量检查、外部专家检查评估，以及评估报告的公布与认证。某些转型中的课程可以获得临时认证，但临时证书在 2012—2013 年失效，这意味着所有学位课程必须在 2013 新学年开始前完成这三个步骤。[①]

三、比利时弗维斯应用科学大学的案例[②]

（一）概况

比利时弗维斯应用科学大学（Vives University of Applied Sciences）

[①] 刁瑜：《以简驭繁》，第 114—115 页。

[②] Hogeschool VIVES, "Home | Hogeschool VIVES," https://www.vives.be/nl，查询时间为 2023 年 6 月 5 日。

位于比利时西佛兰德省（West Flanders），是一所天主教大学。弗维斯（Vives）这一称呼来源于西班牙-布鲁塞尔人文主义者（Spanish-Brussian humanist）胡安·路易斯·比韦斯（Juan Luis Vives）。该校于2013年由位于西佛兰德省北部的布鲁日-奥斯坦德天主教学院（Katholieke Hogeschool Brugge-Oostende，简称 KHBO）和南部的西南佛兰德天主教大学学院（Katholieke Hogeschool Zuid-West-Vlaanderen，简称 KATHO）合并而成，这两所应用本科大学是分别于1995年由当地的部分高等技术学院、工业大学或师范大学联合而成的，前者设有健康系、商贸科学系、科学与技术系以及教师培训系四个系，后者设有商务管理、办公管理、护理学、助产学、公共安全、特殊教育、应用心理学、电子学、社会工作与社会政策、社会工作、机械设计与产品技术、电气工程、应用计算机研究、农业与生物技术等专业。

弗维斯应用科学大学于2013年9月18日成立后就成为西佛兰德省规模最大的应用科学大学。此外，在另外五个城市设有校区，共开设了六大专业领域的课程：生物技术、医疗保健、商业科学和工商管理、工业科学技术、教育以及社会工作。2018年，该校所在地的佛兰德议会通过法令，将成人教育中心（Centrum voor volwassenenonderwijs，简称 CVO）的研究生课程加入该校，自此，弗维斯应用科学大学在原先的30余个学术学位点的基础上增加了20多个硕士学位点。学校现有学生17 000名左右，教职员工1 500名左右，专家客座讲师1 000名左右，并有6个专业中心支持企业或组织的研究项目。

（二）办学定位目标

比利时弗维斯应用科学大学的小学定位目标可以用三个关键概念来概括。

1. 助力师生自我驱动（Drive）

该校给予学生和教师能够充分发挥自我优势的平台，通过学术与专业实践兼具的校园氛围和专业课程成就学生和教师，增长学生专业才能、助力教师职业发展，帮助学生确认学习目标，做出未来选择，成为最好的自己。

该校还注重学生和教师自我学习管理能力的提升，践行培养专业性人才的终身学习理念，拓宽教师和学生的对专业知识的理解。

2. 增强企校联系（Connection）

一方面，该校希望让师生作为一个通力合作的团队共同学习，学生在教师的带领下建立专业网络，同时在校期间能获得非正式的跨专业学习机会。为此，该校也加强了数字化技术的引进。同时，弗维斯应用科学大学为了能够在比利时高等教育中确定自身独特定位，帮助学生做出恰当的未来选择，提供更多资源、机会，该校还与不同的教育合作伙伴积极展开合作。另一方面，弗维斯应用科学大学积极与企业和社会展开合作对话，为学生和教师加强在企业或社会中的学习与实践，发挥专业技能创造机会，增强大学环境之外的实践，养成学生的批判性目光，加强师生的批判性思维。

3. 创新未来（Innovation）

弗维斯应用科学大学重视励志教育，为该校师生创造有挑战性的学习环境，重视创新研究成果的发表及其与企业工作环境或社会期望的匹配度。此外，该校还重视师生的生涯规划，希望师生能够加强理论与实践的学习与联系，突破自我极限，让师生都能习得并发挥企业产业或未来产业所需的能力。

（三）教学理念与创新型育人方法

1. 教学理念

弗维斯应用科学大学以其现代、能力为导向的高等教育、创新的实践研究以及社会服务，积极迎接当今和未来社会的挑战。作为一所欣赏友好、以人为本的应用型本科高校，弗维斯应用科学大学专注于提供专业导向的学士学位和副学士学位。这使得该校的学生能够成为为全球化社会和人类福祉做出贡献的专业人士。弗维斯应用科学大学致力于学生能力的全面发展，为他们提供了充分的资源和机会来实现自己的未来理想。这一理念也体现在该校的校训中："设计你的未来。"

与此同时，弗维斯应用科学大学非常重视教职员工的工作热情，为他们提供广泛的机会来发展和宣传专业知识。该校还强调责任、所有权以及对每个学生和教师的欣赏和尊重。可持续发展也是该校的重要承诺，弗维斯应用科学大学致力于通过创新成为高等专业教育的引领者。

弗维斯应用科学大学的核心使命是确保学士级别（EQF 6 级）学生接受高质量的高等教育。此外，该校也与广泛的地方和区域企业合作，包括农业企业、医院、中小学培训中心、社会指导和咨询中心等，以确保该校与世界保持开放联系，积极参与出口导向的活动。

2. 创新育人方法：全球治理的参与

当今世界面临着社会、经济、文化、技术、环境和政治等方面的挑战，弗维斯应用科学大学认为在培养学生的过程中应帮助学生应对这些挑战，形成全球化和可持续的世界观与方法论，了解到自身也是不断变化的世界一部分，应将自己与世界联系起来。弗维斯应用科学大学鼓励学生和教职员工探索世界，从中学习、塑造世界，并将其融入自己的学习、生活和工作环境。因此，参与全球治理是该校核心教学理念的一部分。

弗维斯应用科学大学还通过 2030 年战略目标和相关行动在鼓舞人心的框架"高等教育中的全球参与中"详细解释该校参与全球治理的方式。该框架旨在将国际化与可持续发展联系起来，以联合国可持续发展目标（SDGs）作为其鼓舞人心的参考框架。

可持续发展目标根据可持续发展的五项原则进行分组：人类、地球、繁荣、和平与伙伴关系。因此,全球治理的参与也使用相同的五大支柱来定义。在"人类"议题上,该校的使命包括培养学生和教职员工,使他们具备在全球化社会中生活和工作所需的知识、技能和态度。该校鼓励学生和员工专业地参与本地和全球事务,培养批判性思维,成为负责任的全球公民;在"地球"议题上,该校强调生态责任,考虑地球的生态容量,并采取环保措施,包括可持续旅行政策和虚拟出行,以减少环境影响;在"繁荣"议题上,弗维斯应用科学大学关注可持续社会变革和创新,通过国际合作等方式来推动知识交流和研究,以找到全球和本地问题的创新解决方案或应对社会挑战;在"和平"议题上,该校承担社会角色和责任,通过促进和平、非暴力文化的教育,以建立包容、公正与和平的社会,该校的全球活动也深深扎根于研究和挑战当地所面临的全球挑战;在"伙伴关系"议题上,弗维斯应用科学大学强调定性、互惠和可持续伙伴关系的重要性。该校积极与国内和国际组织建立伙伴关系,以进行研究、知识交流和课程开发。

(四)专业课程设置与应用研究

弗维斯应用科学大学共开设了六大专业领域的课程:生物技术、医疗保健、商业科学和工商管理、工业科学技术、教育以及社会工作。

1. 生物技术

生物技术专业中心专注于五个领域:食品加工、食品与健康、动物行为、城市林业和智能农业。由30名经验丰富的研究人员组成的团队每天专注于三大支柱:实践导向、科学研究、服务和后期培训。

在食品加工和食品与健康领域,重点关注减少农业和食品行业的损失流,开发针对特定目标群体(老年人、运动员、有咀嚼和吞咽问题的人等)量身定制的食品。同时,关注微波的工业应用可能性:干燥、巴氏杀菌、预烹饪、灭菌和回火。弗维斯应用科学大学是公共当局认可的培训机构，这意味着中小型企业可以获得公共资金，使员工能够参加培训课程。

在动物行为领域，专业中心专注于狗的行为，开发了针对幼犬的观察和评分工具。在智能农业领域，该校致力于优化养猪场的管理、专业化短链、昆虫作为蛋白质的替代来源和陆地智能农业技术。

在城市林业领域，该校专注于绿地的设计和管理。在使用无人机进行树木管理方面，该校是佛兰德的先驱。该校还专注于土壤物理分析和轻质基质作为绿色屋顶的竞争者。

此外，该校还定期与公司、非营利组织、公共行政部门、城市和市政当局、诊断实验室、中学、学术机构和研究小组合作，该校的研究人员也与生物技术和食品技术学生密切合作。

2. 医疗保健

弗维斯应用科学大学在护理和福利部门提供广泛的本科、过渡培训和研究生级别的高质量专业培训，并为那些想要继续学习的人提供范围广泛的学习计划。其优势很明显：可人的学习和生活环境，以及在各自领域都是专家的教师，学生和教师之间保持着密切的联系。

3. 商业管理

中心专业知识在广泛的专业培训课程中得到分享。学生可以联系商业管理专业中心进行面向实践和基于项目的研究、市场研究、可行性研究、产量测量、品牌知名度研究、客户满意度研究、促销和新闻活动、翻译和创新项目、咨询、写作技巧项目申请和特定培训计划的开发。

商业管理专业中心当前的项目有教育中的人工智能、劳资纠纷调解、成功的初创企业和中小企业咨询委员会指南、法律研究、工作环境中的健康食品对员工潜能的影响、人工智能应用中的伦理以及在历史数据有限的环境中进行销售预测的人工智能。

4. 工业科学技术

工业科学技术专业中心专注于自动化和安全、建筑和改造、生态技术、气候控制和能源、塑料加工、工业4.0、航空、车辆网络、非接触式超声波、制造业、设计和生产技术、氢能等领域。该专业中心当前的项目有：面向工业和应用研究机械工程和机电一体化、数字工作说明、医疗无人机用品、物联网实验室等。

5. 教育创新中心

教育创新中心的特点是：（1）以实践为导向，以需求为导向的运作模式（以教育领域的问题为中心）；（2）保证广泛的研究专业知识（在各种当前教育主题中的创新，STEM、语言、数字、关怀和多样性、文化）；（3）量身定制的研究和服务（关注可及性、福祉和参与）；（4）与合作伙伴的可持续合作；（5）异花授粉（研究人员、从业者、公司）。

该中心的在研项目包括教学、教育公平、教学法、移民教育等。

6. 社会创新中心

社会创新专业知识中心专门从事以实践为导向的研究，以产品、服务和合作伙伴关系的形式寻求满足社会需求的新解决方案。主要研究领域包括：（1）人、社会和技术；（2）积极包容的公民身份；（3）地方社会政策和创业；（4）社会福祉和联系；（5）社会安全性和宜居性。

7. 酒店管理

酒店管理专业提供高水平的专业知识和技能、3—4种外语、强大的经济基础、良好的信息与通信技术、团队合作能力、演讲技巧和国际经验。酒店管理学生俱乐部 SorHoMa 为加入项目的学生组织各种活动，并有与来自酒店业的主讲人举行座谈会。该计划高度注重实践经验，许多项目、行业联系和实习都说明了这一点。例如，在"Café CuiZien"项目中，学生被要求和同学通过团队合作，结合他们的语言和演讲技巧以及他们的创意、经济和款待能力，发展自己的餐饮业务。整个项目由六个学期组成，共计180个学分。课程的一般部分侧重于管理、语言（法语、英语、德语或西班牙语）、酒店和款待、社交技巧和团队合作。

在实习方面，学生需于第一学年完成为期一周的探索性实习，第二学年六周，第三学年则为为期十八周的管理实习。

此外，酒店管理专业的学生有丰富的国际交流机会。除了游学和国际实习外，学生还可以从多个国际项目中进行选择。从过往数据看，该专业所有的学生都在著名的连锁酒店完成了实习，80%的实习地点位于法国、德国、挪威、加那利群岛、荷兰、奥地利等，并有机会获得国际实习的伊拉斯谟奖学金。[①]

弗维斯应用科学大学在生物技术领域拥有多个重要方向的课程，从食品加工到智能农业，为学生提供了在不同领域就业的机会。团队由经验丰富的研究人员组成，这有助于将科学研究和实践无缝结合。此外，该校是公共当局认可的培训机构，这意味着企业可以获得公共资金，帮助员工参加培训课程。在医疗保健领域，实践和理论结合是弗维斯应用科学大学强调的重点，尤其是对在护理和福利部门中工作的学生。实验室模拟和实际任务提供了宝贵的经验，与（国际）实习的机会有助于将理论知识应用于实际情境。这种综合性的培训对准备学生应对不同的医疗保健挑战非常重要。从商业管理的课程设置看，中心项目多样，关注实际问题和市场研究。特别值得模仿的是他们对创新和社会趋势的关注，这有助于培养学生成为适应不断变化的商业环境的领导者。此外，与合作伙伴的合作和项目导向的方法可以帮助学生在实际问题上获得宝贵的经验。在智能技术专业中心，学生有足够的机会深入研究未来的技术趋势，通过项目如数字工作说明和物联

---

① Hogeschool VIVES, "Bachelor of Hotel Management-Hospitality Management (Bruges)," https://www.vives.be/cn/commercial-sciences-business-management-and-informatics/bachelor-hotel-management-hospitality，查询时间为2023年1月21日。

网实验室，学生可以获得实际的技能和经验，这对未来的就业至关重要。教育创新中的实践导向方法，以及对多种教育领域的创新，使学生能够在不断变化的教育环境中获得有竞争力的技能。特别值得注意的是，他们强调与合作伙伴的合作，有助于实际问题的解决。社会创新专业中心专注于解决社会需求，他们的研究领域涵盖了广泛的社会问题，从技术和社会关系到福祉和可持续性。这有助于培养关注社会变革的学生。酒店管理专业为学生提供了多种技能和国际经验的机会，这对在酒店业工作的职业生涯非常重要。实践经验和国际实习提供了与行业联系的机会，为学生提供了综合性的培训。学生还受益于多种国际交流机会，这有助于培养全球视野。

总之，弗维斯应用科学大学提供多种高质量的专业培训领域，注重实践、研究和合作，有助于学生获得实际技能，解决复杂的实际问题，以及为未来的职业做好准备。这些专业领域为学生提供了广泛的就业机会，培养了他们在不同领域取得成功所需的技能和知识。

（五）充分开展校企合作

为了加强应用型本科高校和就业市场的联系，各地区成立了区域科技中心。为确保区域科技中心的职能得以充分体现，政府在财政领域制定了一些限制和条件。例如，对日常开支和员工工资的支出不得超过政府财政的 30%。此外，中心必须获得来自政府之外的配套资金 25% 时，该中心才能够组织实施一些项目活动。此举是为了保证中心所开展的相关活动能够得到其他利益相关者的支持。值得一提的是，在区域科技中心中，决议的制定者由教育领域和私营领域成员共同组成，具有公私合作的性质。这些成员对所关注的主题和行动共同做出决定。近年来，区域科技中心广受欢迎，其原因就在于他们属于极为少数的以具体的方式提供机会来加强教育和就业市场联系的机构之一。

高职院校可以和行业部门合作提供某些课程的职业教育，培养学生在某一行业或领域的特定技能。因此，专业学士课程的第一目标是培养学生具备直接进入市场的相关能力。高职院校与劳动力市场、社会合作伙伴、雇用单位及工会等有着非常紧密的合作关系，以促进学生毕业后的就业。教育机构通过预测市场技能需求（根据不同的产业、岗位以及教育水平）的教育体系和机制来提供适应劳动力市场需求的职业教育。

　　在荷语区，有多个劳动力市场技能需求的合作平台。佛兰德荷语区社会经济委员会（Social and Economic Council of Flanders，简称SERV）负责制订行业概况，管理负责劳动力市场定性和定量监察的"Steunpunt WSE"，筹备就业服务中心（Vlaamse Dienst voor Arbeids Bemiddeling，简称VDAB）发布关于劳动力市场发展和职位空缺与现有技能和资格证书不对口情况的年度报告，区域合作联合会（The Recognised Regional Partnerships，简称ERSVs）和地区社会经济咨询委员会（Regionaal sociaaleconomisch Overlegcomité，简称RESOCs）是负责收集和研究各地区的社会经济数据的地区级机构。[1]

　　一方面，弗维斯应用科学大学希望让师生作为一个通力合作的团队共同学习，学生在教师的带领下建立专业网络，同时在校期间能获得非正式的跨专业学习机会。为此，该校也加强了数字化技术的引进。同时，弗维斯应用科学大学为了能够在比利时高等教育中确定自身独特定位，帮助学生做出恰当的未来选择，提供更多资源、机会，该校还与不同的教育合作伙伴展开了积极的合作。另一方面，弗维斯应用科学大学积极与企业和社会展开合作对话，为学生和教师加强在企业或社会中的学习与实践、发挥专业技能创造机会，增强大学环境之外的实践，养成学生的批判性目光，加强师生的批判性思维。

---

[1] 刁瑜：《以简驭繁》，第120页。

弗维斯应用科学大学重视励志教育，为该校师生创造有挑战性的学习环境，重视创新研究成果的发表及其与企业工作环境或社会期望的匹配度。此外，该校还重视师生的生涯规划，希望师生能够加强理论与实践的学习与联系，突破自我极限，让师生都能习得并发挥企业产业或未来产业所需的能力。

除了注重校企合作，比利时的应用型本科高校培养的人才注重因地制宜，与当地的劳动力市场需求相匹配。该国大学毕业生就业率整体较高，根据欧洲统计局公布的数据，比利时2021年12月的应届毕业生的就业率为83.2%。[1] 弗维斯应用科学大学的学生就业率整体较高。如商业管理专业所在的科特赖克校区（Kortrijk）是佛兰德大区的创业和设计中心，该校区所在城市坐拥各种大型跨国公司，如巴可和贝卡尔特，以及其他以工业或服务为导向的中小企业，这也为该地区成为欧洲第二低失业率城市提供了条件[2]，而酒店管理专业毕业的学生每年的就业率则为100%[3]。

（七）数字化转型及人工智能变革下的改良

自进入数字化时代以来，弗维斯应用科学大学在校企合作的过程中一直在注意加强数字化技术的引进，从而为提高学生的专业能力提供保障。其中，在商业管理专业大类中，当前学生可以选择的学习项

---

[1] Trading Economics, "Belgium-Employment Rates of Recent Graduates-2023 Data 2024 Forecast 2006-2022 Historical," https://tradingeconomics.com/belgium/employment-rates-of-recent-graduates-eurostat-data.html, 查询时间为2023年1月29日。

[2] Hogeschool VIVES, "Business Management-English Programme," https://www.vives.be/en/commercial-sciences-business-management-and-informatics/business-management-english-programme, 查询时间为2023年1月29日。

[3] Hogeschool VIVES, "Bachelor of Hotel Management-Hospitality Management (Bruges)," https://www.vives.be/en/commercial-sciences-business-management-and-informatics/bachelor-hotel-management-hospitality, 查询时间为2023年1月29日。

目包括教育中的人工智能、人工智能应用中的伦理以及在历史数据有限的环境中进行销售预测的人工智能。

弗维斯应用科学大学科特赖克校区提供了与人工智能相关的"E社会#探索未来"(eSociety#exploringthefutures)英语交换项目。该跨学科项目欢迎不同学科背景的学生报名申请，教师将通过互动讲座、客座演讲、实地考察、小组作业、个人作业和国际经验来让项目学生接触到不同的观点以拓宽视野。该项目目标是让学生能够在面对人工智能、纳米技术、超人类主义、工业 4.0、量子计算、区块链等科技新现象形成批判性的观念，具体议题还包括数字压力（digistress）、数字差距（the digital gap）、数据保护（data protection）、网络欺凌（cyber bullying）、技术成瘾（tech addiction）和数字痕迹（digital footprint）。[①]

四、启示与借鉴

党的二十大报告指出，为深入实施人才强国战略，我国要统筹职业教育、高等教育、继续教育协同创新，推进职普融通、产教融合、科教融汇，优化职业教育类型定位。报告强调，为更好适应经济社会发展需求，适应国际化科研环境建设的需要，我国需讲一步深化职业教育改革，推进产教融合、校企合作。高等教育应坚持学术学位与专业学位分类发展，本科层次职业教育从而得到稳步推进，满足不同学生成长需要，为现代社会培养更多应用型、技能型人才。

因此，创办发展应用型本科高校有利于我国优化职业教育类型定位，突出职业教育特点，促进提质培优。应当加强职业教育数字化，

---

① Hogeschool VIVES, "ESociety#Exploringthefutures (Kortrijk)," https://www.vives.be/en/applied-social-studies/esocietyexploringthefutures-kortrijk，查询时间为 2023 年 1 月 29 日。

推动教师、教材、教法改革;加强企业主导的产学研深度融合,实践性教学课时应占总课时一半以上;评价机制的设立也要跟上大部队。而自1990年实现高等教育普及化以来,比利时依据自身国情、综合地区优势,相对成熟地探究出了应用型本科高校的发展模式,对我国进一步深化职业教育改革,在未来发展应用型本科高校有一定的借鉴意义。

(一)管理上中央管理与地方自治相结合

比利时采取联邦制,教育权分属各大语区和社群。学校首先归属于社群集中、有序的规划管理,同时依托当地市政府的资助,与当地企业展开良好合作,从而一定程度上发展出各校的办学特色,相对提高了毕业生进入当地劳动力市场工作的效率。此外,社群政府的统一管理也为学校课程质量监控及其他重要指标的质量检查提供了保障。

比利时的应用型本科高校也严格受到比利时联邦政府和各个大区(佛兰德大区、瓦隆大区、布鲁塞尔首都大区)的法律法规和监管框架的管辖。首先,比利时联邦政府制定了高等教育的一般法律法规,涉及学位授予、质量保障、学费等方面的规定,这些法律法规同时适用于应用型本科高校的开办;比利时每个大区政府(佛兰德大区、瓦隆大区、布鲁塞尔首都大区)都有自己的高等教育法规和监管机构,掌管该大区内的高等教育机构,并有义务定期检测学校质量;在学位授予方面,法规通常规定了哪些机构有资格授予学士、硕士和博士学位,保证了应用型本科高校毕业生学位获得的合法性与含金量。应用型本科高校必须遵守这些法律法规,以保证其教育质量、学位授予的合法性以及与政府和大区的合规性。此外,监管机构如荷兰-佛兰德认证机构通过其程序监督和评估应用型本科高校的各项活动。

(二)充分利用当地资源,紧密开展校企合作

从比利时高等教育的发展历史来看,许多高校能够发展壮大得益

于当地各专业学院的合并，让更多的有效资源和教师人才能够有序地展开合作，从而齐心协力办好一所学校。比利时的应用型本科高校通常与大区和产业建立联系，通过研究和项目合作为社会带来积极影响。同时，专业的设置一方面应考虑当地发展的需求，与行业紧密合作，确保学生的专业或课程与市场需求保持一致，保证学生在当地企业实习的可能性和连续性；另一方面要密切关注科技的前沿发展，保障各个专业学习项目的时代前瞻性，从而提高课程质量，为输送更多符合时代要求的人才做好准备。因此，我国深化职业教育改革时也应鼓励高校与当地社区和产业合作，共同解决现实问题；关注教育的实际应用，培养学生具备解决实际问题的能力；借鉴比利时校企合作模式，建立与本地企业和产业的合作关系，加强企业培训，从而提升学生在校期间习得技能的整体质量，以确保培养出符合实际职场需求的毕业生。

（三）以人为本创未来，国际化教学理念可持续

学校的本质是育人，教育出有能力、有素养的学生是每所大学创办的初衷。如弗维斯应用科学大学注重学生培养，除对教师质量有要求外，还为学生提供学习顾问和创业教练，并充分提供给学生与相关领域的高技术人才或专家交流的机会。在育人的过程中，最重要的一个关键词莫过于"创新"。一切高校的研发活动都应确保学生成为"创新的专业人员，而不是常规的执行者"，扎实的理论基础固然重要，应用型本科高校更需要培养能够在面对各种挑战时有过硬动手能力和创新思维的人才。同时，弗维斯应用科学大学非常注重本校教师的职业未来发展，为教师提供发挥自我优势的平台，并组织不定期的交流沙龙拓宽教师对专业知识的理解。

当今世界充满社会、经济、文化、技术、环境和政治的挑战，在强调以人为本的同时，高校也应强调以保护人类赖以生存的环境为本，注重联合国强调的可持续发展，在培养学生的过程中应帮助学生

应对这些挑战，形成全球化和可持续的世界观与方法论，了解到自身也是这不断变化的世界的一部分，应将自己与世界相互关联起来，从中学习、塑造世界并将其融入自己的学习、生活和工作环境。因此，全球治理的参与是该校核心的教学理念的一部分。比利时的一些应用型本科高校鼓励国际化，吸引国际学生和合作伙伴。所以，我国创办应用型本科高校也同样应当关注学生的全面发展，重视实际技能培养，鼓励创新和实际应用；关注教师的职业未来发展，提供教师发挥优势的平台，以及促进教师之间的交流和专业发展，从而提高教育质量；积极参与国际事务、推动全球解决方案，并培养具有全球视野的学生；考虑开放国际课程、招收国际学生，以提升国际影响力。

总之，比利时的应用型本科高校提供了一些成功的经验，可以为我国开设应用型本科高校提供有益的启示，特别是在明确应用型本科高校定位、提供法规政策保障、满足实际职场需求、加强产业合作和提高教育质量方面。

（本章作者龙思帆，上海外国语大学国际教育学院）

结　语

在全球化和知识经济的时代背景下，应用型本科高校在各国高等教育体系中扮演着越来越重要的角色。这些高校致力于培养创新性的应用型人才，填补了高级技术领域的人才缺口，促进了产业升级和社会经济发展。

一、发达国家创设应用型本科高校的制度动因

（一）产业转型升级急需创新人才培养模式以应对新挑战

应用型本科高校是顺应经济和社会发展的需求而诞生的教育机构。20世纪60年代，随着德国工业的复兴，教育家皮希特基于1963年德国各州教育部长会议发布的《1961—1970教师需求状况》报告，敏锐地指出当时的教育规模已无法满足未来社会和经济对人才的需求。他强调："教育危机就是经济危机。在技术日新月异的时代，任何产业若没有充足的后备人才支持，都难以取得长足发展，经济发展也将因此停滞不前。"[①] 同样在这一时期，荷兰也面临着产业结构调整的挑战，劳动力市场对劳动力的教育水平提出了更高的要求。这促使荷兰高等教育进入了快速扩张的阶段，其中应用科学大学因其低廉的学费和明确的办学目标而备受青睐，在20世纪60—80年代间实现了

[①] 唐柳：《未被期待的德国应用科学大学何以成功——基于历史的考察》，《复旦教育论坛》2022年第6期。

迅速而有序的发展。

相较于德国和荷兰，瑞士和芬兰的知识型社会转型步伐稍晚。在20世纪90年代，瑞士的传统产业如钟表制造、机械加工等经历了技术升级的加速，同时新兴的化工、医药电子等产业对人才的需求层次也在不断提升，尤其强调人才的复合性与创新性。然而，瑞士原有的高等职业教育体系主要侧重于培养学生的基础技术和操作能力，而综合性大学则更偏向于基础研究和综合性人才培养。这两类学校均未能充分满足瑞士对高技能专业人才和应用型研发的迫切需求。因此，瑞士的高等教育领域急需一种新型大学类型，以弥补这一人才培养的空白。类似地，芬兰在20世纪90年代初陷入了经济衰退，芬兰原有高等教育系统的弱点逐渐显露出来，包括高度受教育者就业困难、高水平的应用型专业人才短缺，以及高等教育在国际竞争中地位相对较低等问题。这些问题突显了芬兰传统的单一僵化的高等教育结构已不再适应快速变化的劳动力市场需求。因此，与其他国家一样，芬兰政府提出了引入应用科学大学作为职业教育发展的新途径。在这一过程中，芬兰高等教育体系也经历了相应的变革，以适应经济结构调整和优势产业发展的需求。比利时的情况也颇为相似。随着经济的持续增长，企业对劳动力的要求日益提高，传统的职业技能已难以适应市场需求的变化。同时，传统的职业教育与培训增长速度开始放缓，无法满足行业对高水平人才的需求。因此，比利时借鉴了邻国的教育模式，创建了应用型本科高校以应对这一挑战。这些高校注重与应用技术和社会职业需求的紧密结合，提供高质量的教育服务。与综合性大学不同，应用型本科高校更加侧重于实际实习和实践环节，致力于培养适应企业和行业需求的高素质人才。

(二)高等教育普及化需求催生新型高等教育组织模式的崛起

自1960年以后，发达国家的高等教育发展主旋律便是规模的持续扩张。为了满足经济迅速发展和人民文化水平不断提高的需求,各国纷纷采取了各种措施来扩大高等教育的规模。然而,这种规模的扩张不仅仅是数量上的增加,它还深刻地改变了高等教育的观念、职能、类型和模式,引发了一系列质变。在这样的大背景下,为了响应高等教育政策的号召——强化职业教育,并使之成为传统大学教育之外另一种可获得文凭的高等教育选择,德国在 20 世纪 70 年代率先提出了创立应用科学大学的构想。这一构想的实施,不仅为德国的高等教育注入了新的活力,还为世界各国的高等教育改革提供了有益的借鉴和参考。在 20 世纪 90 年代,瑞士、奥地利、芬兰和荷兰等多个国家均通过设立应用科学大学来回应高等教育普及化的需求。以芬兰为例,在 20 世纪 80 年代末,随着社会民主化运动的推进,高等教育普及化的呼声日益高涨。为响应这一趋势,芬兰政府决定采纳新的高等教育模式,即建立应用科学大学,以提升高等教育的普及程度。在比利时,得益于政府的大力支持,高等教育的学费保持在相对较低的水平。自 1999 年加入博洛尼亚进程以来,比利时的高等教育开始采用学士和硕士的培养体系,并设立了应用科学大学。

早在 1990 年,比利时的高等教育毛入学率就已达到了 38.3%。到 2016 年,比利时的高等教育毛入学率已攀升至 75.89%,成为全球高等教育入学率最高的国家之一。在高等教育规模持续扩张的推动下,这些国家逐渐构建起了由顶尖综合性大学和应用科学大学共同组成的多元化高等教育体系。其中,顶尖综合性大学以博士授予权为标志,专注于高端科研和学术创新;应用科学大学则作为"大众化"层级的重要组成部分,侧重于实践应用和职业技能培养。这种并置的大学结构体系不仅满足了社会对多元化人才的需求,也推动了高等教育的全面发展和提升。

(三)对标欧盟人才培养框架的现实需要

在 1999 年 6 月,欧洲 29 国的教育部长齐聚意大利博洛尼亚,共同签署了具有里程碑意义的《博洛尼亚宣言》。该宣言成为欧洲高等教育一体化的核心文件，旨在推动欧洲各国高等教育之间的协调、合作与学历互认。随后的 2002 年 2 月，欧洲委员会与欧盟各国负责教育与培训的部长又联手制订了《欧洲教育与培训 2010 年目标》，为整个欧洲区域的教育与培训制订了全面规划，进一步加深了欧洲职业教育一体化的理念。[1] 随着欧洲高等教育国际化步伐的加快，各国纷纷开始借鉴他国的优秀教育经验，以优化和完善本国的教育体制。然而，与此同时，欧洲发达国家出生人口的减少加剧了学术教育与职业教育之间的竞争，使得职业教育面临着来自高等教育的巨大压力。[2] 越来越多的学生选择进入普通高中而非职业高中，导致接受职业教育的学生人数大幅下降，这引发了人们对职业教育与培训质量的广泛担忧。为了应对这一困境，欧盟自 1988 年起便要求各成员国建立应用科学大学，以作为传统综合性高校的补充。与此相应，学生需在高等教育机构完成至少三年的全日制学习，方可进入高质量职业领域。这一标准意味着传统的两至三年制高等职业学校已无法满足欧盟对高质量技术人才的要求。因此，为了吸引更多的生源，并提升职业教育的形象和地位，欧洲发达国家如瑞士、芬兰、荷兰等纷纷将两至三年制的职业教育学位项目升级为高等教育本科学位项目。

以奥地利为例，该国在 20 世纪 90 年代初申请加入欧盟时，发现其高中毕业生所获得的职业和技术文凭并未得到欧盟的承认。为了符合欧盟的文凭标准，奥地利政府开始着手调整其职业技术教育体系。这些举措共同推动了奥地利高等教育体系的改革与演变，而后来建立的应用科学大学体系则成为应对这些挑战的重要组成部分。同样地，葡萄牙在 2005 年启动博洛尼亚进程后，也对其教育体系进行了改革。

---

[1] 吴雪萍、张科丽：《欧洲职业教育一体化探析》，《高等教育研究》2011 年第 5 期。
[2] 徐峰、石伟平：《瑞士现代学徒制的运行机制、发展趋势及经验启示》，《职教论坛》2019 年第 3 期。

通过引入欧洲学分互认体系，并调整学习周期、学分转移机制以及文凭补充等方面的规定，葡萄牙的高等教育现在已经形成了一个包括学士学位、硕士学位和博士学位授予的学习周期体系，以及一个颁发高等技术专业课程文凭的短期学习周期。目前，应用型本科高校在葡萄牙已经有资格授予学士学位、硕士学位以及专业高级技术学位，这标志着葡萄牙在高等教育改革方面取得了显著的进展。

二、发达国家应用型本科高校发展的外部保障机制

（一）通过立法为应用型本科高校奠定合法性基础

每一种新型组织的诞生都需要获得法律的认可与保障。在应用型本科高校设立之初，各国便通过完善的立法为这些新兴的高等教育组织确立了合法地位，为其后续发展奠定了坚实基础。以德国为例，1976年，为了明确应用科学大学的类型归属并提升其吸引力，该国通过了具有里程碑意义的《高等教育总纲法》。该法明确指出，高等专科学校与综合性大学享有同等地位，均属于本科层次的高等教育机构。这一规定不仅为应用科学大学的发展提供了法律保障，还进一步提升了其社会地位和认可度。《比利时高等教育法案》是比利时高等教育体系中的基石性法律文件，构建了高等教育的核心框架，并确立了其体制基础。该法案于1990年7月经议会正式批准通过，为比利时高等教育发展提供了坚实的法律支撑。随着高等教育的不断演进，特别是自1999年博洛尼亚进程启动以来，该法案历经多次修订与补充，以适应新的教育需求和挑战，确保比利时高等教育始终保持与时俱进的发展态势。

奥地利政府在1993年通过了具有里程碑意义的《应用科学大学修业法》，该法不仅为奥地利应用科学大学的设立提供了坚实的法律基础，还赋予了这些大学独立法人的地位，确保了它们能够享有充分

的自主权。同年，在荷兰，《高等教育和研究法》正式生效。该法明确了荷兰应用科学大学的核心使命，即为特定职业领域提供结合理论与实践的教育培训。由此，应用科学大学在荷兰的高等职业教育领域中占据主导地位，并享有高度的自主权，形成了荷兰特有的双元高等教育结构。芬兰则是在 1995 年由议会通过了《应用科学大学法》，该法明确指出应用科学大学与综合性大学在芬兰高等教育体系中具有平等的地位，并遵循"平等但不同"的发展原则。这一立法举措标志着应用科学大学正式成为芬兰高等教育体系中不可或缺的一部分，进而构建了芬兰独特的"双元制"高等教育系统。同年，瑞士联邦政府也紧跟潮流，颁布了《应用科学大学联邦法》。该法旨在按照"平等但不同"的原则，整合并提升一批与综合性大学定位不同的应用科学大学，同时明确了应用科学大学与综合性大学在办学使命上的区别。2017 年 5 月，日本国会通过了《学校教育法》修正案，文部科学省于 2017 年 9 月颁布了《职业大学设置基准》，为专门职大学制度的创设提供了法律依据。

（二）通过严格的质量保障机制促进应用型本科高校的良性发展

发达国家高度重视构建应用型本科高校的质量保障机制和认证体系，以确保这些高校的可持续化的健康发展。以瑞士为例，其应用科学大学在创办初期就必须接受严格的质量评估。在 2003 年之前，这些高校仅获得瑞士联邦政府的临时办学许可，唯有通过两轮由同行专家组成的评估后，才可正式获得在特定领域颁发学位的资格。此外，瑞士还建立了独立的第三方认证机构——瑞士认证委员会，该委员会负责基于统一但差异化的标准对所有瑞士高等教育机构进行认证。该委员会具有授权各高等教育机构使用相关大学名称的权力，如"大学""应用科学大学"或"师范大学"等。为了进一步提升质量水平，

2007年，瑞士颁布了关于应用科学大学认证机构和学位项目认可的专门条例。该条例明确指定瑞士认证与质量保障局为负责办学机构和学位项目认证的权威机构，通过外部审查的方式来确保办学水平。

荷兰的高等教育机构质量保障体系则历经了三个重要的发展阶段：高度集中模式、评估+监督模式，以及目前的评估+认证模式。自2002年起，荷兰进入了第三阶段，其显著特征是高等教育机构需进行自我评估并撰写自评报告。随后，这些报告会提交给荷兰-佛兰德认证机构进行认证。荷兰-佛兰德认证机构是一个由荷兰政府和比利时佛兰德地区政府联合成立的独立高等教育认证机构，负责对高等教育机构的学士和硕士课程进行认证与认可，并对外部评估机构进行认证。在荷兰-佛兰德认证机构认证之后，校外多方评估机构会对自评报告进行质量鉴定，进而开展外部评估。最终，荷兰-佛兰德认证机构会对评估报告进行质量把关，并由评估机构将结果公开。在整个评估流程中，荷兰高等教育督导团发挥着关键的监督作用。该督导团根据《高等教育和研究法案》设立，旨在监察高等教育机构的表现，并将结果上报政府，以确保这些机构在规定的参数范围内规范运作。

在奥地利，1993年成立了独立的应用科学大学理事会，负责制定应用科学大学的录取标准，并承担评估和监督其教学质量的职责。然而，随着时间的推移，2012年应用科学大学理事会为新成立的奥地利质量保证和评估中心所取代。奥地利质量保证和评估中心负责监督各类高等教育机构（包括私立大学、公立大学及应用科学大学）的质量保障工作，为推动奥地利高等教育的发展发挥着重要作用。在日本，专门职大学的质量保证也是一个重要问题。这些高校在获得文部科学省的批准后，需要进行认证。这个认证过程有助于确保这些学校提供的教育质量符合一定的标准和要求。

（三）通过产教融合发展来扩展经费来源

应用型本科高校在确保经费来源多元化的基础上，积极探寻并拓宽各种经费渠道，以更好地支撑产教融合的发展。以德国公立应用科学大学为例，其收入来源中，第三方机构的资金贡献占据首位，商业活动和商业资产所带来的收益紧随其后。这一现象的产生，主要源于应用科学大学在获取政府科研资金方面相较于综合性大学处于不利地位。因此，应用科学大学的教授更倾向于参与中小企业的实际问题导向型科研项目，但是大型企业在进行长期科研合作时往往更偏好与综合性大学联手。此外，为了进一步支持应用科学大学的研究工作，德国政府特别设立了诸如"应用导向研究与发展"基金和"与经济界联合的应用研究"基金等专项资金。这些资金的投入力度持续加大，从20世纪90年代年均250万马克的投入，增长至2005年前的年均1 000万欧元，到了2016年更是激增至4 800万欧元。这种经费投入的持续增长，不仅为应用科学大学提供了更为充裕的研究资金，也为其产教融合的发展注入了强大的动力。

在瑞士，不同于传统大学企业经费的地占比（10%左右），瑞士公立应用科学大学的经费中，28%来自联邦政府预算拨款、51%来自州政府预算拨款、21%来自私营部门的研发和服务收入，其中来自私营部门的收入比例远高于综合性大学。和综合性大学相比，芬兰应用科学大学的企业投资收入占比相对较高，这也体现了应用科学大学与产业界的紧密联系和合作，使其能够更好地满足社会需求和产业发展的要求。同样，奥地利政府不会像对待综合性大学那样提供充足的经费，促使应用科学大学必须积极寻找其他资金来源。同样，多渠道、全方位的经费保障制度也是荷兰应用科学大学顺利发展的关键条件。这些大学的资金来源非常多元，主要的资金渠道包括政府拨款、学生自费、企业合作以及合同收入等。其中，与企业建立合作关系是荷兰应用科学大学获得资金的方式之一，通过与行业合作，学校可以获得来自企业的经济支持。

三、发达国家应用型本科高校的内部制度特色

（一）按市场所需设置实践导向型专业

专业设置是应用型本科高校与社会紧密联系的重要体现。近年来，随着数字经济和老龄化发展，日本的医疗保健、信息技术、文化观光、新农业等领域快速发展，急需有新技能的人才来对传统产业进行拓展创新。从目前日本全国15所专门职大学的专业设置看，开设的专业主要有：医疗保健、信息技术、文化观光、农林环境管理、时尚创造、饮食创造、数字化经营管理等。瑞士应用科学大学的专业设置也打破了传统的以知识属性划分学科的框架，而是基于对区域及自身发展需求的深入分析，按照劳动市场的职业分类原则，设立了技术和信息、建筑工程和规划、化学和生命科学等11大类专业。这种设置方式使得瑞士的应用科学大学能够根据当地产业特色和发展需求进行灵活调整，通过自下而上的专业申报制度，确保专业与地方经济和产业结构紧密接轨。这不仅为集群产业发展培养了所需的多层次职业人才队伍，也为产业竞争力的提升注入了强劲动力。同样，荷兰的应用科学大学在专业设置上也与产业结构的发展状况保持高度一致。自1970年以来，随着荷兰服务业在国内总产值中的比重持续增加，该行业的迅猛发展对工业和农业部门产生了不同程度的冲击。为了适应这一变化，荷兰的应用科学大学在专业设置上更加重视非工业领域的需求，如金融、医疗与保健、教育、艺术等。此外，作为西欧的海港门户，荷兰拥有高度发达的水陆空综合运输系统，这得益于应用科学大学为其提供的强大物流人才支撑。这种紧密的专业与产业对接，使得荷兰的应用科学大学在培养符合社会需求的人才方面发挥了重要作用。

芬兰也重视将专业设置与区域产业结构紧密对接，以及人才培养与社会、经济和就业市场需求相协调。芬兰教育部颁布了应用科学大

学专业设置目录，囊括8个学科领域，包括人文与教育，文化，社会科学及商业管理，自然科学，技术与交通，自然资源与环境，社会服务、卫生和体育，以及旅游、餐饮和家政服务。每所应用科学大学都根据其所在区域的产业结构和社会需求设置相应的学科和专业。近年来，芬兰正逐渐进入老龄化社会，应用科学大学积极响应这一挑战，开设了与老龄化社会需求相关的专业，如老年人关怀和社会服务等。奥地利应用科学大学的学科和专业设置紧紧围绕产业发展。传统上，奥地利的经济产业优势高度集中在工程、科学技术领域以及经济管理学科领域，而随着近年来奥地利第三产业持续快速发展，其专业设置中提升了第三产业的学生配额，涉及经济和商业管理、旅游、卫生和福利等领域。德国应用科学大学的专业设置具有应用性强、直接面向就业市场、与当地经济产业接轨、跟紧时代发展趋势、重视跨学科复合型人才培养及走特色化发展道路等特点。这样的专业设置与应用科学大学明确的人才培养目标相一致，并与综合性大学注重基础性和学术性的专业设置形成良好的互补。

（二）注重实践经历，多样化招收学生

应用型本科高校在招生方面与学术型本科高校存在显著差异。在部分国家，如瑞士、德国和芬兰，应用型本科高校更倾向于录取那些具有丰富实践经验的学生。在瑞士，普通高中毕业生若想进入应用科学大学，除普通高中文凭外，还需提供至少一年相关领域的实习证明。综合性大学的毕业生，除需获得相关学科的学士学位，还需有1 500小时的社会工作实践经验才有资格申请应用科学大学的硕士研究生项目。日本《专门职大学设置基准》规定专门职大学以公平合理的方法和适当的制度进行，同时也规定专门职大学应尽力选择有工作经验的学生，在保证公平的前提下提升录取学生的多样性。德国的应用科学大学则广泛采用双元制教学模式，企业在这一过程中发挥着举足轻重的作用，能够自主选择并招收符合其需求的学生。芬兰的招生政策也体现了对实践经验的重视。芬兰《应用科学大学法》第二十五条规定，学生若想申请应用科学大学，需通过大学入学考试或具备特定的职业资格。申请硕士研究生课程的学生，除满足常规录取要求外，还必须具备在相关领域至少两年的工作经验，且这些工作经验必须在开学前就已积累。

与此同时，其他国家如荷兰则采取了更为开放的招生策略。荷兰教育体系的不同阶段间具有高度流动性，为学生提供了多次选择机会，也为应用科学大学带来了广泛的生源。荷兰应用科学大学的生源主要包括入学预科教育、高级普通中等教育和高级中等职业教育的毕业生。这种招生政策确保了应用科学大学能够吸引到多样化的学生群体，促进不同背景和年龄段学生的共同发展。比利时没有统一的大学入学考试，高中教育文凭是进入高等教育的必要条件，此外再无其他的限制条件和额外要求，如入学考试、年龄限制、高分要求、智商考试、地区等，但医药/牙科、艺术、工程学或管理学学士学位的申请者需要经过格外考核。

（三）构建与应用型本科高校发展相契合的师资队伍

发达国家的应用型本科高校在教师的实践经历方面设立了更高的标准。以德国为例，其应用科学大学不仅拥有众多实践经验丰富的专业全职教师，还大量聘用了来自企业生产一线的"双师制"教师。这种"双师制"教学模式确保学生在接受正规理论知识教育的同时，能够直接接触到生产第一线的最新理论和经验，从而更加贴近当前的生产需求。值得一提的是，即使是学校的专职教师，也需具备五年以上的实践工作经验，这进一步凸显了德国应用科学大学对实践的重视程度。在瑞士，应用科学大学对教师的要求同样严格。教师在高校毕业后，必须拥有一段在工业企业界的工作经历，才能进入应用科学大学从事教学、科研及咨询工作。数据显示，三分之一的应用科学大学教师目前在企业兼职，而综合性大学的这一比例仅为六分之一。此外，瑞士应用科学大学非常注重师资的能力培训，为教师提供各种实践能力培训的机会。

芬兰应用科学大学在教师聘任方面也有着高标准。他们所聘任的教师均为"三师型"，即除了拥有本专业的硕士学位和业界三年以上的工作经验外，还必须完成 60 ECTS 学分的专业教师教育资格证。为确保教师队伍的与时俱进，芬兰应用科学大学还要求一线任课教师定期到与所受专业领域相关的企业单位实际工作，以帮助教师及时更新和拓展知识结构。同时，通过加强与企业的联系，使教师能够及时了解工作领域中的实际问题，确保理论与实际不脱节。这种紧密结合产业需求的师资队伍建设模式，为芬兰应用科学大学的教学质量和人才培养提供了有力保障。在日本，专门职大学实行企业教师制度，在企业中就职的人员可以通过认定成为全职教学人员，并且文部科学省规定专门职大学中至少 40% 的全职教学人员必须在其专业领域有至少五年的经验，并有较高的实践能力。专门职大学将专职教师分为实务型教师和研究型教师两类，以确保教师队伍构造的实践性和研究性双重特色。实务型教师在专职教师中的比例设定在 40% 以上，且实务型教师群体中应有 50% 以上具备研究能力。

（四）采用创新方法培养学生的多元能力

发达国家的应用型本科高校在人才培养上特别关注学生的多样化需求，并着重培养他们将理论知识应用于实际情境的能力。因此，这些高校普遍采用理论学习与实践实习并驾齐驱的培养模式。在日本专门职大学建设的过程中，以实践为导向的产教融合、行业实训是其突出特色。德国应用科学大学通过"模块化"的课程设置——将同一主题的相关课程整合为独立的教学单元，以及多样化的教学模式，有效地融合了理论与实践。每个模块都明确规定了学习内容、教学方式及考核要求，确保学生在完成模块学习后能获得相应的学分。这种模块化设计不仅包含必要的理论知识，还囊括相关的实践教学，从而实现了理论与实践的完美结合。

此外，项目式教学法在这些欧洲发达国家的应用科学大学中也备受推崇。在这种开放式的教学模式下，学生在教师的引导下分组合作，通过解决实际问题的项目来深化学习。学生需要运用所学的理论知识和行业技能来寻求问题的解决方案，这一过程成为他们学习的重要组成部分。项目教学不仅帮助学生更直观地理解所学知识，还为他们建立知识在行业中的实际应用场景，从而促进理论教学与实践教学的紧密衔接。在整体的课程设置上，这些应用型本科高校除了重视基础理论教学外，还广泛采用实验教学、项目式教学、辅修专业、实习以及工作场所中的毕业设计等多种教学模式，共同构成了其独特而全面的教学体系。

（五）推进应用型研发，为企业和社会提供创新解决方案

与综合性大学专注于基础理论研究不同，应用型本科高校的科研重心在于应用研究和新技术开发。这些高校致力于将理论成果转化为前沿应用技术，并特别强调与中小企业的紧密合作。以瑞士为例，应用科学大学的教师在入职后，普遍通过与企业合作开展研发项目和咨询工作，保持与企业界的密切联系。这种合作模式不仅确保了教学科研活动的实践性和知识与技能的持续更新，还为地区的科技创新和经济发展提供了有力支持。同样，为了推动知识经济的发展和国家创新体系的建设，德国联邦政府和各州政府通过政策引导，将应用科学大学定位为"知识和经济之间的桥梁"，并不断扩大其科研职能。同时，政府和企业等第三方也加大了对应用科学大学科研资助的力度。在奥地利，虽然应用科学大学在法律上拥有从事科研活动的授权，并享有

较大的自主权，但联邦政府的资助相对有限。因此，为了获取研究经费，应用科学大学主要依赖与地方经济实体的合作，为其开展应用型科研。值得一提的是，奥地利的本科生和硕士研究生有机会积极参与各种与实际问题和任务相关的研究项目，并从学校广泛的合作伙伴网络中受益，这进一步提升了学生的实践能力。

荷兰实践导向的研究提高了教育质量，加强了应用科学大学与社会和工业界的联系，例如荷兰阿姆斯特丹应用科学大学专注于通过研究提供方案来解决城市问题，通过国际合作伙伴网络和海外合作项目，在国际上产生积极影响。与此同时，学生通过研究任务，能获得诸如批判性思维、信息分析和研究方法等其他重要技能。比利时应用科学大学也非常注重让师生参与与企业合作的研发项目，对于教研人员来说，应用型本科高校强调研发对其自身提升科研能力、获得新知识和技术，以及将这二者与教学有机结合有良好的促进作用。研发也被认为是建立工作生活网络和进一步发展自己事业的一种方式。从学生角度看，在本科阶段，他们的主要任务是学习专业知识和技术本领，在研发方面主要起到的是协助的作用。在硕士研究生阶段，他们在研发上能发挥的作用会更大，教授会通过研发活动进一步拓展学生的能力。这些国家的应用型本科高校不仅注重职业和技能培训，更多地参与应用型研究以及重视学生应用研发能力的培养，很大程度上提升了大学的综合实力，帮助其在不断的发展和改进中巩固了与传统综合性大学同等的地位。

四、结论与启示

（一）政府应重视完善宏观制度保障

组织为了在其所处的社会环境中生存和发展，必须与其环境进行交互并适应环境的变化。这种适应性不仅体现在资源和技术的获取上,更重要的是获得社会的认可,即合法性。合法性是组织生存和发展的关键,它可以通过政治机构、专业协会等权威机构的授权来获得。以德国、瑞士、芬兰、荷兰、比利时、奥地利、日本等发达国家的应用科学大学为例,这些国家的政府通过一系列措施,如授予自主权、分类评估、经费拨款等,强有力地支持了这些高校的发展。这些措施不仅为应用科学大学提供了必要的资源和技术,更重要的是赋予了它们合法性,使它们能够在社会环境中稳定地生存和发展。

对于我国政府而言,要促进应用型本科高校的发展,同样需要从顶层设计上进行分类设置、认证、评估和拨款。这些措施应基于学校的技术积累创新和服务产业的实际贡献,而不是单一的学术标准。在学位认证方面,应建立符合职业标准的评估体系,以确保应用型本科高校培养的人才能够满足社会的需求。同时,政府还应通过经费拨款等激励机制,促进产教融合和校企合作,从而推动应用型本科高校与产业的深度融合。此外,政府还需要关注社会公众对职业教育的观念问题。由于历史和文化等原因,职业教育在我国社会中往往被视为次等教育,这种歧视性观念严重阻碍了应用型本科高校的发展。因此,政府应加大宣传力度,提高社会对职业教育的认可度,为应用型本科高校的发展营造有利的社会环境。

(二)应用型本科高校应采纳适合的内部制度安排

德国、瑞士、日本等国家的应用型本科高校内部的制度设计和活动安排以实现其组织目标为依据,从而提升了其可持续生存和发展的要求。我国本科职业教育也应该通过相应的制度安排和活动设计更好地履行自身使命。例如,在招生方面,应用型本科高校应优先招收有技术技能基础的学生;在专业设置方面,我国应用型本科高校不应以学科体系为基础建设专业结构,而应根据学生就业状况、区域产业结构和市场相关岗位需求,不断调整相关专业和课程设置,以确保学生毕业后能够顺利就业并为社会做出贡献；在教学方面，我国应用型本科高校应注重基于真实应用的教学方法，而非以知识系统为基础，注重学校和企业之间的互联。此外，随着数字化进程的发展，一些传统的行业将会被淘汰，大量新职业如智能制造工程技术、无人机装配等职业将产生，本科职业教育的课程体系应该实现数字化、综合化、智能化；在课程安排方面，学校可以借鉴德国应用科学大学的"模块化"课程体系，使课程结构清晰，避免课程"碎片化"。除此之外，高校可以提供资金来资助一些由导师牵头、学生自愿组队参加的学生项目，培养学生的实践能力和团队合作能力；在师资方面，我国应用型本科高校不应以学术资格建立教师制度，而应遴选有丰富实践经历的技术技能人才，教师的绩效和晋升标准也不能以科研课题和学术论文的数量为主，而应该更加侧重企业实习经历、应用型成果转化的权重；在科研方面，应用型本科高校应着力提升服务区域发展的科研创新能力，并通过开展应用性研究来反哺专业教学，同时也应不断完善科研管理制度，引导教师持续提升应用性科研水平；在社会服务方面，应用型本科高校还应面向地方和瞄准市场，紧紧围绕区域经济社会发展需求，开展有针对性的社会服务工作，尤其为当地企业提供创新的智力支持。

参考文献

一、外文文献

(一)著作

Clark, Burton R., and Guy Neave. *The Encyclopedia of Higher Education*, 4 Vols. Pergamon Press, 1992.

Dhondt, Pieter. *Un double compromis. Enjeux et débats relatifs à l'enseignement universitaire en Belgique au XIXe siècle*. Academia Press, 2011.

Grollmann, Philipp, and Felix Rauner. *International Perspectives on Teachers and Lecturers in Technical and Vocational Education*. Springer 2007.

Hackl, E. "Genese, Idee und Inhalt des FHStG. In M. Prisching (Ed.)." In Manfred Prisching, ed., *Fachhochschul-Recht zwischen Bewährung und Reform*, Verlag Österreich, 2004.

Hollinger, S. "Vernunft allein genügt nicht. Die Durchsetzung des innovativen Konzepts der Fachhochschule." In Berka Walter, Brünner Christian, and Werner Hauser, Hg., *20 Jahre Fachhochschul-Recht*, Verlag Österreich, 2013.

Huisman, J., and F. Kaiser. *Fixed and Fuzzy Boundaries in Higher Education. A Comparative Study of (Binary) Structures in Nine Countries*. Adviesraad voor het Wetenschaps-en Technologiebeleid, 2001.

Koivula, Ulla-Maija, Esa Ala-Uotila, and Sten Engblom, et al. *R&D Strategies and Activities: Comparing Universities of Applied Sciences in Finland, the Netherlands, Belgium and Germany*. Tampere, 2009.

Kyvik, Svein. "Academic Work in Norwegian Higher Education." In Malcolm Tight, ed., *Academic Work and Life: What It Is to Be an Academic, and How This Is Changing*, Emerald Group Publishing Limited, 2000.

Kyvik, Svein. "The Implementation of the Norwegian College Reform." In Åse Gornitzka, Maurice Kogan, and Alberto Amaral, eds, *Reform and Change in Higher Education: Analysing Policy Implementation*, Springer, 2005.

Kyvik, Svein. "The Non-University Higher Education Sector in Norway." In James S. Taylor, José Brites Ferreira, and Maria de Lourdes Machado, et al., eds., *Non-University Higher Education in Europe*, Springer, 2008.

Larsen, Ingvild Marheim. "Between Control, Rituals and Politics: The Governing Board in Higher Education Institutions in Norway." In Alberto Amaral, Glen A. Jones, and Berit Karseth, eds., *Governing Higher Education: National Perspectives on Institutional Governance*, Springer, 2002.

Nunes, A. Sedas. *A situação universitária portuguesa*. Livros Horizonte, 1969.

Pausits, Attila. "Reform of the Fachhochschulen in Austria." In Harry de Boer, Jon File, and Jeroen Huisman, et al., eds., *Policy Analysis of Structural Reforms in Higher Education: Processes and Outcomes*, Palgrave Macmillan, 2017.

Pereira, Paulo. *No P.PORTO o compromisso com o futuro é partilhado e em rede*. Somos P.PORTO, 2022.

Romkens, Leon, and Karel Visser. *Vocational Education and Training in the Netherlands*. European Centre for the Development of Vocational

Training, Berlin (Germany), 1994.

Santos, A. M., A. Salgado, and J. F. Barreto, et al. *Problem-Based Learning e suas implicações: Breve revisão teórica. In I Congresso Internacional da Saúde Gaia-Porto*. Instituto Politécnico do Porto. Escola Superior de Tecnologia da Saúde do Porto-Politema, 2010.

（二）期刊论文

Arroteia, Jorge Carvalho. "A rede de formação do ensino superior e a democratização do ensino." *Didaskalia*, Vol. 33, No. 1–2 (2003), pp. 605–618.

Böckelmann, Christine, Carole Probst, and Chritine Wassmer, et al. "Lecturers' Qualifications and Activities as Indicators of Convergence and Differentiation in the Swiss Higher Education System." *European Journal of Higher Education*, Vol. 12, No. 3 (May, 2021), pp. 229–254.

Friedrich, Philipp Emanuel. "Organizational Change in Higher Education Ministries in Light of Agencification: Comparing Austria and Norway." *Higher Education Policy*, Vol. 34, No. 3 (2021), pp. 664–684.

Harman, Grant. "Academic Staff and Academic Drift in Australian Colleges of Advanced Education." *Higher Education*, Vol. 6, No. 3 (August, 1977), pp. 313–335.

Kvaal, Camilla. "Knowing Music as Representation or as Operation: Exploring Musical Diversity through Collaborative Music Making in Kaleidoscope." *Nordic Journal of Art and Research*, Vol. 10, No. 2 (2021), pp. 1–25.

Kyvik, Svein. "Structural Changes in Higher Education Systems in Western Europe." *Higher Education in Europe*, Vol. 29, No. 3 (2004), pp. 393–409.

Kyvik, Svein. "Decentralisation of Higher Education and Research in

Norway." *Comparative Education*, Vol. 19, No. 1 (1983), pp. 21–29.

Kyvik, Svein. "The Merger of Non-University Colleges in Norway." *Higher Education*, Vol. 44 (2002), pp. 53–72.

Kyvik, Svein, and Ole-Jacob Skodvin. "Research in the Non-University Higher Education Sector–Tensions and Dilemmas." *Higher Education*, Vol. 45 (March, 2003), pp. 203–222.

Leitner Erich. "Unequal Competition: Access to Universities and *Fachhochschulen* in Austria between Open Policy and Selectivity." *European Journal of Education*, Vol. 31, No. 3 (September, 1996), pp. 259–271.

Lepori, Benedetto, Jeroen Huisman, and Marco Seeber. "Convergence and Differentiation Processes in Swiss Higher Education: An Empirical Analysis." *Studies in Higher Education*, Vol. 39, No. 2 (December, 2014), pp. 197–218.

Neeß, Christina. "Worauf achten Arbeitgeber im Auswahlprozess von Absolventen wirtschaftswissenschaftlicher Studiengänge? Ergebnisse eines faktoriellen Surveys." *Journal for Labour Market Research*, Vol. 48 (2015), S. 305–323.

Nore, Hæge. "Re-Contextualizing Vocational Didactics in Norwegian Vocational Education and Training." *International Journal for Research in Vocational Education and Training*, Vol. 2, No. 3 (2015), pp. 182–194.

Nore, Hæge, and Leif Christian Lahn. "Bridging the Gap between Work and Education in Vocational Education and Training: A Study of Norwegian Apprenticeship Training Offices and E-portfolio Systems." *International Journal for Research in Vocational Education and Training*, Vol. 1, No. 1 (2014), pp. 21–34.

Pechar, Hans. "The Funding of Fachhochschulen in Austria." *Tertiary Education Management*, Vol. 3 No. 2 (January, 1997), pp. 162–175.

Perellon, Juan-Francisco. "The Creation of a Vocational Sector in Swiss Higher Education: Balancing Trends of System Differentiation and

Integration." *European Journal of Education*, Vol. 38, No. 4 (December, 2003), pp. 357–370.

Schüll, Elmar. "Current Trends and Future Challenges of the Austrian Universities of Applied Sciences." *Futures*, Vol. 111 (August, 2019), pp. 130–147.

Skodvin, Ole-Jacob. "The Reorganisation of Non-University Higher Education in Norway: Problems and Potentials." *Tertiary Education and Management*, Vol. 3, No. 4 (1997), pp. 317–324.

Skule, Sveinung, Mark Stuart, and Torgeir Nyen. "International Briefing 12: Training and Development in Norway." *International Journal of Training and Development*, Vol. 6, No. 4 (December, 2002), pp. 263–276.

Urbano, Cláudia. "Lógicas diferentes de instituições de ensino superior num mesmo sistema: os perfis das instituições de ensino politécnico em Portugal." *Revista Iberoamericana de Educación Superior*, Vol. 11, No. 32 (2020), pp. 149–162.

小方直幸・谷村英洋・立石慎治:「専門職大学・専門職短期大学の教職員組織と教育課程」『九州大学教育社会学研究集録』21卷(2021) 63–82頁.

二、中文文献

(一) 著作和学位论文

艾利·德布鲁恩、史蒂芬·比利特、杰伦·奥斯腾克:《荷兰职业教育的教与学》, 卿中全译, 商务印书馆2020年。

邓泽民、王立职:《现代五大职教模式》, 中国铁道出版社2015年。

刁瑜:《以简驭繁: 比利时高等职业教育课程设计研究》, 厦门大学博士学位论文2018年。

理查德·斯科特:《制度与组织——思想观念与物质利益》, 姚伟、王黎芳译，中国人民大学出版社 2010 年。

鲁道夫·H. 施特拉姆、尤格·施耐德、埃里克·斯瓦尔斯：《有教无类与因材施教——瑞士双轨制职业教育体系》，蒋于凡、赵英博译，北京航空航天大学出版社 2022 年。

卿中全、杨文明：《本科层次职业教育研究报告 2021》，深圳职业技术学院 2021 年。

吴雪萍：《国际职业技术教育研究》，浙江大学出版社 2004 年。

吴雪萍：《基础与应用——高等职业教育政策研究》，浙江教育出版社 2007 年。

中国教育科学研究院课题组：《欧洲应用技术大学（UAS）国别研究报告》，2013 年。

（二）期刊论文

白超：《日本高等职业教育的发展及其启示》，《黑龙江科学》2022 年第 9 期，第 52—54 页。

蔡文伯、赵志强：《"学术漂移"对应用型本科院校的影响机理与路径选择》，《江苏高教》2020 年第 5 期，第 34—40 页。

陈文晖、王婧倩、李德亮：《日本时尚产业发展探析》，《服装设计师》2018 年第 9 期，第 195—201 页。

陈雪：《国外应用科技大学办学特色及其启示》，《清远职业技术学院学报》2020 年第 5 期，第 75—79 页。

陈志伟、余烁、张文征：《德国具有博士学位授予权的应用科学大学博士生培养模式探析》，《学位与研究生教育》2022 年第 6 期，第 85—93 页。

成协设、Harm J. A. Biemans：《荷兰高等教育质量保障体系的演变、特点及其启示》，《国家教育行政学院学报》2017 年第 6 期，第 90—94 页。

崔瑞锋、张俊珍、魏小文：《变革中的芬兰学位与研究生教育管理》，《中国研究生》2006 年第 2 期，第 36—38 页。

杜艳红：《职业本科跨境电商专业师资队伍建设研究》，《河北软件职业技术学院学报》2022 年第 4 期, 第 31—34 页。

杜云英:《荷兰应用技术大学: 国家竞争力的助推器》,《大学 (学术版)》2013 年第 9 期, 第 39—46 页。

房靖博、赵欣:《荷兰应用技术大学招生制度及启示》,《职业教育研究》2015 年第 4 期, 第 79—82 页。

冯幽楠、孙虹:《日本三大时尚产业发展经验借鉴》,《丝绸》2020 年第 4 期, 第 68—75 页。

关晶:《本科层次职业教育的国际经验与我国思考》,《教育发展研究》2021 年第 3 期, 第 52—59 页。

郭达、张瑞:《丹麦职业教育与培训体系的特征及其启示》,《职教论坛》2018 年第 1 期, 第 167—171 页。

胡建华:《日本高等职业教育新发展: 创设职业大学制度》,《南京师大学报 (社会科学版)》2022 年第 4 期, 第 25—33 页。

贾建军:《丹麦的职业技术教育介绍》,《上海金融高等专科学校学报》2000 年第 4 期, 第 59—61 页。

井美莹、杨钋:《芬兰应用技术大学科研功能发展的制度分析——以坦佩雷某应用技术大学为例》,《国家教育行政学院学报》2018 年第 6 期, 第 88—94 页。

匡慧姝、陈烨伟、刘政:《职业本科和普通本科就业实证研究——基于 Probit 概率模型以西部某高校为例》,《现代商贸工业》2017 年第 7 期, 第 83—85 页。

李斌、郭广军:《加快构建中国特色现代职业教育体系的理论框架与实践路径》,《教育与职业》2022 年第 1 期, 第 28—35 页。

李建忠:《芬兰应用技术大学办学特色与经验》,《大学》2014 年第 2 期, 第 65—73 页。

李玲、周钧:《芬兰职前教师教育质量保障制度研究》,《比较教育研究》2018 年第 10 期, 第 84—90 页。

李青霞:《从课程看挪威职教教师的培养特点——以挪威 HIAK 大学学院为例》,《黑龙江高教研究》2009 年第 7 期, 第 40—42 页。

李同吉、金星霖：《荷兰职业教育体系的特点及启示》，《职业教育研究》2020年第6期，第79—84页。

李婉：《欧洲应用技术大学国别研究分析及借鉴》，《职业教育研究》2014年第12期，第173—175页。

廖国华：《挪威职业教育学徒制的历程、特点及启示》，《现代职业教育》2022年第5期，第157—159页。

刘婕：《挪威特色双元制职业教育体系概述》，《中等职业教育·理论》2010年第4期，第38—40页。

刘湘丽、许竞：《从重构技能形成体系的视角论日本新设专门职业大学制度及启示》，《中国职业技术教育》2022年第18期，第55—61页。

马丁·特罗著，王香丽译：《从精英向大众高等教育转变中的问题》，《外国高等教育资料》1999年第1期，第1—22页。

牛金成：《德国应用科学大学人才培养模式研究》，《高等职业教育探索》2022年第1期，第36—40页。

欧阳舟、张然：《荷兰应用型大学中的项目教学法探究》，《中国校外教育》2011年第6期，第67、83页。

彭湃：《德国应用科学大学的50年：起源、发展与隐忧》，《清华大学教育研究》2020年第3期，第98—109页。

曲一帆、史薇：《中国应用技术大学路向何方——基于英国与芬兰多科技术学院不同发展路径的比较研究》，《清华大学教育研究》2014年第4期，第71—77、91页。

唐柳：《未被期待的德国应用科学大学何以成功——基于历史的考察》，《复旦教育论坛》2022年第6期，第96—104页。

唐云富、武学超：《改革中的丹麦VET体制特征》，《中国职业技术教育》2006年第5期，第48—51页。

涂庆华、黄恩平、吴丽华：《新增职业本科学校教师队伍建设研究》，《教育现代化》2020年第9期，第60—61、71页。

王静艳、张亮：《德国高等专科学校人才培养模式初探》，《江西科技师范学院学报》2007年第2期，第76—78、90页。

王世岳、陈洪捷：《趋同与特色：德国应用科学大学"应用型研究"的机遇与挑战》，《清华大学教育研究》2021年第1期，第86—96页。

王文利、苏月：《日本本科层次职业教育的制度建构与人才培养实践——基于14所专门职大学的考察》，《中国高教研究》2022年第7期，第62—68页。

王永蓁、刘跃梦：《瑞士应用技术大学的优势及其对我国教育的启示》，《西部素质教育》2018年第15期，第18—19页。

王云儿：《荷兰应用科技大学发展特征探析》，《江苏高教》2014年第1期，第150—152页。

吴雪萍、张科丽：《欧洲职业教育一体化探析》，《高等教育研究》2011年第5期，第65—69页。

武学超：《瑞士大学组织战略模式转型及思考》，《比较教育研究》2015年第8期，第1—6页。

谢剑虹：《职业本科教育课程体系构建的内在逻辑与基本原则》，《当代教育论坛》2022年第5期，第116—124页。

谢双：《基于产教融合的高层次技术技能型人才培养供给侧改革探索——以职业本科教育为视角》，《科教文汇》2022年第24期，第10—13页。

谢子娣：《瑞士应用科学大学校企合作的成功经验——以伯尔尼应用科学科学大学为例》，《世界教育信息》2019年第1期，第54—58页。

徐峰、石伟平：《瑞士现代学徒制的运行机制、发展趋势及经验启示》，《职教论坛》2019年第3期，第164—170页。

徐涵：《德国应用科学大学人才培养模式改革——兼论我国本科层次职业教育发展》，《现代教育管理》2021年第8期，第97—104页。

杨蕾、谭进欧：《丹麦职业教育吸引力提升政策的动因、举措与策略》，《比较教育研究》2023年第7期，第47—56页。

杨钋、郭建如、金轶男：《高职高专毕业生就业质量分析》，《教育发展研究》2013年第21期，第24—34页。

杨钋、井美莹：《荷兰应用科技大学的发展经验及对我国的启示》，《高等教育评论》2015年第1期，第157—169页。

杨素萍、朱勇见：《日本私立大学教育经费的筹措和使用》，《中国高等教育》2017年第2期，第61—63页。

余辉龙、覃翠：《荷兰应用类大学的教学体系》，《科教导刊》2018年第13期，第10—11页。

张方方、庞若洋：《葡萄牙职业教育体系的现状、挑战与改革》，《职教论坛》2022年第5期，第112—120页。

张伟、丁彦：《德国、荷兰、芬兰、瑞士应用科技大学的组织架构比较分析》，《知识窗（教师版）》2016年第9期，第4—6页。

张燕：《丹麦职业教育师资培养模式的特点及问题》，《职教论坛》2011年第3期，第89—93页。

赵国琴、相博文：《德国应用科学大学的办学经验对我国建设职业本科院校的启示》，《高等职业教育探索》2022年第5期，第51—58页。

赵志群、周瑛仪：《瑞士经验：现代职业教育体系建设》，《华中师范大学学报（人文社会科学版）》2015年第3期，第154—160页。

郑晶：《芬兰应用技术大学师资队伍建设研究及启示》，《天津职业院校联合学报》2019年第4期，第85—88页。

郑世珍：《以职业能力为导向的职业本科应用型课程建设策略探究》，《高教学刊》2020年第33期，第86—90页。

郑云英、桑宁霞：《德国和荷兰应用技术大学建设的经验及其启示》，《河北大学成人教育学院学报》2015年第4期，第97—102页。

周钢、徐丽莉：《奥地利应用技术大学的发展历程研究》，《山西科技》2020年第3期，第87—91页。

周磊：《芬兰多科技术学院的发展及启示》，《中国职业技术教育》2011年第10期，第83—86页。

朱芝洲、俞位增、李静：《分化与趋同：德国应用科学大学的走向及启示——基于高等教育系统"三角协调模型"的分析》，《浙江工商职业技术学院学报》2022年第4期，第35—39、84页。

朱芝洲、俞位增：《"学术漂移"：难以遏制的趋势？》，《高教探索》2019年第11期，第16—20、26页。